「日の丸・君が代裁判」と思想・良心の自由

意見書・証言録

土屋英雄

現代人文社

●はしがき

　本書は、東京都における主な「日の丸・君が代」裁判における著者の意見書及び法廷証言を収めたものである。これに加えて、第1部「『日の丸・君が代裁判』と思想・良心の自由」を書き下ろしている。

　意見書1「『国旗・国歌』と思想・良心の自由——日本国憲法の法理——」と意見書2「精神の自由とアメリカ連邦最高裁——『精神の自由』の事件をめぐる判例法理——」は、予防訴訟（国歌斉唱義務不存在確認等請求事件）と解雇訴訟（再雇用職員・講師地位確認等請求事件）のそれぞれの第一審で提出し、意見書3「ピアノ伴奏事件最高裁判決の考察」は、国歌斉唱義務不存在確認等請求事件の控訴審、及び日の丸・君が代嘱託不採用損害賠償事件、地位確認等請求事件、懲戒処分取消等請求事件のそれぞれ第一審で提出したものである。また、法廷証言は、2006年10月4日、解雇訴訟との関係で東京地裁103号法廷で行ったものである。

　著者が法学者として関与している東京「日の丸・君が代」裁判は、司法上はいまだ決着がついていない。下級審でいかなる判決が出ても、最終的には最高裁判所へ持ち込まれる可能性が高い。そのときの最高裁の審判は、思想・良心の自由にとって、戦後の日本国憲法下での最大の試金石となろう。

　現代人文社社長の成澤壽信氏には、本書のような「硬い」本の出版を快諾し、かつ構成等で貴重な助言をいただいたことに感謝する。

　2007年　盛夏の候

土屋英雄

「日の丸・君が代裁判」と思想・良心の自由 意見書・証言録
土屋英雄

目次

はしがき i

第1部 「日の丸・君が代裁判」と思想・良心の自由

序章
003 「日の丸・君が代」教育の強化と「日の丸・君が代裁判」の意義

第1章
007 最近の主な「日の丸・君が代裁判」の動きと評価

007 一 予防訴訟東京地裁判決
007 　（1）事案の概要
008 　（2）勝訴の意義
008 　（3）判決に対するメディアの反響
010 　（4）判決の特徴
013 　（5）判決とアメリカ判例法理
014 　（6）判決の限界
015 二 ピアノ事件最高裁判決、及びその即時的影響
018 三 ピアノ・インパクトからの離脱

第2章
021 解雇訴訟東京地裁判決(2007年6月20日)の分析

021 一 事案の概要

021 二 憲法19条(思想・良心の自由)、20条(信教の自由)、21条(表現の自由)
- 022 (1) 憲法20条について
- 023 (2) 憲法21条について
- 025 (3) 憲法19条について

034 三 憲法23条、26条等の教育の自由、生徒の思想・良心の自由
- 034 (1) 教育の自由について
- 035 (2) 生徒の思想・良心の自由について

036 四 旧教育基本法10条1項の禁ずる「教育に対する不当な支配」

第2部
「日の丸・君が代裁判」意見書

意見書1
053 「国旗・国歌」と思想・良心の自由
──日本国憲法の法理──

第1章
054 日本国憲法と思想・良心の自由

054 一 規定趣旨

056 二 意義
- 056 (1)「良心」と「信仰」
- 058 (2)「思想」と「良心」
- 061 (3)「思想及び良心」の外部的表出
- 063 (4) 絶対的保障ないしそれに準ずる保障としての思想・良心の自由

064 三 保障内容
- 064 (1) 沈黙の自由
- 065 (2) 強制・勧誘・推奨の禁止
- 065 (3) 不利益な取扱いの禁止

第2章
067 「国旗」と「国歌」
067 一 「国旗」と「国歌」の機能
068 二 「国歌」＝「君が代」と日本国憲法

第3章
072 国旗・国歌法、東京都「10・23通達」と思想・良心の自由
072 一 生徒、親および市民の思想・良心の自由
- 072 (1) 沈黙の自由
- 074 (2) 強制・勧誘・推奨の禁止
- 076 (3) 不利益な取扱いの禁止

077 二 公立学校の教職員の思想・良心の自由および専門職上の自由
- 079 (1) 職務命令の根拠としての学習指導要領
- 082 (2) 旭川学テ最高裁大法廷判決
　　　──学習指導要領、子どもの「学習権」「人格権」、教師の「専門職上の自由」──
- 092 (3) 「客観的な教師としての良心」

094 三 「日の丸」「君が代」に関わる職務命令の憲法問題
- 094 (1) 「特別権力関係論」の範疇の見地
- 098 (2) 東京都「10・23通達」
- 100 (3) 校長の職務命令

103 四 思想・良心の自由に関する
　　　南九州税理士会政治献金徴収拒否事件判決の法理の適用可能性

第4章
107 関連訴訟の決定、判決等の検討
107 一 再発防止研修取消訴訟決定

112 二 北九州「君が代」訴訟判決

121 三 「君が代」ピアノ伴奏職務命令拒否訴訟判決

125 四 「ブラウス」訴訟判決

第5章
138 本件訴訟と特に類似する事件に関するアメリカ判例の法理の詳細
138 一 ラッソー事件判決 ──「忠誠の誓い」の拒否による公立学校教師の解雇は違憲

142 二 アブード事件判決 ──在職条件としての思想賛同の公立学校教師への要求は違憲

意見書2
145 精神の自由とアメリカ連邦最高裁
――「精神の自由」の事件をめぐる判例法理――

第1章
146 「精神の自由」に関する連邦最高裁の最新判決
- 146 一 「国旗忠誠の誓い」事件控訴審の違憲判決
- 148 二 連邦最高裁の判決
- 149 三 「学校卒業式での祈りの儀式」違憲判決 ――良心と信仰の間接的強制の禁止

第2章
154 「精神の自由」の事件をめぐる連邦最高裁の判例法理
- 154 一 ゴビティス事件判決
- 156 二 判例変更 ――バーネット事件判決の衝撃と射程
  - 157 (1) 判決の直接的射程
  - 158 (2) 判決の理念的射程
- 159 三 ティンカー事件判決 ――「学校は全体主義の飛び地ではない」
- 161 四 バーネット判決以後の学校での国旗宣誓・敬礼の拒否に関わる諸判決
- 163 五 市民による国旗侮蔑・焼却 ――連邦憲法修正第1条上の「表現的行為」
  - 163 (1) ストリート事件判決
  - 164 (2) ゴーグェン事件判決及びスペンス事件判決
  - 165 (3) ジョンソン事件判決
  - 168 (4) アイクマン事件判決
- 169 六 国歌、州の標語、教師在職条件としての思想賛同等に関わる諸判決
  - 169 (1) シェルダン事件判決
  - 169 (2) ウリー事件判決
  - 170 (3) アブード事件判決
- 171 七 連邦最高裁判例に対する抵抗 ――ゴビティス事件判決の系譜
  - 172 (1) スペンス事件のレーンクィスト反対意見
  - 172 (2) ジョンソン事件のレーンクィスト反対意見
  - 173 (3) アイクマン事件のスティーヴンズ反対意見
  - 174 (4) 抵抗と判例尊重―ジャンセン事件・ウィスコンシン州最高裁判決
- 176 八 結びにかえて ――アメリカと日本の比較の仕方

意見書3
179　ピアノ伴奏事件最高裁判決の考察

第1章
180　本件判決が援用する最高裁判例の「趣旨」との比較検討
181　　（1）謝罪広告事件・最高裁大法廷判決
182　　（2）猿払事件・最高裁大法廷判決
185　　（3）旭川学テ事件・最高裁大法廷判決
188　　（4）岩手学テ事件・最高裁大法廷判決

第2章
193　本件判決の内容分析
193　　（1）判決文A
199　　（2）判決文B
206　　（3）判決文C

第3章
208　本件判決の射程
208　　（1）「内心にとどまる限り」保障の論理か否か
212　　（2）原審の「公務員」論との異同
213　　（3）学習指導要領の法的位置づけ
214　　（4）「10・23」通達関係の判断

第3部
「日の丸・君が代裁判」証言録

217　**速記録**
　　　（平成18年10月4日　第14回口頭弁論）

資料
260　（1）国旗・国歌法
260　（2）学習指導要領の国旗・国歌指導条項
261　（3）東京都「10・23」通達
263　（4）職務命令書（例）

第1部
●
「日の丸・君が代裁判」と思想・良心の自由

序章

「日の丸・君が代」教育の強化と「日の丸・君が代裁判」の意義

　「日の丸・君が代」教育の強化を、ナショナリズムの強化と結びつけて論じる傾向が一部にある。確かに、それはナショナリズムの強化政策と関係している面もある。しかし、ナショナリズムと関連させた説明だけでは、「日の丸・君が代」教育の強化政策の背景にある日本的特異性が見えてこない。

　実は、「日の丸・君が代」教育の強化政策の基層には、「国民主権」下のナショナリズムや「国民」国家でなく、国民より上位に天皇を位置づけるナショナリズムないし「臣民」国家の思想が横たわっている。それは由来的には、明治憲法下の天皇主権の「国体」思想に「へその緒」がある。したがって、「日の丸・君が代」教育の強化政策は、より正確には、加藤周一のいう「精神的制服」＝「国民服」の強制（『世界』668号〔1999年〕8頁）というものではなく、少なくとも日本では、「臣民服」という明治憲法下に特有の精神的制服の強制という性質のもの、換言すれば、国民（生徒・児童を含む）に国家の「主権者」意識を醸成するためでなく、天皇の「臣民」意識を強引に醸成するためのものである。

　要するに、「日の丸・君が代」教育の強化政策は、日本国憲法の制定によって日本国の主体として自立した「主権者日本人」が定置されたにもかかわらず、それを国民の精神面でくつがえして、従属的な「臣民日本人」化を浸潤させる作業の一つである。また、機能的には、「日の丸・君が代」教育の強化政策は、実体的に、「主権者日本人」を統合する機能というより、「主権者日本人」の確立を阻止し、「臣民日本人」を統制する機能を有しているものである。この点で、日本での「日の丸・君が代」の強制は、アメリカでの「国旗忠誠の誓い」の強制とは異なり、日本での強制はより深刻な問題をかかえている（本書掲載の意見書2「精神の自由とアメリカ連邦最高裁」参照）。

　権力で操作できない自立した「主権者日本人」の確立は、現在の支配勢力側にとって決して好ましいことではなく、今後、特定の政策（たとえば戦争可能体制の構築）の推進に向けて国民を効率的に動員していくには、権力的命令に逆らわ

ない従順な「臣民日本人」の形成こそが望まれるのである。また、国民動員のためだけでなく、「資本」中心の市場原理主義の拡大・強化による国民の大多数の疲弊化にともなう国内的緊張・対立の激化に対処するためにも、「発言する主権者日本人」でない、「馴致された臣民日本人」が求められている。この意味で、「日の丸・君が代」の強制は、国民の「精神の自由」、戦争可能体制の構築のみでなく、国民の経済生活にも直結する問題でもある。つまり、「日の丸・君が代」の強制教育は、一般国民の経済生活の劣化に対して抗議・批判する精神を摩滅させる働き、又は怒りがあってもその矛先を強者たる支配勢力に向けさせない働きがあり、財界が「日の丸・君が代」教育の推進を強力に支えている最大の理由はここにある。

　もっとも、「日の丸・君が代」問題には時代的な「新味」も施されていることに注意する必要がある。この新味とは、「日の丸・君が代」教育の強化という復古的政策が、いわゆる「国際化」ないし「グローバリゼーション」と一体的に出されていることである。

　国旗・国歌法の制定過程での国会審議（参議院「国旗及び国歌に関する特別委員会」1999年7月30日）において、有馬文相は次のように説明していた。「国際化が非常に進展する中でございますので、広い視野を持って異文化を理解しこれを尊重する態度や、異なる文化を持った人々とともに協調して生きていく態度を育成しなければならないと思っております。そういう中で、先ほど御指摘のありました、我が国の歴史や伝統、文化などについての理解を深める、国際社会で主体的に生きていくことができる資質を養成することが教育の上で極めて重要だと思っております。そういう意味で、日の丸・君が代を初め、諸外国の国旗や国歌に対する態度、マナーをきちっと教えていくべきだと考えておりまして、このため、地理や歴史、公民、外国語等々の各教科で、外国の国歌・国旗及び日本の国歌・国旗に対して十分教育を行っております」。

　この説明からすると、日本人は「我が国の歴史や伝統、文化」とされる「日の丸・君が代」を背負って、「国際社会で主体的に生きていく」ことを期待され、子どももそうした「資質を養成する」ように教育されるということになる。そもそも、日本の歴史、伝統、文化を、国家レベルではたかだか明治憲法下の50年余の歴史しかない「日の丸・君が代」装置でもって語ること自体がきわめて貧弱な発想であるが、「国際化」の中でのいわゆる「ナショナル・アイデンティティ」なるものの確立を「日の丸・君が代」という道具立てでしか行えないとするところに、支配層の偏狭で復古的な思考が映し出されている。確かに、日本の過去の

時代には優れたところが多々ある。しかし、少なくとも「日の丸・君が代」の強制は日本の優れた歴史ではなく、一時期の劣悪な歴史を代表するものである。

また、有馬の唱える「国際化」志向は、1990年代以後のいわゆる「冷戦」終結後の「アメリカ一超大国時代」と密接に関連するということにも注意を向ける必要がある。その「国際化」は、一方で、アメリカ支配下の「国際化」ないし「グローバリゼーション」を暗黙的前提とした上で、そうした「国際化」に能動的に組み込まれることが志向し、他方で、国内的支配体制を権力的命令に従順な「臣民日本人」の隊列で強化することを企図している。要するに、そこでの「国際化」は、「自立した個人」の国際化でなく、国内的に個人を「日の丸・君が代」にくくりつけた上で、国外的にはアメリカ支配の国際体制の一翼を担うという、そうした国際化を意味しているのである。

2006年12月15日、教育基本法が「改正」され、2007年6月20日、いわゆる教育三法（学校教育法、地方教育行政法、「教員免許法および教育公務員特例法」）が「改正」された。そして、憲法の「改正」も執拗にもくろまれている。これらの動きは、いずれも「日の丸・君が代」教育の強化と連動している。

「日の丸・君が代」教育の強化政策の意味は、以上のようなものであるにしても、しかし、筆者は、個人が、その人自身の判断で「日の丸」を掲揚し、「君が代」を斉唱する権利まで否定するものではなく、その権利は、憲法19条の「思想・良心の自由」の範疇に含まれると考える。同時に、また、個人が、その人自身の判断で「日の丸」掲揚・「君が代」斉唱を拒否することも「思想・良心の自由」の保障対象であり、したがって、「日の丸」掲揚・「君が代」斉唱を拒否している個人に対して、掲揚・斉唱を強制することは憲法違反であると考える。

「日の丸・君が代」の強制政策は、現段階では、東京都で突出している。そして、この強制政策は、東京都の教職員の各個人の「思想・良心の自由」を直撃している。しかし、後述するように、東京都民の世論調査でも、「日の丸・君が代」の強制は行き過ぎだとする都民が70％以上であり（東京新聞2004年7月5日、2005年6月2日）、また、原告側が勝訴した予防訴訟（国歌斉唱義務不存在確認等請求事件）の判決に対しても、日本のメディア界の圧倒的多数が賛同している。いまだ、日本の国民の大多数の憲法感覚は健全である。

しかし、いま裁判で問われている東京都の「日の丸・君が代」強制政策が、今後、かりに最高裁判所で是認されるとすれば、この強制政策はまたたく間に全国へ波及し、まず全国の教職員、次に生徒・児童、そして最終的に一般市民の各個

人の「思想・良心の自由」が封殺されることにつながっていくことは容易に推定される。それほど重大な意味が東京都「日の丸・君が代」裁判に含みこまれている。

第1章

最近の主な「日の丸・君が代裁判」の動きと評価

　現在、全国で進行している「日の丸・君が代」関係の裁判は、10件を越えているとみられるが、ここでは、最近の主な判決についてのみ、それらの意義と問題点を、概略的に考察しておく。

一　予防訴訟東京地裁判決

(1)　事案の概要
　予防訴訟（国歌斉唱義務不存在確認等請求事件）の事案の概要は次のようなものである。
　原告たちは、東京都立高等学校等の教職員又は元教職員である。被告の都教育委員会委員長は、2003年10月23日、都立学校の各校長に対し、「入学式、卒業式等における国旗掲揚及び国歌斉唱の実施について（通達）」を発して、都立学校の入学式、卒業式等において、教職員たちが国旗に向かって起立し、国歌を斉唱すること、国歌斉唱はピアノ伴奏等により行うこと、国旗掲揚及び国歌斉唱の実施に当たり、教職員が本件通達に基づく校長の職務命令に従わない場合は、服務上の責任を問われることを教職員に周知することなどにより、各学校が入学式、卒業式等における国旗掲揚及び国歌斉唱を適正に実施するよう通達した。
　本件は、原告たちが、国旗に向かって起立し、国歌を斉唱すること、国歌斉唱の際にピアノ伴奏をすることを強制されることは、原告たちの思想・良心の自由等を侵害するものであると主張して、在職中の原告たちが被告都教委に対し、都立学校の入学式、卒業式等の式典において、国旗に向かって起立し、国歌を斉唱する義務、国歌斉唱の際にピアノ伴奏をする義務のないことの確認、これらの義務違反を理由とする処分の事前差止めを求めるとともに、原告たちが被告都に対し、本件通達及びこれに基づく各校長の職務命令等によって精神的損害を被ったと主張して、国家賠償法に基づき、慰藉料の支払を求めた事案である。

(2) 勝訴の意義

2006年9月21日に出された判決（裁判長難波孝一、裁判官山口均、知野明）においては、争点1（本案前の争点）、争点2（入学式、卒業式等の国歌斉唱の際に国旗に向かって起立し、国歌を斉唱する義務、ピアノ伴奏をする義務の存否）、争点3（国家賠償請求権の存否）のすべてで原告が勝訴した。提訴の最大の目的は、原告達の権利救済であって、あれこれの「独自の説」を判決理由のなかに取り入れさせることではない。本件は、この権利救済という点で、現行の訴訟制度を前提とする限り、全面勝訴であったと言えよう。

何よりも、憲法論において、「日の丸・君が代」裁判史上で初めて勝訴したことの意義はきわめて大きい。これまで「日の丸・君が代」は、憲法論としては、裁判官の間で実質的にタブー視されてきたが、予防訴訟の勝訴は、このタブーを打破する先例をつくったことを意味する（予防訴訟の判決文は、本書に掲載していないので、判例時報1952号44頁、判例タイムズ1228号88頁、「日の丸・君が代」強制反対予防訴訟をすすめる会編『強制で、歌声はあがらない――「日の丸・君が代」強制反対予防訴訟第一審裁判記録』〔明石書店、2007年〕を参照願う）。

この訴訟において、筆者は、原告側の弁護団から意見書の執筆を依頼され、最初に、意見書「精神の自由とアメリカ連邦最高裁――『精神の自由』の事件をめぐる判例法理――」（本書掲載）を提出し、次に意見書「『国旗・国歌』と思想・良心の自由――日本国憲法の法理――」（これに若干増訂した意見書を後述の「解雇訴訟」〔再雇用職員・講師地位確認等請求事件〕において提出し、この意見書を本書に掲載。増訂前の意見書の一部は前掲『強制で、歌声はあがらない――「日の丸・君が代」強制反対予防訴訟第一審裁判記録』に掲載）を提出した。

(3) 判決に対するメディアの反響

本件判決についてのメディア界の反響は大きかった。新聞メディアに限っても、多くの新聞が一面トップで報道し、社説でも取り上げていた。各社説の内容は、ほとんどが判決に対する肯定的評価であった。たとえば、筆者が調べた23の有力な全国紙、地方紙の社説のうち、肯定的評価は、毎日新聞、朝日新聞、中日新聞（東京新聞）、北海道新聞、西日本新聞、京都新聞、神戸新聞、愛媛新聞、沖縄タイムスなど20紙にのぼり、否定的評価は読売新聞、産経新聞、北国新聞など3紙程度にすぎない。このことは、「国旗・国歌の強制」という民主主義国ではあり得ない深刻な問題に対する一定の健全な感覚が、日本の新聞メディア界の圧倒的多数のなかにいまだ何とか存在していたことを示している。

問題は、ごく少数の否定的社説である。それらがいくらかでも説得力のある点を含んでいたのであればともかくして、実際には全く逆である。ごく少数にしても、新聞メディア界の一面の「質」を知る上で必要なので、その社説の内容をみてみる。

　読売新聞社説（2006年9月22日）は、「認識も論理もおかしな地裁判決」という表題のものであるが、この社説は、形だけにしても「大新聞」たる風格はまるで感じられない。そもそも、判決の趣旨を意図的にか誤って解している。社説は、「学習指導要領は、入学式などで『国旗を掲揚し、国歌を斉唱するよう指導するものとする』と規定している。判決は、これを教師の起立・斉唱などを義務づけたものとまでは言えない、とした。しかし、『指導』がなくていいのだろうか」と書いている。しかし、判決は、一言も「『指導』がなくていい」とは述べていない。むしろ「指導」を前提にしていた。ただ、旭川学力テスト最高裁大法廷判決（1976年5月21日）に基づき、その指導が「国旗、国歌について一方的な一定の理論を生徒に教え込む」ような指導であってはならないと言っているだけである。

　社説は、また、こうも主張する。「そもそも、日の丸・君が代に対する判決の考え方にも首をかしげざるをえない。『宗教的、政治的にみて中立的価値のものとは認められない』という。そうだろうか。各種世論調査を見ても、すでに国民の間に定着し、大多数の支持を得ている。高校野球の甲子園大会でも国旗が掲げられ、国歌が斉唱される。サッカー・ワールドカップでも、日本選手が日の丸に向かい、君が代を口ずさんでいた」。

　これは論理のすりかえである。判決は、別に日の丸・君が代が国民の大多数の支持を得ているかどうかを問題にしていない。日の丸・君が代を「強制」することを問題にしているのである。君が代を斉唱したい人はそうしてもいいし、それはその人の自由であるが、しかし、本人の思想・良心から、そうしたくない人まで君が代斉唱を「強制」してはならないというのが判決の論旨である。実は、判決のこの「認識も論理も」は決して「おかしな」ものではなく、学界の通説でもある。そもそも、強制してはならないということは、社説の言う国民の「大多数の支持を得ている」。たとえば、2004年の東京都民の世論調査によれば、日の丸起立、君が代斉唱の義務付けは行き過ぎ・義務付けるべきでないが合わせて72.1％であり（東京新聞2004年7月5日）、翌年の同様の調査でも、70.7％を占めている（同紙2005年6月2日）。要するに、都民（国民）の大多数は判決の「認識も論理も」を支持しているのである。

さらに、社説は、判決は「『少数者の思想・良心の自由』を過大評価した」ともする。しかし、この論は、根源的なところで人権の理解の仕方が疑われる。人権保障の本質は、人権の享有は少数者であろうが多数者であろうが等しく保障されるということであり、過大評価か過小評価かの問題とは次元が異なる。思想・良心の自由に限っても、判例（南九州税理士会政治献金徴収拒否事件での1996年3月19日の最高裁判決）は、公的性格を有する組織、団体において、多数決という多数者の意思であっても、少数者各個人の思想・良心に反してまで多数者意思の決議・決定を強制できないとしている。
　中央と地方の政府当局の行過ぎた政策を人権擁護の立場から厳しく監視するのが、公器たる新聞の最も重要な役割の一つであったはずである。新聞には、いま少し鋭敏な法感覚・知識を養い、政府当局の行過ぎた政策を厳しく監視する本来の役割を発揮してもらいたいものだ。
　紙数との関係で産経新聞社説（2006年9月22日）と北国新聞社説（同年9月23日）には詳しく言及できないが、前者は「これでは、公教育が成り立たない」と記し、後者は「学校教育の中で、法律やルールを守る大切さを教えることもできなくなる」と書いている。これらの社説はいずれも、判決をまともに読んだとは思われないような扇情的な内容である。既述した政府当局の行き過ぎの監視という新聞本来の役割を忘れたかのように、社説は、「都教委が行った処分は当然である」（産経）、「国旗に対して起立し、国歌を斉唱するのは当然である」（北国）とまで述べているが、これらの言は、民間の新聞があたかも政府当局の「広報紙」になったかのような類のものである。

(4) 判決の特徴
　本件判決の内容は、基本的部分で最高裁判例の趣旨に沿っていた。この意味で、何ら特異な判決ではなかった。本稿では重要な二点のみに論及しておく。

① 一定の外部的行為も思想・良心の自由の保障対象となり得るか
　判決は、「人の内心領域の精神的活動は外部的行為と密接な関係を有するものであり、これを切り離して考えることは困難かつ不自然であり、入学式、卒業式等の式典において、国旗に向かって起立したくない、国歌を斉唱したくない、或いは国歌をピアノ伴奏したくないという思想、良心を持つ教職員にこれらの行為を命じることは、これらの思想、良心を有する者の自由権を侵害している」と判じたが、このなかの「人の内心領域の精神的活動は外部的行為と密接な関係を有

するものであり」という部分は、三菱樹脂事件の最高裁大法廷判決（1973年12月12日）の「元来、人の思想、信条とその者の外部的行動との間には密接な関係があり」という文言を下敷きにしていると考えられ得る。

もっとも、本件判決が人の内心領域の精神的活動と密接な関係を有する外部的行為のどの部分まで憲法19条の保障対象としているかは、表現の自由との対比で必ずしも明確でないが、少なくとも、10.23通達等に基づいて入学式、卒業式等の式典において国歌斉唱の際に国旗に向かって起立し、国歌を斉唱するという行為およびピアノ伴奏をするという行為については、原告は憲法19条の思想・良心の自由によって「拒否」できることを判決は明言している。判決が、内心の思想・良心と不可分の一定の外部的行為としての拒否行為が憲法19条で保護されるとしたことで、都側の主要な主張の一つであった通達に基づく職務命令は「原告ら教職員に対し、一定の外部的行為を命ずるものにすぎず、内面的領域における精神的活動の自由を否定するものではなく、思想・良心の自由を侵害したことにはならない」という論理は崩れ去ることになった。

筆者は、思想・良心の自由はその内容の保障に不可欠な限りにおいて、思想・良心の防衛的、受動的な外部的表出＝拒否行為をも一体的にその保障対象として含むとつに論じてきたが、実は、純然たる内心領域のみならず内心の思想・良心と不可分の一定の外部的行為（特に拒否の行為）も憲法19条の保障対象に入ることは、既に判例上で確立されている。たとえば、大阪市矢田中事件の1986年10月16日の最高裁判決（控訴審判決および一審判決を是認）、前述の南九州税理士会政治献金徴収拒否事件の最高裁判決、下級審では再発防止研修取消訴訟での一連の東京地裁決定（2004年7月23日、2005年7月15日、9月5日）、ブラウス訴訟東京地裁判決（2006年3月22日）等である（詳細は、筆者の意見書およびいわゆる「解雇訴訟」での2006年10月4日の法廷証言で論述〔いずれも本書収録〕）。

要するに、本件判決における一定の外部的行為としての「拒否」の自由が憲法上の思想・良心の自由に含まれるという論旨は、決して新しい見解ではなく、それまでの最高裁判決を含む判例の趣旨に沿うものであったということである。

② 学習指導要領の法的位置付けについて

重要な論点の一つである学習指導要領の法的位置付けについて、都側は、学習指導要領は「法規」で「法的拘束力」があると主張していた。これに対して、判決は、学習指導要領は「原則として法規としての性質」を有し、「法的効力」を有すると判じた。このことだけからすると、都側主張と判決はそう違いがないよ

うにみえるが、重要なのは判決の内容である。
　判決はこう言う。学習指導要領は、「教育における機会均等の確保と全国的な一定の水準の維持という目的のために必要かつ合理的と認められる大綱的な基準に止めるべきものと解するのが相当である。そうだとすると、学習指導要領の個別の条項が、上記大綱的基準を逸脱し、内容的にも教職員に対し一方的な一定の理論や観念を生徒に教え込むことを強制するようなものである場合には、教育基本法10条1項所定の不当な支配に該当するものとして、法規としての性質を否定するのが相当」であり、「法的効力」についてもそう解するのが相当である。
　この判旨はまさに、前述の旭川学テ最高裁大法廷判決および伝習館高校事件の控訴審判決を「正当として是認」した最高裁判決（1990年1月18日）の趣旨に沿っていた。もっとも、「法規」の文言を用いているのは伝習館判決であり、旭川判決は「法的見地」という文言を用いているが、このこと自体は本件では重要ではない。問題は、旭川判決と伝習館判決が対象としたのは、国旗掲揚・国歌斉唱が「望ましい」としていた時期の学習指導要領だが、現行は、国旗掲揚・国歌斉唱を「指導するものとする」であり、前よりはるかに「しばり」のある文言となっている。
　筆者は、この「しばり」との関係で、現行の国旗国歌指導条項の解釈の方法は4通りあり得ると、これまで論じてきた。第一に、国旗国歌指導条項の存在は容認するが、法的に何らの拘束力をも有さない単なる「助言」ないし「一般的指針」と位置づける。第二に、いまだ内容的に裁量の余地（創造的・弾力的な教育の余地）があるとの解釈を前提に、その法的拘束力を認める。第三に、国旗国歌指導条項が法的拘束力を有するとするならば、そうした条項の制定は文部大臣（現・文部科学大臣）の権限の逸脱濫用であり、違法であるとする。第四に、国旗国歌指導条項は法的拘束力を有するもので、国旗掲揚・国歌斉唱を裁量の余地なく義務付けても違法ではないとする。この4通りの解釈のうち、旭川判決と伝習館判決の趣旨からすれば、現行の国旗国歌指導条項については、その「しばり」のある文言からして、第一の「助言」ないし「一般的指針」と解するのが最も自然だと考えられるが、第二と第三の解釈も、旭川判決と伝習館判決からどうにか出てくる可能性はある。第四の解釈はおよそ出てこない。
　本件の予防訴訟判決は、第二の解釈を採り、こう判じた。「学習指導要領の国旗・国歌条項の法的効力」は、「その内容が教育の自主性尊重、教育における機会均等の確保と全国的な一定水準の維持という目的のために必要かつ合理的と認められる大綱的な基準を定めるものであり、かつ、教職員に対し一方的な一定の

理論や理念を生徒に教え込むことを強制しないとの解釈の下で認められるものである。したがって、学習指導要領の国旗・国歌条項が、このような解釈を超えて、教職員に対し、入学式、卒業式等の式典において国歌斉唱の際に国旗に向かって起立し、国歌を斉唱する義務、ピアノ伴奏をする義務を負わせているものであると解することは困難である」。

(5) 判決とアメリカ判例法理

筆者は、「アメリカ司法界に部分的だが根強く存在する『国旗・国歌』信仰の危険性を認識する必要があると同時に、少なくとも連邦最高裁がバーネット事件判決以後に展開してきた判例法理については、同じく個人の人権保障の原理と国民主権の原理を土台とする日本国憲法を『日の丸・君が代』との関係で解釈する際、最低限の目安として参考に値する内容を有している」という観点から意見書2「精神の自由とアメリカ連邦最高裁」(本書145頁収録)を執筆したが、本件判決は黙示的だが、アメリカ判例法理を判文の脈絡のなかで充分咀嚼しつつ取り入れていると判断される。ここでは、本件判決とアメリカ判例法理の関連の簡潔な抽出に限定する。

まず、判決は、本件拒否行為に対する「必要で最小限の制約」の要件として、他人の人権を侵害しないこと、儀式の進行を妨害しないこと、生徒達に拒否するよう殊更に煽らないこと等をあげているが、これらの要件は、筆者の意見書のなかで紹介しているバーネット事件、ティンカー事件の各連邦最高裁判決、ラッソー事件連邦控訴審判決、ハノーヴァー事件連邦地裁判決等で述べられていた。

次に、判決が言う「少数者の思想良心の自由」の尊重は、既述のように日本の判例でもあるが、アメリカではバーネット事件連邦最高裁判決がゴビティス事件連邦最高裁判決を劇的に覆した際に、こう明言していた。ゴビティス事件判決は、国旗忠誠の宣誓・敬礼の儀式のような争いの解決を世論や議会に任せるべきだとするが、権利章典の目的は、人の基本的権利を政治的論議とか多数者の意思とか選挙結果とかに関係なく、裁判所に審判権を行使させることにある、と。そして、この審判権を行使して、連邦最高裁は少数者たるエホバの証人信徒による宣誓・敬礼拒否の権利を認めたのである。

また、判決は、原告の拒否行為は原告と異なる世界観、主義、主張等を持つ者に対し、ある種の不快感を与えるかもしれないが、「このような不快感等により原告ら教職員の基本的人権を制約することは相当とは思われない」と判じた。憲法上で保障された人権の行使は、それに「不快感」を持つ者がいるという理由で

禁止ないし制約できないという法理は、ティンカー、ストリート、ジョンソンの各事件の連邦最高裁判決において明示されていた。

さらに、判決は、「国旗、国歌に対する正しい認識を持たせ、それらを尊重する態度を育てることは重要なこと」であり、入学式等の式典において「国旗を揚げ、国歌を斉唱することは有意義なものということができる」が、しかし、「国旗、国歌は、国民に対し強制するのではなく、自然のうちに国民の間に定着させるというのが国旗・国歌法の制定趣旨であり、学習指導要領の国旗・国歌条項の理念と考えられる」と述べている。実は、この判旨もアメリカ判例法理と近似性があった。たとえば、バーネット事件連邦最高裁判決は、国旗忠誠の儀式の目的としての国民的統一を政府当局者が「説得」と「模範」によって促すとすれば、それは問題でないが、しかし、その目的を「強制」という手段で達成しようとすることは憲法で禁止されているとし、ジョンソン事件連邦最高裁判決は、政府は純粋なシンボルとしての国旗を維持するために「努力」することへの正当な利益をもっているが、しかし、そのことで国旗焼却に対する処罰が憲法上で許容されることはないと述べていた。予防訴訟判決とアメリカ判例法理のこの近似性は、「国旗・国歌」の位置づけの近似性から来ているとも言えるが、しかし、日本の場合、単なる「国旗・国歌」ではなく、何よりも「日の丸」を国旗とし「君が代」を国歌としていることの問題構造に注意を向ける必要があろう。

(6) 判決の限界

判決の意義には限定的なところもいくつかあった。

第一に、本件判決が言う人の内心領域の精神的活動と密接な関係を有する外部的行為のどの部分までが憲法19条の保障対象となるかは、表現の自由との対比で必ずしも明確とされなかった。

第二に、判決は、教員の「専門職上の自由」すなわち旭川学テ最高裁大法廷判決のいう「教授の自由」については言及しなかった。

第三に、判決は、最後のところで、特にこう強調している。「原告ら教職員は、学校の入学式、卒業式等の式典会場で、およそいかなる場合においても、国旗に向かって起立する義務がないこと、国歌を斉唱する義務がないこと、ピアノ伴奏をする義務がないこと、各義務を怠ったために懲戒処分されないことを求めているもののように解される。しかし、本件通達及びこれに基づく各校長の職務命令が違法なのであって、原告らの請求は、本件通達及びこれに基づく各校長の職務命令に従う義務がないことを求め、また、上記職務命令に違反したことを理由に

処分されないことを求める限度で理由があるので、その限度で認容し、その余は理由がなく棄却するのが相当である」。これは、判決の射程が明示的に限定されていること意味する。つまり、判決は違憲の根拠として、①本件通達及びそれに基づく校長の職務命令が違法であること（旧教育基本法10条1項の「不当な支配」に該当。国旗・国歌法の立法趣旨にも反している）、②教職員は思想・良心の自由に基づき、起立・斉唱の拒否の自由、ピアノ伴奏の拒否の自由を有すること、これらのどちらか一方ではなく両方を示していたのである。

　第四に、判決の重要なポイントは、「国旗掲揚、国歌斉唱の実施方法等については、各学校の裁量を認める余地はほとんどないほどの一義的な内容になっている」本件通達が違法であるという認定であり、各校長の職務命令の違法性も「本件通達に基づく各校長の職務命令」の違法性であった。よって、本件通達とは関係なく、各校長が独自の判断で出した場合の職務命令の違法性については、判決は言及していない。

　第五に、事前の救済を求める予防訴訟においては、「重大な損害を生ずるおそれ」（2004年改正の行政事件訴訟法37条の4第1項）が要求されるが、この点、東京都ではそれまでに処分が乱発されていたことが、「処分の確実性」＝「重大な損害を生ずるおそれ」という判決の認定につながった。東京都の異様性が、予防訴訟の勝訴の大きな要素であったことは否めない。

二　ピアノ事件最高裁判決、及びその即時的影響

（1）　2007年2月27日、最高裁判所第三小法廷は、市立小学校の校長が、音楽教諭に対して、入学式の国歌斉唱の際に、「君が代」のピアノ伴奏を行うことを内容とする職務命令を出したことは合憲であると判示した。

　しかし、この判決は、「本件職務命令は、上告人の思想及び良心の自由を侵すものとして憲法19条に反するとはいえない」という結論のみは明確であるが、その結論に至る論旨は極めて不明瞭であり、説得力がおよそないものであった。筆者は、当該判決を詳細に分析した意見書を執筆し、それを予防訴訟控訴審を含む4件の訴訟を審理している裁判所へ提出した。これが意見書3「ピアノ伴奏事件最高裁判決の考察」である。この全文は本書に掲載しているので、ここでは要点のみ記す。

　第一に、裁判所法10条3号は、最高裁の「小法廷では裁判をすることができない」場合として、「憲法その他の法令の解釈適用について、意見が前に最高裁判

所のした裁判に反するとき」と定めている。つまり、最高裁「小法廷」は過去の最高裁判例を変更できないのである。ところが、今回のピアノ最高裁第三小法廷判決は、その判決が援用する４件の最高裁判決との比較検討からして、裁判所法10条３号の規定に違反している可能性が高い。

　第二に、ピアノ最高裁判決の大きな特徴の一つとして、判決の結論に至る論旨の筋道の不分明さが挙げられる。この不分明さは、判旨の意味を曖昧化させて、あるいは判旨に解釈の幅をもたせて、それまでの最高裁判例に反しているとの批判を回避するために採った手法とも考えられなくもない。しかし、その不分明な判旨を一つ一つ解きほぐして、判旨の意味内容を慎重に分析してみても、上述の４件の最高裁判決の趣旨のみならず、それら４件以外の他の判例の趣旨にも沿っていない。

　第三に、裁判所法10条１号は、「当事者の主張に基づいて、法律、命令、規則又は処分が憲法に適合するかしないかを判断するとき」にも、小法廷では裁判をすることができないと定めている。もっとも、これには、「意見が前に大法廷でした、その法律、命令、規則又は処分が憲法に適合するとの裁判と同じであるときを除く」という但し書きが付されているが、この場合、ピアノ最高裁小法廷判決が、それまでの最高裁大法廷の「裁判と同じである」かどうかが問題となる。この点においても、ピアノ最高裁判決は、本件に関係する「法律、命令、規則又は処分が憲法に適合するかしないか」についての過去の最高裁大法廷の「裁判と同じである」とはおよそいえない内容のものであった。

　ピアノ最高裁判決は内容的に不確定部分が極めて多い。こういう最高裁判決は近年では珍しい。この判決は、１人の反対意見を除く４人の多数意見で出されているが、判決の内容からして、４人の裁判官の間では、結論以外のところでの確定した合意は、おそらくなかったのではないかと思われる。今回のピアノ最高裁判決から外へ伝わるメッセージは、客観的には、せいぜい「校長自身が出したピアノ伴奏の職務命令は合憲である」というものであろう。４人の多数意見のうち、那須裁判官が補足意見を書いているが、これは他の裁判官の同調者がいない一人の補足意見である。しかも、那須補足意見は、判決とは内容上、異質のものであり（この詳細は、本書179頁掲載の意見書３「ピアノ伴奏事件最高裁判決の考察」参照）、那須補足意見は、実質的に分離の補足意見であったといえる。日本では、「補足意見」と「意見」は厳格に区別されているわけではない。

　本件判決に関与した５人の裁判官の見地は、３人対１人対１人に分岐していた

のではないかと推定されるが、また、多数意見の3人の裁判官の間でも必ずしも憲法19条の解釈について一致していなかった可能性が高い。今後、本件判決については、各訴訟の判決で、意味の注入・補正等が行われていくものと思われる。[注]

　　(注)　なお、ピアノ最高裁判決について、最高裁判所調査官の執筆と考えられる、ある程度踏み込んだ解説文が出ている（判例タイムズ1236号109頁）。これは、誘導的な意味をもたせたいのかもしれないが、その解説の推測的判断部分のほとんどは、判決文そのものに客観的な論拠があるわけではない。調査官がかりに当該解説文に近い趣旨の答申を裁判官へ提出していたとしても、判決文に取り入れられていない。要するに、当該解説文は、匿名の単なる一私見にすぎない。

　(2)　ピアノ最高裁判決後、関係訴訟で2件の下級審判決が出された。大阪府枚方市「君が代」訴訟の大阪地裁判決（2007年4月26日）及び解雇訴訟の東京地裁判決（2007年6月20日）である。これらの判決に、憲法19条の解釈についてのピアノ最高裁判決が即時的に影響している。

　ピアノ最高裁判決は、枚方訴訟と解雇訴訟の審理の結審後に出されたものであり、にもかかわらず、枚方訴訟判決と解雇訴訟判決は、いずれも、それらの判決の中枢部分において、ピアノ最高裁判決を援用している。それぞれの訴訟の当事者は、ピアノ最高裁判決の内容について全く弁論する機会を与えられないまま、枚方訴訟と解雇訴訟の各判決は、一方的にピアノ最高裁判決を援用している。しかも、枚方訴訟と解雇訴訟の各判決は、ピアノ最高裁判決を援用する際、主語を変換させただけで、そうしている。つまり、「ピアノ伴奏の職務命令は」という主語が、前者の判決では、「国歌を起立して歌うことは」へ変換され、後者の判決では、「国旗に向かって起立し、国歌を斉唱することを拒否することは」へ変換され、それらの主語に続いて、ピアノ最高裁判決の判文が援用されている。要するに、枚方訴訟判決と解雇訴訟判決は、ピアノ最高裁判決の限定された意味の範囲を恣意的に拡大して、合憲の判旨を組み立てているのである。

　枚方訴訟判決と解雇訴訟判決は、ピアノ最高裁判決の意味をよく理解できないまま、その判文を援用しているように思われるが、これは、いわば「ピアノ・インパクト」ともいえるものである。しかし、今後、他の各訴訟において、裁判官たちがピアノ最高裁判決の意味を的確に理解するようになれば、ピアノ・インパクトは一時的な現象になる可能性は十分ある。

三　ピアノ・インパクトからの離脱

　ピアノ・インパクトから離脱する兆候を示す判決が最近、出されている。ピースリボン訴訟の東京高裁判決である（2007年6月28日）。この判決は、結論的には教員の控訴を棄却したが（原審・東京地裁判決2006年7月26日）、枚方訴訟判決と解雇訴訟判決のようにはピアノ最高裁判決をそのまま援用しておらず、内容的に一定程度評価できる部分もある。

　ピースリボン訴訟東京高裁判決は、争点の一つである「小学校校舎屋上に国旗を掲揚したこと」について、こう判じている。「学校の式典において国旗が掲揚された場合に、学校の式典において国旗を掲揚することの意義について消極的な考え方を採る者であっても、儀礼上そのような考えを表に出すことなく学校の式典に参加することは十分可能であり、社会通念に照らすと、実際にもそのようにして学校の式典に参加しているのが通例であると考えられる」。
　ここで用いられている「儀礼上」という文言は、ピアノ最高裁判決にはないが、しかし、その文言の東京高裁判決の使用の仕方は、解雇訴訟判決が国歌斉唱時に起立等の行為をとることは「儀礼的行為」としたことの問題（これについては後述）と比して、さほど重大な意味をもたない。というのも、国旗掲揚それ自体の問題と職務命令による起立等の行為の問題は性質を異にしており、後者は人権侵害の個人性が直接的に出ているが、前者はそれが直接的には出ていないからである。しかし、前者もさらに進んで、国旗が掲揚されている会場での卒業式等への不参加により不利益処分された場合は、人権侵害の個人性が直接的に出てくる。
　このことについて、東京高裁判決は次のように論じている。校長が卒業式に国旗を掲揚した行為は、「卒業式に参加する者の思想及び良心の自由、信教の自由を侵害する性質を一般的、不可避的に有するものであるとはいえず、直ちには違法であるとはいえない。もっとも、上記卒業式に参加すべき者でその思想、良心又は信教に忠実であろうとするために国旗が掲揚された状態で上記卒業式に参加することに耐え難いものがあり得ることまでも否定することができないから、仮にそのような者が本件小学校の教職員でありながら上記卒業式に参加せず、そのことを理由に不利益な処分がされたとすれば、そのときにはじめて、当該処分の効力とその者の思想及び良心の自由、信教の自由との関係を検討すべきこととなるというべきである」。

この論旨は、ピアノ最高裁判決のそのままの援用ではなく、その判決を咀嚼して整理した結果のものである。東京高裁判決が上記の論旨を2ケ所で述べているのは、明らかに強調の意味がある。ただし、本件では、卒業式不参加による不利益処分が争点ではなかったので、判決は上述の検討をしていない。しかし、別の争点との関連で、上述の検討に着手している。その争点とは、校長が国歌斉唱の際にピアノ伴奏をするように控訴人に指示し、これを控訴人が拒否した後に、控訴人に対しとられた配置換えと異動の措置が違憲・違法であるかどうかである。この争点との関連で、判決は次のように判じている。

　「学校の音楽担当の教諭が校長から学校の式典で国歌斉唱のピアノ伴奏を行うよう職務上の指示又は命令を受けた場合に、当該教諭が学校の式典で国歌斉唱を行うことについて消極的な考え方の者であったとしても、その者が職務上の指示又は命令を受けたことを受けて自己の考えを表に出すことなく当該指示又は命令に従うことは不可能ではなく、世情としてはそのように職務上の指示又は命令に従っている者が多いと考えられるのであって、澤幡校長が控訴人に対し本件小学校の式典において国歌斉唱のピアノ伴奏をすることを指示した行為が、指示を受けた教諭の思想及び良心の自由、信教の自由を侵害する性質を一般的、不可避的に有するものであるとはいえない（最高裁平成16年（行ツ）第328号同19年2月27日第三小法廷判決参照）。もっとも、前記のとおり、学校の校長から上記のような指示又は命令を受けた教諭でその思想、良心又は信教に忠実であろうとするために当該指示又は命令に従うことに耐え難い苦痛を受けるものがあり得ることまでも否定することはできないから、仮に上記の教諭が自己の思想、良心又は信教を優先させて当該指示又は命令に従わなかった場合において、そのことを理由に不利益な処分がされたときにはじめて、上記の教諭個人の思想及び良心の自由、信教の自由との関係において当該処分が裁量権の範囲を超える違法なものかどうかを検討することとなるが、これを検討するに当たっては、裁判所は、上記の教諭が自己の思想、良心又は信教を大切にするために真摯に当該指示又は命令を拒否したものであることを確認した上で、当該指示又は命令により達成されるべき公務の必要性の存在及びその程度、代替措置の有無、当該不利益処分により上記の教諭が受ける不利益の程度等を総合考慮して判断すべきである（最高裁平成7年（行ツ）第74号同8年3月8日第二小法廷判決・民集50巻3号469頁参照）。そこで、本件においても、まず、控訴人が澤幡校長の前記指示を拒否したことにより不利益な処分を受けたかどうか、受けた処分が不利益な処分であるとはいえなくてもこれに伴って看過することができないような不利益を控訴人が受けたかど

うかを検討し、これを肯定することができる場合には当該不利益処分等が裁量権の範囲を超える違法なものかどうかを検討すべきである」。

ここにおいて、東京高裁判決は、ピアノ最高裁判決を咀嚼しつつ、それに藤田反対意見を加味し（藤田裁判官での「極めて苦痛」を「耐え難い苦痛」へ修正）、かつ「エホバの証人」信徒剣道拒否事件最高裁判決（1996年3月8日）の審査基準を援用している。

東京高裁判決は、結論的には、本件の配置換えと異動が不利益処分に当たるかどうかを検討の上、それに当たらないと判断したことにより、審査はそれ以上、進まなかったが、この判決は、下級審が、ピアノ・インパクトから離脱しつつあることを示しており、また、結論はともかくとして、その判旨は、内容的に一定程度評価に値するものを含んでいると考えられる。

第2章

解雇訴訟東京地裁判決
（2007年6月20日）の分析

一 事案の概要

 本件訴訟（「再雇用職員・講師地位確認等請求事件」）の事案の概要は次のようなものである。
 東京都立高等学校に教職員として勤務していた原告たちは、東京都再雇用職員の採用選考に合格したが、その合格後に実施された卒業式に先立ち、それぞれの勤務校の校長から、卒業式において国旗に向かって起立し、国歌を斉唱するように職務命令が出されたにもかかわらず、卒業式での国歌斉唱時にいずれも起立、斉唱しなかった。そこで、再雇用職員の任用権者である東京都教育委員会は、原告たちの再雇用職員採用選考の合格を取り消した。また、別の原告は、上記の合格後にこれを辞退し、以後、同人の勤務校であった高校は、同人を同校の講師として採用する手続を進めたが、結局、同人は講師に採用されなかった。本件は、原告たちが、被告の東京都に対し、合格取消し又は講師不採用が違憲・違法であるとして、再雇用職員たる地位又は講師たる地位にあることの確認及び未払の報酬の支払並びに国家賠償法に基づく損害賠償（慰藉料）等を求めた事案である（東京地方裁判所民事第11部、裁判長は佐村浩之、裁判官は土田昭彦、篠原淳一）。

二 憲法19条（思想・良心の自由）、20条（信教の自由）、21条（表現の自由）

 これらについて、判決は、「全原告らの主張」として、こうまとめている。「本件職務命令は、卒業式などの式典において『日の丸』に向かって起立し、『君が代』を斉唱することを強制するものであるから、全原告らの思想及び良心の自由（憲法19条）の侵害となる。また、『日の丸』、『君が代』は、その歴史的経過に照らせば、国家神道という宗教と強い関連性を有することは明らかであるから、『日の丸』に向かって起立し、また、『君が代』の斉唱を強制することは、全原告

らの信教の自由（憲法20条1項）を侵害し、憲法20条2項にも違反する。さらに、本件不起立行為は消極的・受動的な態様での表現行為であるから、憲法21条1項の表現の自由の侵害ともなる」。

筆者は解雇訴訟には途中から関わるようになったが、原告側の上記の、特に憲法21条関係の主張は、おそらく筆者が関わる以前の訴訟の初期に出されたものであろう。筆者の論理とは明らかに異なる。むしろ、上のような主張は問題があると危惧し、法廷証言（本書217頁掲載）でも、筆者は、そうした主張が妥当でないことを明確に述べていた。

この点はともかく、以下、憲法20条、憲法21条、憲法19条の順で検討していく。

（注）　こう筆者は思っていたが、後で原告弁護団に記録を確認してもらったところ、判決が原告の主張としている「本件不起立行為は消極的・受動的な態様での表現行為であるから、憲法21条1項の表現の自由の侵害ともなる。」という部分は、裁判官たちの故意の歪曲ということが判明した。記録上は、原告側は、上のような主張をしたことはなく、表現の自由との関係では、最初の「訴状」（2004年6月17日提出）のなかで、「『君が代』の強制は憲法19条、20条、21条に違反する」との表題（41頁）で、「『沈黙の自由』を消極的表現の自由ととらえれば、これは憲法21条（表現の自由）に違反するものである」（42頁）と述べているだけである。筆者はこの論理もとらないが、いずれにしても、裁判官たちは、原告側の最初の訴状の内容を、自分らの「抗議としての一種の示威行動」という結論につなげやすいように捻じ曲げ（かつ、訴状提出後の原告側の「弁論の全趣旨」を無視し）、それを対象にして、判決を作り上げたということになる。

(1) **憲法20条について**

判決は、憲法20条との関係では、こう述べている。「本件全証拠によっても、本件職務命令が宗教的な目的・趣旨を有し、また、その効果において一定の宗教を助長・援助するようなものであるとは認められないし、また、現時点での社会通念に照らせば、『日の丸』、『君が代』が国家神道と不可分な関係にあると認識されているともいえないから、同命令が憲法20条1項及び2項に反するとはいえない（もとより、全原告らは本件職務命令が自己の宗教心と抵触するものだとは述べていない。）」。

筆者は、本件におけるポイントは、「日の丸・君が代」が国家神道と不可分の関係にあるかどうかではなく、「日の丸」に向かって起立し、「君が代」を斉唱することが原告本人の宗教的信仰に反しているかどうかであると考え、原告たちのなかに、本人の宗教的信仰に基づいて「日の丸」起立・「君が代」斉唱を拒否した者がいない以上、憲法20条に依拠するのは難しいのではないかとみていたので、

筆者の意見書も信教の自由については論及していなかった。しかし、他の関連訴訟で、原告たちのなかに、本人の宗教的信仰に基づいて「日の丸」起立・「君が代」斉唱を拒否した者がいれば、憲法20条に依拠することは十分可能である。

(2) 憲法21条について

判決は、原告側の主張という先述の裁判官らのまとめによる「本件不起立行為は消極的・受動的な態様での表現行為であるから、憲法21条1項の表現の自由の侵害ともなる」という部分に対して、次のように判じた。「本件職務命令と憲法21条1項が保障する表現の自由との関係については、後述するように、全原告らの本件不起立行為が本件職務命令に対する抗議の意思表明をも含む面があるといえるが、卒業式のような学校行事の場において、このような表現行為が保障される理由は見いだし難いから、本件職務命令が憲法21条1項が保障する表現の自由を侵害するものとはいえない」。そして、この判文のなかの「後述するように」は、次のことを指している。「原告らが本件不起立行為に及んだ大きな動機は、本件通達をめぐる都教委の一連の動きが、学校の教育自治の原理を一切否定する強権的なものであり、是認し難いとの点にあるとみられることからすると、本件不起立行為は国旗・国歌条項の実施についての都教委の関与・介入に対する抗議としての一種の示威行動とも評価し得るものであるから、本件不起立行為の態様が消極的・受動的なものにすぎないとする原告らの主張①は、本件不起立行為の一側面のみを取り上げるものであって、採用し難い」（引用者注：このなかの「原告らの主張①」とは、「本件不起立行為は約40数秒程度の短い時間に、ただ起立せずに指定された席に着席し続けたというだけで、卒業式の進行を妨害したものでもないのに対し、本件合格取消しが再雇用職員としての職を奪うのに等しい効果を招来するものであるから、上記行為の存在のみをもって、本件合格取消しをなすことは均衡を失している」という主張を指す）。

判決は、訴訟における「弁論の全趣旨」から判断を下すのでなく、既述のように原告側の主張を曲げ、それを対象にして、不起立行為までもすべて憲法21条上の問題として処理している。判決は、「抗議としての一種の示威行動」と「消極的・受動的なもの」に分けているようにみえるが、しかし、いずれをも、憲法21条の表現の自由との関係でとらえており、そうであるがゆえに、「抗議としての一種の示威行動」についても「消極的・受動的なもの」についても、「本件職務命令が憲法21条1項が保障する表現の自由を侵害するものとはいえない」という結論につながっている。

第2章　解雇訴訟東京地裁判決（2007年6月20日）の分析　23

もちろん、判決における「全原告らの本件不起立行為が本件職務命令に対する抗議の意思表明をも含む面があるといえるが、卒業式のような学校行事の場において、このような表現行為が保障される理由は見いだし難いから、本件職務命令が憲法21条1項が保障する表現の自由を侵害するものとはいえない。」とする表現の自由の解釈自体も、後述するように、極端に粗雑であるが、しかし、「消極的・受動的なもの」まで憲法21条との関係でとらえると、憲法19条の存在理由がほとんどなくなる。

　他方で、判決は、文面からして、「抗議としての一種の示威行動」と「消極的・受動的なもの」に分けているようにも読めるので、一応、この点も検討しておく。
　第一に、「原告らが本件不起立行為に及んだ大きな動機は、本件通達をめぐる都教委の一連の動きが、学校の教育自治の原理を一切否定する強権的なものであり、是認し難いとの点にあるとみられること」が、なぜ、「抗議としての一種の示威行動とも評価し得るもの」のみにつながるのか。実際には、「抗議としての一種の示威行動」の性質の行為と「消極的・受動的なもの」の性質の行為とがあり得るであろう。これは各教職員によって異なり、一方的にどちらかに断定できない。だから、客観的な審査が必要なのである。
　第二に、抗議としての一種の示威行動であるか、それとも消極的・受動的な拒否行為であるかの判断においては、まず、その行動ないし行為が、自己の思想・良心を自発的、能動的に外部に表現化する行動であるのか、それとも外部からの一定の作用、働きかけ（命令、要求等）によって、自己の思想・良心の領域が侵害されようとしている場合に、その思想・良心を保衛するため、外部からのそうした作用、働きかけに対して防衛的、受動的にとる拒否の外的行為であるのかが審査されなければならず、この審査でかりに後者ということになれば、その行為は憲法19条の範疇のものであり、そうして、さらに、その行為が他人の人権を侵害するような態様のものかどうか、儀式を物理的に妨害するものであるのかどうか、儀式運営に重大な支障をもたらすものであるのかどうかが審査されることになるとするのが、憲法21条と憲法19条の関係についての適正な解釈であろう。
　第三に、判決は、「原告らが本件不起立行為に及んだ大きな動機は、本件通達をめぐる都教委の一連の動きが、学校の教育自治の原理を一切否定する強権的なものであり、是認し難いとの点にあるとみられる」とするが、実際に原告たちが法廷でこういう主張をしたとは筆者は確認していない。この点はともかく、そも

そも「学校の教育自治の原理を一切否定する強権的なものであり、是認し難い」という考えは、思想・良心・信条・信念の範疇に入る。判決自体も、「社会生活上の信念」を憲法19条の範疇内でとらえており（この詳細は後述）、この「社会生活上の信念」のなかには、当然に「学校の教育自治の原理を一切否定する強権的なものであり、是認し難い」という考えも入り、よってそうした考えも憲法19条の保障対象となろう。そうだとすれば、「学校の教育自治の原理を一切否定する強権的なものであり、是認し難い」という考えに基づく行為が、消極的・受動的な拒否行為と判断されれば、それは、憲法21条ではなく、憲法19条の思想・良心の自由との関係で審査されるのが妥当であろう。判決の論旨からしても、そういえる。

(3) 憲法19条について

　それでは、判決は、本件との関係で憲法19条をどのように解釈しているのか。この問題を次に検討する。
　(i)　判決は、憲法19条解釈の前提として、こういう。「全原告らの感情、信念、信条は、それぞれの人生体験、我が国の過去についての歴史認識や職業意識などにより個々の全原告につきそれぞれ多元的に形成されたものであり、これらは社会生活上の信念を形成しているとみられるから、このような精神活動それ自体を公権力が否定したり、精神活動それ自体に着目して、その内容の表明を求めたりすることは、憲法19条が保障する思想及び良心の自由を侵害するものとして許されないことはいうまでもない」。
　つまり、判決は、「社会生活上の信念」を憲法19条の保障対象とし、そうして、本件との関係では次のように判示している。なお、(イ)(ロ)(ハ)は便宜のため引用者が付した。
　「全原告らが教育公務員として参加した学校行事である卒業式において、国旗に向かって起立し、国歌を斉唱することを拒否することは、(イ)全原告らにとっては、上記のような社会生活上の信念に基づく一つの選択ではあり得るものの、一般的には、これと不可分に結び付くものではないから、本件職務命令が全原告らの上記のような精神活動それ自体を否定するものとはいえない。(ロ)また、卒業式において、国旗に向かって起立し、国歌を斉唱することも、卒業式という式典の場において、何らかの歌唱を行う際に歌唱を行う者が起立し、また、起立する際、会場正面に向けた体勢をとること自体は、儀式・式典において当然されるべき儀礼的行為であり、(ハ)しかも、これが前記4、(4)、アのとおり、全原告らの勤務校

に所属する教職員全員に発せられた職務命令によりされるものであることを勘案すると、本件職務命令のとおりの行為をすることが、その者が有する特定の思想などの精神活動自体の表明となるものではないというべきである（最高裁平成19年2月27日第三小法廷判決・裁判所時報1430号52頁）」。

要するに、判決は、(イ)(ロ)(ハ)を根拠として、「本件職務命令のとおりの行為をすることが、その者が有する特定の思想などの精神活動自体の表明となるものではない」という結論を引き出しているのである。そして判決は、この論旨はピアノ最高裁判決に基づくものであることを明示している。

これを検討するに、第一に、本件の結論が妥当でないことは別にして、その結論の判文そのものが日本文として乱れている。正確には、本件職務命令のとおりの行為をすることが、その者が有する特定の思想などの精神活動自体の「否定」となるものではない、とすべきであろう。

第二に、本件結論を支えている(イ)は、ピアノ最高裁判決の判文の当てはめである。しかし、最高裁判決のこの判文それ自体が論理的に成り立ち得ないことは、本書掲載の意見書3「ピアノ伴奏事件最高裁判決の考察」第2章(1)において、詳細に分析している。また、最高裁判決の(イ)の部分は、北九州「君が代」訴訟の福岡地裁判決（2005年4月26日）の判文と類似しているところがあるが、この福岡地裁判決の分析は、本書掲載の意見書1「『国旗・国歌』と思想・良心の自由」第4章二で行っている。

本件との関係で要点のみ記しておくと、思想・良心の分野において、本件判決のように、ピアノ最高裁判決を適用し、「社会生活上の信念」を憲法19条の保障対象に入れながら、「国旗に向かって起立し、国歌を斉唱することを拒否することは、全原告らにとっては、上記のような社会生活上の信念に基づく一つの選択ではあり得るものの、一般的には、これと不可分に結び付くものではないから、本件職務命令が全原告らの上記のような精神活動それ自体を否定するものとはいえない。」とするならば、こうした処理の下では、ほとんどあらゆる思想・良心・信条・信念に基づく行為が憲法19条とは無関係なものとなり、憲法19条は実質的に死文と化するであろう。憲法19条にとって、それほど危機的な意味が、本件へのピアノ最高裁判決の当該判文の適用の仕方に含まれている。

　　（注）　また、本件判決は、その判文の最後のところで、「原告らの非違行為が、その信念に根ざすものであることからすると、新年度の入学式や翌年の卒業式においても更に繰り返される可能性も高いこと」等を根拠として、「本件合格取消しにより原告らが職を失うこととなったとしてもやむを得ない」としているが、これは、原告たちの信念が、「社会生活上の信念に基づく一つの選択」以上の、本人たちの信

念の中核部分に根ざすものであることを認めているのと同じである。信念の中核部分までも否定し、失職という重大な不利益処分も当然だということになれば、思想・良心の自由の領域は存在し得なくなるであろう。本件裁判官たちの認識の背景には、後述（本書44頁参照）するように、判決が本件通達の実現のためには「監視」も必要としていることからして、原告たちの信念を「思想犯罪」視し、その根絶も容認されるという考えがあるのかもしれない。そうだとすれば、憲法改正なしで憲法19条を無効力化し、明治憲法下の治安維持法の法理を復活させるようなものである。

　第三に、本件結論を支えている㈹は、実はピアノ最高裁判決にはない。つまり、最高裁判決は一度も「儀礼的行為」という文言を使用していないのである。最高裁判決が使用しているのは「儀式的行事」（2ヶ所）であり、その文脈はこうである。「学校の儀式的行事において『君が代』のピアノ伴奏をすべきでないとして本件入学式の国歌斉唱の際のピアノ伴奏を拒否することは」と、「公立小学校における儀式的行事において広く行われ、南平小学校でも従前から入学式等において行われていた国歌斉唱に際し」である。要するに、最高裁判決は、卒業式、入学式等を指して通常の意味で「儀式的行事」を使用しているにすぎないのである。「儀式的行事」のこういう使い方は、特に異とするに足りず、普通のことである。他方、「儀礼的行為」という文言は、「儀式的行事」と異なって、一定の倫理的価値判断を含み込んでおり、価値的に中立的な概念ではない。こういう「儀礼的行為」という文言を、本件判決が肯定的に使用するということのなかには（判決は、他に二箇所でこの文言を使用している）、既に起立・斉唱の行為に対する肯定的評価が前提とされている。判決の文脈からしても、そういえる。

　本件判決は、あたかもピアノ最高裁判決が述べているかのように、「儀礼的行為」を用いているが、このことは、一定の目的をもって、最高裁判決の文言を改変していることを意味し、単なる判例違反にとどまっていない。

　また、本件判決が儀礼的行為の文言に特別な意味合いをもたせているのは確かであるが、このことは別の判例にも反している。愛媛玉串料訴訟最高裁大法廷判決（1997年4月2日・民集51巻4号1673頁）である。当該判決は、愛媛県知事による靖国神社への公金での玉串料支出との関連で、たとえ玉串料等の奉納が戦没者慰霊と遺族慰謝を「直接の目的としてされたものであったとしても、世俗的目的で行われた社会的儀礼にすぎないものとして憲法に違反しないということはできない」と判じていた。つまり、「社会的儀礼」の意味合いの戦没者慰霊と遺族慰謝を直接の目的としていても、憲法上許されるものではないと明言しているの

である。この最高裁大法廷判決は、儀礼的行為との関係での一定の公的行為の違憲性を検討する上での最も重要な判例の一つである。

本件判決の「儀礼的行為」論は、判例違反であるのと同時に、思想・良心の自由の憲法法理にも反している。

まず、判決は、儀礼的行為の対象を「卒業式という式典の場において、何らかの歌唱を行う際に歌唱を行う者が起立し、また、起立する際、会場正面に向けた体勢をとること自体」としているように、意図的に、起立及び体勢に絞っている。これは、内心がより強く投影される「国歌斉唱」まで儀礼的行為に含めることの深刻な問題性を意識していることによる。ところが、判決は、儀礼的行為を起立及び体勢に絞っていながら、それを本件職務命令全体の合憲の判断につなげている（この構図は、都教委が職務命令違反を不起立行為のみ対象としていても、影響を受けない）。しかし、職務命令の内容は、「国旗に向かって起立して国歌を斉唱すること」であった（都教委の通達も同旨）。判決の筋からいえば、職務命令のなかの「国旗に向かって起立」のみは儀礼的行為であるが、「国歌を斉唱」は儀礼的行為に含まれないとすべきであったが、そうすると、判決の結論と矛盾してくるので、そうできなかったのである。

次に、儀礼的行為論は、人権保障の個人性と厳格性を崩すことになりかねない。本件訴訟におけるように、自己の思想・良心に基づいて、国旗に向かって起立して国歌を斉唱することができないとする者が、職務命令で起立・斉唱を余儀なくされることは、本人にとっては、その思想・良心の直接的な侵害とならざるを得ず、その場合にも、儀礼的行為だから受忍義務があるとされれば、人権保障の個人性の原理が意味をもちえなくなる。また、本件判決の趣旨の儀礼的行為論が容認されるとすれば、儀礼的行為論に基づく公権力による人権制約が容易となる。この論理は、内容上、本件の思想・良心の自由の領域のみでなく、他の少なからずの人権の領域にも適用可能であり、そうなれば、厳格な審査基準を適用せずに、人権が大きく制約されることとなる。

さらに、判決での儀礼的行為論は、教職員を媒介して、生徒を射程内に入れている。

つまり、教職員を範として生徒に学ばせるということである。判決は、このことを以下のように明言している。「学校教育の現場において一定の権威的地位を有する教員が、国旗に向かって起立し、国歌を斉唱することは、国旗・国歌条項に沿った指導を実践する教職員が生徒に範となる行動を示すものと理解されるところ、このような行動自体が生徒の内心に対する一定の働きかけとなることは否

定できないものの、それは正に行動の手本を示すものであって、教育の実践の面において、このような生徒の内心に対する一定程度の働きかけを伴うことは不可避的であるから、これを直ちに強制と同一視し得ないことからすると、本件職務命令が生徒の思想及び良心の自由を侵害するものといえない。」

　判決は、ここにおいて、教職員が起立・斉唱の範を示すことを通して、生徒の内心に働きかけ、生徒に対し一方的、一面的な教育を実践することも許されるとしているのである。生徒の思想・良心の自由が風前の灯となっている。(注)

　また、儀礼的行為論で起立・斉唱を命令することが容認されるとすれば、それは、生徒のみならず、式典における保護者、出席者全員が起立・斉唱を余儀なくされるということを意味しているのに注意する必要がある。というのも、儀礼的行為論の重点が、人権保障の法論理の内容ではなく、儀礼的行為という形式にあることにより、この論理は、機能的に、式典の参加者の全員に応用されていくことは避けられないからである。

　　(注)　判決における儀礼的行為論と教職員「範」論は、実は都教委の主張に乗ったものであった。都教委はその最終準備書面において、次のように主張していた。「生徒が将来、国際社会において尊重され、信頼される日本人として成長していくために、入学式、卒業式という学校行事における実践の場で、国旗に向かって起立し国歌を斉唱するという基本的礼儀（マナー）を生徒に対し指導することは、学校における重要な責務となっている」。本件での起立・斉唱の命令項目は、「国歌斉唱や前述の国際儀礼について指導すべき、また、その範を示すべき教員が、国歌斉唱時にあえてその場に居なかったり、あえて起立しないということは教育指導上重大な影響を与えかねず、その必要性ゆえ規定した条項である」。

　　　なお、都教委は、上記準備書面において、国際的マナーとの関連で、日本とアメリカの高校生の「国旗・国歌に関する意識と態度調査」を持ち出して、アメリカの高校生が自国の国旗に起立する割合がいかに高いかを強調している。しかし、本件訴訟との関係で最も重要なのは、意識調査ではなく、アメリカ連邦最高裁判所の判例である。その判例上では、アメリカでは、生徒が「国旗忠誠の誓い」を、連邦憲法修正第１条（「精神の自由」を規定）に基づいて拒否する権利を有することは、1943年のバーネット判決以来、今日まで、60年以上にわたって確固として保障されてきた（この詳細は、本書掲載の意見書２「精神の自由とアメリカ連邦最高裁」及び「証言録」を参照）。ところが、都教委はこの判例法には全く触れようとしない。法廷での立証の仕方として、根底的に問題がある。

　　　ついでに付すると、都教委が、国際的マナーのところで具体的に言及している国は、アメリカを除けば、中華人民共和国と大韓民国の実践例のみである。しかも、肯定的に評価している。都知事の石原慎太郎は、これらの国が嫌いではなかったのか。

第四に、本件結論を支えている(ハ)、すなわち「全原告らの勤務校に所属する教職員全員に発せられた職務命令によりされるものであること」は、ピアノ最高裁判決における、「君が代」ピアノ伴奏行為自体は「伴奏を行う教諭等が特定の思想を有するということを外部に表明する行為であると評価することは困難なものであり、特に、職務上の命令に従ってこのような行為が行われる場合には、上記のように評価することは一層困難である」という判文を念頭においているものと考えられる。

　これを検討するに、まず、本件判決は、ピアノ最高裁判決に基づいているかのように述べているが、しかし、ピアノ最高裁判決での事案は、一校長から音楽教諭一人に出されたピアノ伴奏の職務命令の違憲・違法性であったが、本件では都教委の通達に基づく各校長から教職員全員に出された職務命令の違憲・違法性であった。比較する前提が大きく異なっている。

　次に、通達に基づいて職務命令が教職員全員に発せられるのは通常のことではない。教職員全員に対して職務命令が発せられたのは、教職員のなかで、「国旗に向かって起立し、国歌を斉唱することを拒否する」教職員に焦点を合わせて、そうした教職員を一掃するということを目的としている。つまり、全体主義的ともいえる目的である。こういうことからすれば、原告たちの起立・斉唱の拒否の意思にもかかわらず、職務命令に従って起立・斉唱をする行為は、原告たちが、本来は自己の思想に反する一定の「日の丸・君が代」思想を拒否しない、又はそうした思想に加担するという方向へ命令によって転換させるということにならざるを得ない。これはいわゆる「踏み絵」である（「踏み絵」の論理について、本書217頁掲載の「証言録」参照）。これは、自己の思想に反する行為を命令によって強制することであり、まさに思想・良心の自由の核心を構成する沈黙の自由を直接的に侵害するものである。

　さらに、メディア等を通じて「日の丸・君が代」をめぐる対立状況は社会で広く知れ渡っており、このことからすると、本件のように起立・斉唱の職務命令が出された場合、原告たちがもともと「日の丸・君が代」に反対する又は拒否する思想を有しているから職務命令が出された（そうでなければ職務命令が出される必要がない）のだというメッセージを外部的に伝えるものとなる。少なくとも、原告たち各人にとって、そのような意味を有する。これは、思想・良心の自由の一内容たる「各人に対して、いかなる思想・良心を有しているか、または有していないかを告白または表現するように強制することは禁止される」という原則に抵触する。そうして、職務命令に基づく起立・斉唱を拒否すれば処分されること

なり、本件では現実に処分された。これは、思想・良心の自由の一内容たる「思想・良心の自由の行使に対する不利益な取扱いの禁止」原則に反するものである。

　(ⅱ)　本件の原告たちは地方公務員である。そこで、公務員であることは原告たちの人権の保障にどのように影響するのかが問題となる。この問題は、精神的人権の分野では、判例・学説上、主に憲法21条の表現の自由との関係で論じられてきた。そして、学説上では、表現の自由が優越的地位を有するとされるがゆえに、その自由を制約する際には厳格な基準が要求されると論じられ、また判例上は、それより後退しているが、少なくと合理性の基準は否定されていない。他方、憲法19条の思想・良心の自由は、その自由が絶対的保障ないしそれに準ずる保障とされてきたことにより、学説・判例上、表現の自由以上の強い保障があると認識されてきた。

　ところが、本件判決はこの構図を無視した。まず、本件職務命令と表現の自由の関係については、次のように述べただけである。「全原告らの本件不起立行為が本件職務命令に対する抗議の意思表明をも含む面があるといえるが、卒業式のような学校行事の場において、このような表現行為が保障される理由は見いだし難いから、本件職務命令が憲法21条1項が保障する表現の自由を侵害するものとはいえない。」

　つまり、この判決は、表現の自由の審査において、厳格な基準はもちろん、合理性の基準でさえ用いていない。問答無用というわけである。明白な判例違反である。

　それでは、本件職務命令と思想・良心の自由の関係についてはどうか。こうである。「①前記4、(1)、イで認定した国旗・国歌条項の趣旨や、②卒業式という式典の場において、何らかの歌唱を行う際に歌唱を行う者が起立し、また、起立する際、会場正面に向けた体勢をとること自体は儀式・式典における儀礼的な行為であること、そして、③国旗に向かって起立し、国歌を斉唱すること自体は、一般的には内心の精神活動と不可分に結び付くものとはいえないことを勘案すると、本件職務命令は国旗・国歌条項により全原告らが指導の責務を負う事項につき、儀式・式典における儀礼的な行為を命ずる限りでこれを具体化したものとみるのが相当である。してみれば、本件職務命令は、公務員の職務の公共性に由来する必要かつ合理的な制約として許容されるものと解され、全原告らの思想及び良心の自由を侵害するものとして憲法19条に反するとはいえない。」

　判決はここで合理性の基準を用いている。表現の自由以上に強い保障があると

認識されてきた思想・良心の自由に対してである。しかも、判決のいう「本件職務命令は、公務員の職務の公共性に由来する必要かつ合理的な制約として許容されるもの」の根拠とされている①②③はおよそ「合理性」がないものである。

つまり、判決のいう①の認定趣旨とは、判決によれば、「平成11年12月に文部省が著した『高等学校学習指導要領解説』」を指している。しかし、この文書は、全く法規性を有さない省庁内部の説明書にすぎず、こういう文書を憲法解釈（しかも人権制約）の重要な根拠の一つにすることはできない。また、②の「儀礼的な行為」は、既述のように、ピアノ最高裁判決のいう「儀式的行事」を意図的に改変したものであり、単なる判例違反以上に問題がある。さらに、判決があげる③は、こうした応用の仕方は、憲法19条を実質的に死文化させるものであることについても既に論じた。要するに、①②③は、思想・良心の自由の「合理的な制約」の根拠としては、成り立ちえないものである。

　　（注）　他方で、判決は、原告側が、教育庁が作成した再雇用職員の手引書には再雇用職員の勤務関係が「雇用契約」である旨が明示されていることを主張していることについて、こう述べている。「教育庁の内部的な資料でしかない上記手引書に上記のような記載があるとしても、この記載を根拠として再雇用職員の勤務関係の法的性質を決することはできないといわざるを得ない。」
　　　　　訴訟における提出文書の証拠能力をここまで恣意的に使い分けるのは、単なる当不当のレベルを超えているのではないか。

上記①②③のうち、おそらく判決が最も重視しているのは、判決が繰り返し述べている②の「儀礼的な行為」であろう。この儀礼的行為論は、法解釈以前に、俗受けしやすいものであるので、煩をいとわず、この問題を、既述とは別の角度から検討しておく。

「公務員」論との関係での、判決における「儀礼的な行為」の重視は、(イ)「統一的で円滑な公務の遂行を確保」すること、及び(ロ)教育効果を減殺させない儀式の運営の強調に表れている。後者の儀式運営については、判決はより詳しく、こう判じている。「学校が主催する行事（式典）において、教職員が定められた式次第に従わないという状況は、式に参加する来賓や保護者に不信感を抱かせて対外的な信用を失墜するほか、式の円滑な進行の妨げとなるおそれがあるから、校長が、卒業式に出席する教職員に対し、式次第に従って起立すべきことを命ずる必要性があったことは否定できない。また、卒業式における国旗掲揚及び国歌斉唱は、国旗・国歌条項に適うものである一方、式場に出席する教員が共に斉唱しないという状況は、上記教育効果を減殺するものであり、生徒に対する指導上も

問題があることは明らかである。そうであれば、校長が教職員である全原告らに対し、本件職務命令を発したことは校長の有する裁量を逸脱・濫用するものとはいえない。」

　ところが、繰り返すが、ピアノ最高裁判決は、こういう公務員論を全く語っていない。実は、語っていたのは判決ではなく、那須裁判官の補足意見であった。上記の(イ)との関係で、那須裁判官は、こう述べていた。学校行事としての教育活動を適時・適切に実践する必要上、「学校としての統一的な意思決定と、その確実な遂行が必要な場合も少なくなく、この場合には、校長の監督権（学校教育法28条3項）や、公務員が上司の職務上の命令に従う義務（地方公務員法32条）の規定に基づく校長の指導力が重要な役割を果たすことになる。そこで、前記のような両面性を持った行為についても、行事の目的を達成するために必要な範囲内では、学校単位での統一性を重視し、校長の裁量による統一的な意思決定に服せることも『思想及び良心の自由』との関係で許されると解する。」そして、(ロ)との関係では、こうである。学校教育の実践の場における問題としては、「それぞれの学校という教育組織の中で法令に基づき採択された意思決定に従い、総合的統一的に整然と実施されなければ、教育効果の面で深刻な弊害が生じることも見やすい理である。」

　那須裁判官のこの公務員論を、最高裁判決は採用していない。そうであるがゆえに、その公務員論は判決に組み入れられなかった。逆からいえば、判決に組み入れられなかったことによって、那須裁判官は、判決の立場とは異なる独自の公務員論を書かざるを得なかったのである。本件解雇訴訟判決が依拠していたのは、この那須補足意見であり、最高裁判決ではなかった。そして、那須補足意見そのものは内容的にそれまでの最高裁の判例に明確に反していた（この論証は、本書179頁掲載の意見書3「ピアノ伴奏事件最高裁判決の考察」参照）。本件判決の公務員論、儀礼的行為論の問題性は明らかである。

　　（注）　筆者は解雇訴訟での法廷証言（本書224頁掲載）で、「不起立者がいた場合、式典の厳粛さを乱すということになりませんか」という質問に、次のように答えていた。
　　　「静かに着席している限りは式典の厳粛さを乱すということにはならないと思います。たとえば、厳粛さを維持するために全員起立ということが命令されるとすれば、その場合は教職員のみならず、生徒及び保護者までが全員起立を命令されることになります。そうした全員起立の命令というのは、やはり反対者がいなければ別ですけれども、反対者がいてそういうことになれば、そういった儀式というのは反対者を根絶した後で、その後での墓場での儀式のような厳粛さ、そういった種類の厳粛さになるのではないかと思われます。それはいわば、全体主義的な厳粛さであ

ろうと思われます。やはり民主主義社会におきましては、人権に配慮しつつ厳粛さを維持するということが重要ではないかと思われます。」

三 憲法23条、26条等の教育の自由、生徒の思想・良心の自由

(1) 教育の自由について

　判決は、教員の教育の自由について、特に卒業式との関連で、こう述べていた。「卒業式が、高等学校における『教育課程』の一部である特別活動として実施されるものではあるが、教科等における授業と異なり、学年及び学級の区別なく全校をあげて実施されるもので、全卒業生が参加するほか、保護者や種々の学校関係者の協力を得て行う儀式であり、事柄の性格上、本来的に各教員において個別に又は独自にこれを行うことが困難、不適当な性格のものであることを勘案すると、本件職務命令が全原告らの教育の自由を侵害するものとはいえない。したがって、本件職務命令が憲法23条、26条1項等が保障する教員の教育の自由等の侵害になるということはできない。」

　判決でのこの部分に関連することは、ピアノ最高裁判決は全く述べていなかった。述べていたのは、またもや那須補足意見であった。こうである。「入学式や卒業式等の行事は、通常教員が単独で担当する各クラス単位での授業と異なり、学校全体で実施するもので、その実施方法についても全校的に統一性をもって整然と実施される必要があり、本件職務命令もこの観点から事前にしかも複数回にわたって校長から上告人に発出されたものであった。」つまり、ピアノ最高裁判決に組み入れられなかった那須補足意見の内容が、判決とは別に一人歩きし、それが解雇訴訟判決に組み入れられているのである。

　ところで、教師の教育の自由を考える際に最も重要な判例は、いうまでもなく旭川学テ最高裁大法廷判決である（この判決の詳細な分析は、本書掲載の意見書1「『国旗・国歌』と思想・良心の自由」第3章二(2)を参照）。この判決は、次のように判示していた。「普通教育の場においても、例えば教師が公権力によって特定の意見のみを教授することを強制されないという意味において、また、子どもの教育が教師と子どもとの間の直接の人格的接触を通じ、その個性に応じて行われなければならないという本質的要請に照らし、教授の具体的内容及び方法につきある程度自由な裁量が認められなければならないという意味においては、一定の範囲における教授の自由が保障されるべき」である（別の箇所でも、最高

裁は、「教師の創意工夫の尊重」、「教師の自由な創意と工夫の余地が要請されること」、「教師の教育の自由」等を肯定的に説いている）。

　旭川最高裁判決は、ここで「完全な」教授の自由を認めているわけではないが、このことはさほど重要でないし、そもそも普通教育の場において「完全な」教授の自由はあり得ない。重要なのは、当該判決が、教育の「本質的要請に照らし」、教員に一定の「教授の自由」を認めていることである。つまり、教育に関わる生徒の憲法上の人権保障と照応する教育公務員のこの「教育者」としての固有の自由は、その専門職としての本質に由来するものであり、かつこの自由は国との関係のもの（すなわち、当該判決のいう「教師が公権力によって特定の意見のみを教授することを強制されないという意味」での自由）である。

　旭川最高裁大法廷判決は、教師が、「公権力によって特定の意見のみを教授することを強制されない」自由を、換言すれば、公権力に強制される特定の意見のみの指導教育を拒否する自由を有することを認めた。生徒に対する特定の意見のみの指導教育を拒否する自由は、通常授業での生徒に対する教育の場面においてのみで妥当するものではない。卒業式・入学式等の儀式は学校教育における最も重要な要素の一つであり、とりわけ卒業式は教育の成果の集大成の象徴的な儀式であり、そうした儀式において、起立・斉唱の職務命令で強制されて、それに忍従することは、それまで教育現場において行使してきた教師の一定の教授の自由を、まさに教育の集大成の象徴的な場面において自ら直接的に否定することになる。これは、教育の集大成の場面における教師の一定の教授の自由の強制的放棄であり、かつ通常授業を無意味化することにつながる。

(2)　生徒の思想・良心の自由について

　判決は、生徒の思想・良心の自由について、「全原告らは、本件職務命令は教職員全員を起立させて国歌を斉唱させるもので、その結果、生徒も起立せざるを得ない状況を作り出すものであるから、『日の丸』、『君が代』に対する嫌悪の情などを有する生徒の思想及び良心の自由を侵害するものであるとも主張する」とまとめあげた上で、こう判じている。「本件職務命令は、本件卒業式において全原告らを含めた教職員が国旗に向かって起立し、国歌を斉唱することを命ずることに尽き、直接的に生徒に対して起立等を求めるものではない。」よって、「本件職務命令が生徒の思想及び良心の自由を侵害するものとはいえない」。

　判決が「全原告ら」の主張としてまとめあげた内容は、原告弁護団が訴訟の初期に提示したものと思われる。少なくとも、筆者の見解とは異なる。筆者は、上

記のような主張は説得力が強くないと考え、生徒の学習権、人格権を中心にして理論構成をし、生徒の思想・良心の自由については付随的に言及している（この詳細は、本書掲載の意見書1「『国旗・国歌』と思想・良心の自由」第3章二(2)(3)を参照）。

　ここでは一点のみ記しておく。卒業式が教育の一環であることは判決自身も認めているが、生徒はいかなる教育をも受けなければならないわけではない。旭川学テ最高裁大法廷判決は、「個人の基本的自由を認め、その人格の独立を国政上尊重すべきものとしている憲法の下においては、子どもが自由かつ独立の人格として成長することを妨げるような国家的介入、たとえば、誤った知識や一方的な観念を子どもに植えつけるような内容の教育を施すことを強制するようなことは、憲法26条、13条の規定上からも許されないと解することができる。」と明言している。この判文を本件判決はあからさまに無視したということになる。

四　旧教育基本法10条1項の禁ずる「教育に対する不当な支配」

　判決は、本件通達及び職務命令が「教育に対する不当な支配」であるかどうかについて、徹頭徹尾、都教委側の主張を取り入れている。より正確には、都教委の主張を超えていた（たとえば、後述の「監視的な特別権力関係」の容認）。判決におけるこの部分は、公正な裁判官の文書というより極度に行政官僚的な文書になっている。この判決内容がかりに確定するとすれば、都教委は「日の丸・君が代」の強制のために、ほとんど何でもできるということになる。それほどの内容のものである。(注)

　　（注）　本件の裁判長は、判事・検事交流で「訟務検事」をつとめた人物である。訟務検事とは、国が訴えられた訴訟で、国の代理人として、国側の訴訟活動を行う者である。こうした訟務検事をつとめた人物が、国家を象徴する「国旗・国歌」の強制政策の違憲性が問われている訴訟において裁判長となることは、単に適切か否かを超えて、裁判の公正性を根底から疑わせるものである。この疑念が、とりわけここの「教育に対する不当な支配」の解釈において集中的に現実化している。

　判決は、本件通達と職務命令の「両者はその法的根拠を異にし、法的にはそれぞれ別個のものというほかない。したがって、後者が前者受けて発せられたとの関係があるとしても、そこには校長の判断が介在しているのであって、前者の存在及び有効性が後者の効力要件となるものではなく、本件通達が本件職務命令につきいわゆる『先決関係』にあるとはいえないから、本件通達の効力いかんによ

り本件職務命令の効力が左右される関係にあるということはできない。したがって、本件通達の違法が当然に本件職務命令に承継されるとの全原告らの主張は採用することはできない」という。

　この趣旨からすると、かりに通達が違法であっても、職務命令の発出に、「校長の判断が介在」しているかぎり、職務命令の効力に影響を及ぼさないことになる。こういう論の組み立てをするのであれば、校長による現場の教師に対する「不当な支配」の問題を詳しく検討してもらいところだが、判決は、そうはせずに、その職務命令について、「校長の有する裁量を逸脱・濫用するものとはいえない」と判じている。他方で、判決は、通達は職務命令発出の「大きな契機」となっているとかで、通達の性質と効力を詳しく検討している。

　「校長の判断が介在している」かどうかの問題は、都教委の「通達」関係での訴訟では、最も重要な争点の一つであり、そうであるがゆえに、予防訴訟東京地裁判決は、この点を詳しく検討した上で、「本件通達及びこれに関する被告都教委の都立学校の各校長に対する一連の指導等は、教育基本法10条1項所定の不当な支配に該当するものとして違法と解するのが相当」と認定したのである。

　また、類似の訴訟であるが、都教委の「通達」ほど厳格でない、いわゆる「4点指導」についてさえ、北九州「君が代」訴訟の福岡地裁判決（2005年4月26日）は、それは教育委員会による校長に対する「不当な支配」に当たると認定していた（この詳細は、本書掲載の意見書1「『国旗・国歌』と思想・良心の自由」第4章二を参照）。

　都教委の通達と校長の職務命令の関係を、実証的に検討した場合には、予防訴訟判決ような認定に落ち着かざるを得ないものであった。しかし、解雇訴訟判決は別の論法をとった。つまり、都教委の通達と校長の職務命令の関係の検討以前に、そもそも都教委は、「特に必要な場合には具体的な命令を発することができる」かどうかという論法である。これは通達の性質と効力の問題と関連している。「発することができる」ということになれば、「校長の判断が介在している」のかどうかの検討は意味をもちえなくなる。本件判決のこの論法を以下に検討する。（なお、教師に対する校長の「不当な支配」の問題については、当面、本書掲載の意見書1「『国旗・国歌』と思想・良心の自由」第3章三(3)及び第4章二を参照願う）。

(1)　都教委は、校長に対して「特に必要な場合には具体的な命令を発することもできる」のか。

判決は、旧教育基本法10条1項について、(イ)「同条項が教育に対する権力的介入を一切排除すべきことを求めていると解するのは相当でなく、教育の自主性尊重の見地から、教育に対する行政権力の不当、不要の介入は排除されるべきであるとしても、許容される目的のために必要かつ合理的と認められる関与・介入は、教育の内容及び方法に関するものであっても、必ずしも同条項の禁止するところではないと解される（前掲最高裁昭和51年5月21日大法廷判決）」とし、(ロ)そして、本件との関係では、「東京都の教育に関する事務を管理・執行する教育委員会である都教委による関与・介入であるところ、都教委は、都立高校等を所管する行政機関として、その教育課程、学習指導、生徒指導などに関する管理、執行権限に基づき（地教行法23条5号）、その基準を設定し、一般的な指示を与え、指導、助言を行うとともに、特に必要な場合には具体的な命令を発することもできると解される（前掲最高裁昭和51年5月21日大法廷判決参照）」し、(ハ)「そもそも、旧教基法では、前述のような教育に対する権力的介入を排除する制度として教育委員会制度が設けられるに至った」ことや、都道府県委員会がその所管する学校等に対して有する管理、執行権限については、「文部大臣が都道府県等を通じて行う学校の教育課程その他学校運営についての関与・介入を指導及び助言の限度で付与する地教行法48条2項2号のような限定を加えていない」ことからして、「都教委の所管に属する都立高校等への関与が大綱的なものにとどまるべき理由はない」と述べている。

　（i）これを検討するに、(イ)に関しては、本件判決が援用しているように、確かに旭川学テ最高裁大法廷判決も述べていた。しかし、旭川判決はこれと同趣旨のことを別の箇所でも述べているが、そこでは、国が「必要かつ相当と認められる範囲において、教育内容についてもこれを決定する権能を有する」ことを認めつつ、この判文のすぐ後で、次のような制約を課していることを看過すべきでない。すなわち、「もとより、政党政治の下で多数決原理によつてされる国政上の意思決定は、さまざまな政治的要因によつて左右されるものであるから、本来人間の内面的価値に関する文化的な営みとして、党派的な政治的理念や利害によつて支配されるべきでない教育にそのような政治的影響が深く入り込む危険があることを考えるときは、教育的内容に対する右のごとき国家的介入についてはできるだけ抑制的であることが要請されるし、殊に個人の基本的自由を認め、その人格の独立を国政上尊重すべきものとしている憲法の下においては、子どもが自由かつ独立の人格として成長することを妨げるような国家的介入、例えば、誤つた知識や一方的な観念を子どもに植えつけるような内容の教育を施すことを強制するよ

うなことは、憲法26条、13条の規定上からも許されないと解することができる」。
　ところが、本件判決は、旭川判決が課している上記の制約の部分を無視している。旭川判決は、国が「必要かつ相当と認められる範囲において、教育内容についてもこれを決定する権能を有する」としながらも、少なくとも、子どもが自由かつ独立の人格として成長することを妨げるような「国家的介入」を禁止し、そしてその許されない国家的介入の具体例として、「一方的な観念を子どもに植えつけるような内容の教育を施すことを強制するようなこと」を明示している。まさに、本件はこの判示事項に該当するものでなかったのかが審査されなければならなかったが、本件判決はそうしなかった。

　(ⅱ)　本件判決は、(ロ)に関しても、旭川学テ最高裁大法廷判決を援用しているが、旭川判決の判文はこうであった。「市町村教委は、市町村立の学校を所管する行政機関として、その管理権に基づき、学校の教育課程の編成について基準を設定し、一般的な指示を与え、指導、助言を行うとともに、特に必要な場合には具体的な命令を発することもできると解するのが相当であるから、旭川市教委が、各中学校長に対し、授業計画を変更し、学校長をテスト責任者としてテストの実施を命じたことも、手続的には適法な権限に基づくものというべく、要するに、本件学力調査の実施には手続上の違法性はないというべきである。」
　まず、旭川判決がこの判文を述べたのは、「三　本件学力調査と地教行法54条2項（手続上の適法性）」の審査のところである。つまり、旭川判決が述べているのは、「手続上の適法性」の判断との関連であり、換言すれば、「旭川市教委が、各中学校長に対し、授業計画を変更し、学校長をテスト責任者としてテストの実施を命じたこと」の手続上の適法性の判断との関連であり、この判文の趣旨から、教育課程に基づく教育の具体的な内容についてまで、市教委が命令を発することができるという解釈を直接的に引き出すことはできない。また、旭川判決が、「教育課程の編成」について、「特に必要な場合には具体的な命令を発することもできる」としているのは、命令の対象はあくまでも「教育課程の編成」についてであり、ここから、教育の内容についてまで一義的な命令を発することができるという解釈が可能であるようには思われない。
　旭川判決は、上記のように、「手続上の適法性」の審査との関連で、「特に必要な場合には具体的な命令を発することもできる」と述べたが、さらに旭川判決は、「手続上の違法性はないとしても」、「実質上の適法性の問題」は別個の問題だとして、「四　本件学力調査と教育法制（実質上の適法性）」で、その検討を行って

いる。この検討で重要なのは、旭川判決が、実質的違法性を否定する前提として、次の諸点を具体的に挙げていたことである。本件学力調査全体の趣旨、目的からいえば、「調査結果を教育活動上利用すべきことを強制するものではなく、指導、助言的性格のものにすぎず、これをいかに利用するかは教師の良識ある判断にまかされるべきものと考えられるから、右の(ロ)が調査目的の一つに掲げられているからといって、調査全体の目的を違法不当のものとすることはできない」こと、本件学力調査における生徒に対する試験という方法は、「あくまでも生徒の一般的な学力の程度を把握するためのものであって、個々の生徒の成績評価を目的とするものではなく、教育活動そのものとは性格を異にするものである」こと、「法的見地からは、本件学力調査を目して、前記目的のための必要性をもってしては正当化することはできないほどの教育に対する強い影響力、支配力をもち、教基法10条にいう教育に対する『不当な支配』にあたるものとすることは、相当ではなく、結局、本件学力調査は、その調査の方法において違法であるということはできない」こと等である。

旭川判決の以上の判文からすれば、解雇訴訟での起立・斉唱の通達は、かりに「手続上の違法性」はないとしても、教師の良識ある判断の余地がないこと、教育活動そのものであること、教育に対する強い影響力、支配力をもつことの諸点を考慮に入れれば、起立・斉唱の通達の「実質上の違法性」は否定しがたいのではないかと考えられる。
(注)
　(注)　なお、この「実質上の違法性」の法理は、教育委員会（の通達）と校長の間のみでなく、校長（の職務命令）と教師の間でも適用され得ることに注意する必要がある。これは、後述の「公権力」と「教師」の関係の問題と連動している。

さらに、本件判決は、同じく上記の(ロ)において、都教委は「地教行法23条5号」に基づいて、「特に必要な場合には具体的な命令を発することもできる」としているが、別の箇所で、より具体的に、「国旗・国歌条項に基づく指導の方法、内容等の具体化を含む教育課程に関する事項につき管理、執行権限（地教行法23条5号）を有する教育委員会が、その所管に属する学校等での教育課程の統一的な実施を図る観点から、特別活動としての指導事項の定めである国旗・国歌条項の内容を具体化する権限に基づいて発した本件通達は、その内容に照らしても国旗・国歌条項の趣旨や内容を逸脱するものと解することはできない。」と述べている。つまり、判決は、教育課程に関する事項のなかに、「国旗・国歌条項に基づく指導の方法、内容等の具体化」を含めているのである。はたして、この解釈

は妥当か。

　地教行法23条5号は、教育委員会の管理、執行権限として、「学校の組織編制、教育課程、学習指導、生徒指導及び職業指導に関すること」と定めている。このなかの「教育課程」とは、いわゆるカリキュラム（教育活動のプログラム）のことであり、教師はそのカリキュラムに沿って授業を行う必要があるが、そのカリキュラムを具体的にいかに教えるかは教育の内容にかかわるものであり、学校現場に一定の裁量の自由がある。

　旭川判決の判旨からしても、そういえる。旭川判決は、原判決が「大綱的基準」としてあげていた「教育課程の構成要素、教科名、授業時間等」の「大綱的基準の範囲」は「狭きに失し」ていると述べていたが、これは、「教育課程」が「大綱的基準」に含まれていることを前提にしていたことに注意する必要がある。教育課程に関する事項が教育委員会の管理、執行権限に含まれるとはいえるかもしれないが、このことから、本件判決のように、「都教委の所管に属する都立高校等への関与が大綱的なものにとどまるべき理由はない」とは決していえない。これは、上述の「実質上の適法性の問題」と直結する。

　旭川判決が、「教育課程、教育方法等のいわゆる内的事項」についてした問題設定は、教育行政機関の権限は、「原則としてごく大綱的な基準の設定に限られ、その余は指導、助言的作用にとどめられるべきものかどうか」ということであり、内的事項について、「大綱的なもの」か「大綱的なものにとどまる必要がない」かではなかった。旭川判決によれば、内的事項については、権力的介入は最高限でも大綱的なものでなければならないのである。旭川判決が「教育内容に対する行政の権力的介入が一切排除されているものであるとの結論を導き出すことは、早計である」と述べたのは、あくまでもこのことを前提にしていた。旭川判決が、当時の学習指導要領を「必要かつ合理的な基準の設定として是認」した要件として、「その内容においても、教師に対し一方的な一定の理論ないしは観念を生徒に教え込むことを強制するような点は全く含まれていない」ことを明示していたのを看過すべきではない。旭川判決は、その事件の性質との関係で、「地方自治の原則からすれば、地教委の有する教育に関する固有の権限に対する国の行政機関である文部大臣の介入、監督の権限に一定の制約が存する」ことを認めたが、しかし、翻って、地教委が「教師に対し一方的な一定の理論ないしは観念を生徒に教え込むことを強制する」ことができることは全く認めていない。

　　（注）　この問題設定は、原審の「教育内容および教育方法等への（教育行政機関の）関与の程度は、教育機関の種類等に応じた大綱的基準の定位のほかは、法的拘束力

を伴わない指導、助言、援助を与えることにとどまると解すべきである。」という判文に対応させたものである。

　以上のように、教育委員会の管理、執行権限に含まれる教育課程に関する事項が大綱的基準にとどまらざるを得ないことからして、都教委の「具体的な命令」としての本件通達は、判例及び地教行法23条5号に反した違法なものであると判断せざるを得ない。
　既述のように、本件判決は、本件職務命令が思想・良心の自由を侵害するものではないとする論拠の一つとして、文部省が作成した『高等学校学習指導要領解説』をあげていたが、実は、この解説でさえ、次のように述べて、各学校での差異を容認していた。「入学式や卒業式のほかに、全校の生徒及び教職員が一堂に会して行う行事としては、始業式、終業式、運動会、開校記念日に関する儀式などがあるが、これらの行事のねらいや実施方法は学校により様々である。したがって、どのような行事に国旗の掲揚、国歌の斉唱指導を行うかについては、各学校がその実施する行事の意義を踏まえて判断するのが適当である。」
　都教委の本件通達については、予防訴訟東京地裁判決が認定したように、「本件通達の内容は、入学式、卒業式等の式典における国旗掲揚、国歌斉唱の具体的方法等について詳細に指示するものであり（前記争いのない事実等(3)）、国旗掲揚、国歌斉唱の実施方法等については、各学校の裁量の余地を認める予知はほとんどないほどの一義的な内容になっている。」ので違法であるとするのがごく自然な解釈であろう。

　(ⅲ)　本件判決は、上記の(ハ)において、「都教委の所管に属する都立高校等への関与が大綱的なものにとどまるべき理由はない」とする根拠の一つとして、教育委員会制度の設置趣旨をあげている。しかし、その設置趣旨が「教育に対する権力的介入を排除する」ためであったのは確かであるが、それは設置当初の「教育委員会法」の時期までであり、その後、当該法律は廃止され、1956年、「地方教育行政法」が制定された。この地教行法は、教育委員の公選制の廃止と首長による任命制その他による教育委員会に対する行政上の統制システムを定めており、これによって、教育委員会は、「権力的介入を排除する」とは逆に「権力的介入を容易にする」制度へと改変され、今日では既に、文部省（文科省）→地方教育委員会→校長→教職員という権力的介入のラインの一翼を担っている。判決は、この法的改変については意図的に全く触れていない。触れると、判決の論旨が崩れ

ることになる。
　（注）　判決が、教育委員会は国の権力的介入を「排除」するための制度と述べているのは、単なる方便であることは、判決が、本件で、その教育委員会が国の権力＝文部省の政策を実施するために通達を出したと認めていることからも分かる。すなわち、判決は、本件の都教育委員会の通達は、文部省の学習指導要領のなかの国旗・国歌条項があるにもかかわらず、都立高校では「国旗掲揚及び国歌斉唱の各実施率は全国的にみても極めて低い」という状況を変えるために、都教委が「特別活動としての指導事項の定めである国旗・国歌条項の内容を具体化する権限に基づいて発した」ものである、換言すれば、文部省の学習指導要領を徹底させるために発したものであると自ら認めているのである。

　　　なお、近年、教育における地方分権が若干推進されてきている。たとえば、教育長の任命について国の承認を要する制度を廃止（2000年～）、国の地方公共団体に対する指導、助言、援助に関する規定について「行うものとする」との義務付けを「行うことができる」と改正（2000年～）、教職員の人事について市町村教育委員会が都道府県教育委員会に内申を行う場合、校長からの意見の申出があったときには、その意見を添付するものとしたこと（2002年～）等である。しかし、これらの改革は、内容上、形式的なものであって実質的なものではなく、文部省（文科省）→地方教育委員会→校長→教職員という権力的介入のラインの構造には変更はない。とりわけ注意すべきは、教育現場の教職員の権限と地位は、文科省・地教委・校長との関係で弱化こそすれ、全く強化・向上はされていないことである。付言すれば、本件訴訟の対象である都教委「通達」は、上記の改革の後の2003年に発出されているのである。

　また、判決が、「関与が大綱的なものにとどまるべき理由はない」とする根拠のもう一つは、都道府県委員会がその所管する学校等に対して有する管理、執行権限については、「文部大臣が都道府県等を通じて行う学校の教育課程その他学校運営についての関与・介入を指導及び助言の限度で付与する地教行法48条2項2号のような限定を加えていない」ことであるが、地教行法48条2項2号は、文部大臣の権限を「限定」するための条項ではない。

　同法同条項を正確に記すと、同条1項は、「文部科学大臣は都道府県又は市町村に対し、都道府県委員会は市町村に対し、都道府県又は市町村の教育に関する事務の適正な処理を図るため、必要な指導、助言又は援助を行うことができる。」と定め、同条2項は、「前項の指導、助言又は援助を例示すると、おおむね次のとおりである。」として、同条2項2号で、「学校の組織編制、教育課程、学習指導、生徒指導、職業指導、教科書その他の教材の取扱いその他学校運営に関し、指導及び助言を与えること。」と定めている。

　要するに、地教行法48条2項2号は、権限を定めた条項であり、かつ例示的に

述べたものである。よって、判決が、地教行法48条2項2号の規定について、「学校運営についての関与・介入を指導及び助言の限度で付与する地教行法48条2項2号のような限定を加えていない」から、「都教委の所管に属する都立高校等への関与が大綱的なものにとどまるべき理由はない」とする解釈を導き出しているのは、地教行法48条2項2号の規定の趣旨を明らかに逸脱している。

また、先述のように、旭川判決が、「教育課程、教育方法等のいわゆる内的事項」についてした問題設定は、教育行政機関の権限は、「原則としてごく大綱的な基準の設定に限られ、その余は指導、助言的作用にとどめられるべきものかどうか」ということであった。ところが、解雇訴訟の本件判決は、「指導及び助言」を「大綱的なもの」と同義にとらえて、「都教委の所管に属する都立高校等への関与が大綱的なものにとどまるべき理由はない」という解釈を引き出している。これは、判例と法律の重大な読み誤りである。

以上のことからして、本件判決が、都教委は、校長に対して「特に必要な場合には具体的な命令を発することもできる」としている根拠の(イ)(ロ)(ハ)は、いずれも説得力がないことが理解される。

(2) 本件通達は、具体的な命令を発するのに「特に必要な場合」に該当するのか。

判決はこういう。都立高校では、それまで「国旗掲揚及び国歌斉唱の各実施率は全国的にみても極めて低く」、こうした実施状況は、「国旗・国歌条項の前記4、(1)、イの趣旨に合致しないことは明らかであり、そのため、国旗・国歌に対する敬意を自然のうちにはぐくむための教育機会を逸する結果となっていたともいえ」、よって「国旗・国歌条項の実施状況につき何らの措置をも講ずることなく、事態の好転を期待することは困難であったことは明らかである。」また、こうもいう。「国旗掲揚・国歌斉唱の実施をめぐる教育現場の状況は、都立高校の教職員に対する指揮命令系統が機能していない状況を来賓等外部からの参列者が参加する式典の場面で露呈する結果となっていたというほかないから、本件通達にのっとった実施を実現するには、同通達発出後も都立高校を強く指導し、その履行状況を監督・監視することもやむを得ないことであったといわざるを得ない」。

これを検討するに、第一に、この判決の判文は、国旗掲揚・国歌斉唱はあらゆる手段で実施されるべきであるという認識を大前提として成り立っているが、これは、国旗＝日の丸、国歌＝君が代を一方的、一面的に肯定する立場からのみの

認識である。しかし、客観的には、「日の丸・君が代」に思想・良心に基づいて反対する教職員もいることは事実である。判決のいう国旗掲揚・国歌斉唱の低い実施率は、こうした事実の反映でもある。しかし、判決によれば、こうした事実は職務命令でもっても強制的に除去することが許されるということになる。しかも、判決は、その除去のためには「監督・監視することもやむを得ない」とまでいっている。この論は、公務員になった以上、その人は人権が大幅に制約され、公権力の包括的支配権に服さなければならない等を内容とする、明治憲法下のいわゆる「特別権力関係」論の復活であり、より正確には、それにとどまらず、監視的支配権を認めていることからして、新たな「監視的な特別権力関係」=「全体主義的な特別権力関係」論である。これは、都教委の主張を超えていた。特別権力関係論は、日本国憲法下では、通説・判例上で、とうてい採り得ないものであるが（本書掲載の意見書1『「国旗・国歌」と思想・良心の自由』第3章三(1)を参照）、文部省でさえ、国旗・国歌法の制定過程において、公立学校での教員は特別権力関係にはないことを認めていた（1999年7月30日、参議院「国旗・国歌特別委員会」での有馬文相の答弁）。

> （注）　都教委は、「監視」問題については、次のように主張していた。「式典当日には、都教委が祝意を述べるために、部課長級の職員を各学校に派遣するとともに、全都立高校に指導主事を派遣したが、これは『監視』をするためのものではなく、本件通達発出後初めての卒業式ということもあり、実施状況を把握するために派遣したものである。」（都教委「準備書面〔7〕」）。

第二に、旭川学テ最高裁大法廷判決は、憲法23条によって、普通教育の教師にも一定範囲の教授の自由が認められているとしたが、その際に、こう述べていた。「教師が公権力によって特定の意見のみを教授することを強制されないという意味において、また、子どもの教育が教師と子どもとの間の直接の人格的接触を通じ、その個性に応じて行われなければならないという本質的要請に照らし、教授の具体的内容及び方法につきある程度自由な裁量が認められなければならないという意味においては、一定の範囲における教授の自由が保障されるべきことを肯定できないではない。」

つまり、教師は、教育委員会を含む公権力によって、「特定の意見のみ」を教授することを「強制」されてはならないのである。また、旭川判決が、当時の学習指導要領を「必要かつ合理的な基準の設定として是認」したのは、「その内容において、教師に対し一方的な一定の理論ないし観念を生徒に教え込むことを強制するような点は全く含まれていない」ことも大きな理由であったことに注意す

べきである。

　しかも、旭川判決が述べているのは、上のいずれにおいても、「公権力」と「教師」の間の関係についてであって、「公権力」と「教育委員会」の間の関係についてでなく、強制されてはならないのは、「教師」であって、「教育委員会」ではない。つまり、教育現場の最先端の教師が、公権力（教育委員会を含む）によって、「特定の意見のみを教授すること」や「一方的な一定の理論ないし観念を生徒に教え込むことを」強制されてはならないのである。(注)

　　（注）　この点については、伝習館高校事件の最高裁判決（1990年1月18日・判例時報1337号4頁）が「正当として是認」した福岡高裁判決（1983年12月24日・判例時報1101号3頁）も同様の見地を示している。この高裁判決は、学習指導要領の適用の仕方について、次のようにいう。「本件学習指導要領の効力について考えるに、その内容を通覧すると、高等学校教育における機会均等と一定水準の維持の目的のための教育の内容及び方法についての必要かつ合理的な大綱的基準を定めたものと認められ、法的拘束力を有するものということができるが、その適用に当たつては、それが『要領』という名称であること、『大綱的基準』であるとされること、その項目の目標、内容、留意事項等の記載の仕方等から明らかなように、その項目を文理解釈して適用すべきものではなく、いわゆる学校制度的基準部分も含めて、その項目及びこれに関連する項目の趣旨に明白に違反するか否かをみるべきものと解するのが相当である」。
　　　　　ここにおいて、当該判決が、学習指導要領は文理解釈して適用されるべきでないと述べているのは、文部省と地方教育委員会の間ではなく、公権力と教師の間での関係であることは、当該判決が、教師が学習指導要領に「明白に違反」しているか否かの判定に当たっては、「(1)専門職である教師の自主性を充分に尊重すること、(2)教育の機会均等の確保と一定水準の維持という目的の範囲に限るべきであり、高等学校の目標の一つに学教法42条3号に『社会について、広く深い理解と健全な批判力を養い、個性の確立につとめること』とあるように、高等学校教育においては価値観の多様性を認める必要もあるのであるから、不必要な画一化は避けること」等を考慮すべきである、と判じていることからも理解される。

　第三に、判決は、職務命令により教職員が起立・斉唱することが生徒にどのように影響するかについて、こう述べている。「学校教育の現場において一定の権威的地位を有する教員が、国旗に向かって起立し、国歌を斉唱することは、国旗・国歌条項に沿った指導を実践する教職員が生徒の内心に対する一定の働きかけとなることは否定できないものの、それは正に行動の手本を示すものであって、教育の実践の面において、このような生徒の内心に対する一定程度の働きかけを伴うことは不可避であるから、これを直ちに強制と同一視し得ないことからすると、本件職務命令が生徒の思想及び良心の自由を侵害するものとはいえない。」

しかし、本件職務命令がかりに生徒の思想・良心の自由を直接的に侵害するものでないとしても、生徒の学習権、人格権は直接的に侵害するものとなっている。
　旭川学テ最高裁大法廷判決は、子どもの学習権、人格権について、次のように判じていた。「（憲法26条の）規定の背後には、国民各自が、一個の人間として、また、一市民として、成長、発達し、自己の人格を完成、実現するために必要な学習をする固有の権利を有すること、特に、みずから学習することのできない子どもは、その学習要求を充足するための教育を自己に施すことを大人一般に対して要求する権利を有するとの観念が存在していると考えられる。換言すれば、子どもの教育は、教育を施す者の支配的権能ではなく、何よりもまず、子どもの学習をする権利に対応し、その充足をはかりうる立場にある者の責務に属するものとしてとらえられているのである。」「個人の基本的自由を認め、その人格の独立を国政上尊重すべきものとしている憲法の下においては、子どもが自由かつ独立の人格として成長することを妨げるような国家的介入、例えば、誤つた知識や一方的な観念を子どもに植えつけるような内容の教育を施すことを強制するようなことは、憲法26条、13条の規定上からも許されないと解することができる」。
　この判旨からすれば、教師が生徒に対して「国旗・国歌」指導教育を行えるのは、「国旗・国歌」に関する一般的、客観的な指導教育（これには、「国旗・国歌」についての肯定・否定の議論の公正な情報伝達と教授が含まれる）を限度として許されるものである。その限度を超えて、教師が、「国旗・国歌」についての肯定のみの一方的な指導教育、「国旗掲揚・国歌斉唱」への一面的な指導教育を行うのは、最高裁のいう「子どもが自由かつ独立の人格として成長することを妨げるような国家的介入、例えば、誤つた知識や一方的な観念を子どもに植えつけるような内容の教育を施すことを強制するような」教育を受けない子供の学習権と人格権を侵害することになり得る。つまり、生徒は、「国旗・国歌」に関する一般的、客観的な教育を要求する学習権を有している（こうした教育を行わないのは子どもの学習権の侵害となり得る）のと同時に、「子どもが自由かつ独立の人格として成長することを妨げるような国家的介入、例えば、誤つた知識や一方的な観念を子どもに植えつけるような内容の教育を施すことを強制するような」教育を拒否できる人格権を有しているのである。(注)

> （注）　都教委は、「準備書面(7)」（2006年12月27日）において、「生徒らは、卒業式等において、国歌を斉唱するよう指導を受けるという具体的権利を有している。そうだとすると、指導者である教職員自身が卒業式等において、国歌を斉唱するよう指導するどころか、自ら式次第に従わずに、国歌斉唱等をしないという態度をとることは、生徒の入学式・卒業式等において、国歌を斉唱するよう指導を受けるという

教育を受ける権利を侵害するものである。」と主張し、また関連訴訟においても、「国歌斉唱の指導を行うべき教職員の中に、国旗に向かって起立する教職員と、それを拒否する教職員とがいた場合、その指導を受ける児童・生徒としては、国歌斉唱の際に、国旗に向かって起立してもいいし、しなくてもよいと受け取ってしまうのであり、かくて児童・生徒は国旗・国歌について正しい認識を持ち、国旗・国歌を尊重する態度を学ぶことができなくなり、児童・生徒の学習権を侵害するものである。」(停職処分取消等請求事件での都教委の「準備書面」2007年2月2日) と述べている。都教委のこういう主張は、「児童・生徒は一方的、一面的な教育を受ける権利を有する」といっているような類のものであり、内容的に、旭川判決の趣旨での子どもの学習権及び人格権と正面から衝突しているのみならず、子どもの思想・良心の自由をもあからさまに否定している。

そして、都教委のこの生徒「権利」論は、同時に、教職員の思想・良心の自由の否定へとつながっている。こうである。「原告ら教職員が、卒業式の式典において国歌斉唱の際に、国旗に向かって起立し国歌を斉唱することを拒否することは、都立学校における教育目標、規律を害することになり、また、生徒の教育を受ける権利をはじめ、他者の権利・利益を著しく害することになるのであるから、公共の福祉（憲法12条、13条）の観点から原告らの思想・良心の自由が制約されるとしても受忍すべきものであり、憲法19条に違反するものではない。」

かくて、都教委の構図では、学校現場において、生徒と教職員は、連結して共に、思想・良心の自由が否定されるということになっている。

このことを前提にすると、教師は、旭川学テ最高裁判決の趣旨に沿い、教育公務員として、子どもの学習権、人格権を保護・尊重するために、「国旗・国歌」および「国旗掲揚・国歌斉唱」に関して一方的、一面的な指導教育をしてはならないことになる。生徒に対する一方的、一面的な指導教育をしてはならないのは、通常授業での生徒に対する教育の場面においてのみで妥当するものではない。卒業式・入学式等の儀式は学校教育における最も重要な要素の一つであり、とりわけ卒業式は教育の成果の集大成の象徴的な儀式である。こうした儀式において、教師が、「国旗」起立・「国歌」斉唱を職務命令で強制されて、それに忍従していることを実見することは、生徒が、そうして場面を通して、一方的、一面的な「国旗・国歌」崇拝の実地教育を受けることを意味し（儀式は特に重要で強い教育効果を有する）、これは、旭川判決のいう「子どもが自由かつ独立の人格として成長することを妨げるような国家的介入、例えば、誤つた知識や一方的な観念を子どもに植えつけるような内容の教育を施すことを強制するような」教育を受けない生徒の学習権、人格権を直接的かつ具体的に侵害するものである。

〔付記〕　本件訴訟では、筆者は、法廷証言をしたほか、一度傍聴したことがある。この傍聴の際、裁判長が居眠りをしているのに気付いた。二人の陪席裁判官からは見えにくいが、傍聴席からははっきりと見える。閉廷後、他の傍聴人に聞いてみると、裁判長はしばしば居眠りしているとのこと。

この訴訟での原告たちが懲戒処分を受けた根拠の一つは信用失墜行為（地方公務員法33条「職員は、その職の信用を傷つけ、又は職員の職全体の不名誉となるような行為をしてはならない」）であった。また、他の「日の丸・君が代」関係訴訟では、信用失墜行為に加えて職務専念義務違反（地方公務員法35条「職員は、法律又は条令に特別の定がある場合を除く外、その勤務時間及び職務上の注意力のすべてをその職責遂行のために用い、当該地方公共団体がなすべき責を有する職務にのみ従事しなければならない」）も懲戒処分の根拠にされていた。

ところが、本件訴訟の裁判長は、自分自身は傍聴人の面前で居眠りをして、信用を失墜させかつ職務に専念しないで、判決を出した。精神的に弛緩している。そうであるから、原告たちの精神的な苦しみに全く理解が及ばないのである。裁判所法49条は、「懲戒」として、「裁判官は、職務上の義務に違反し、若しくは職務を怠り、又は品位を辱める行状があったときは、別に法律で定めるところにより裁判によって懲戒される」と定めている。本件裁判長はこれに該当する可能性がある。

第2部
●
「日の丸・君が代裁判」意見書

　＊　意見書の記録性を重視して、その後に改正された法規（たとえば教育基本法）の条文、及び都庁幹部の肩書は、意見書執筆時のものをそのまま記している。

意見書1
「国旗・国歌」と思想・良心の自由
―― 日本国憲法の法理 ――

＊　本意見書は、国歌斉唱義務不存在確認等請求事件（「予防訴訟」）第一審において、2006年に裁判所へ提出した意見書を部分的に再整理し、かつ上記意見書提出後に出された「ブラウス」訴訟判決、東京都人事委員会での審査請求事件の証言録等を分析・検討した部分を加えて、再雇用職員・講師地位確認等請求事件（「解雇訴訟」）第一審において、2006年に裁判所へ提出したものである。

第1章

日本国憲法と思想・良心の自由

一　規定趣旨

　思想と良心の自由は日本国憲法下では、中枢的かつ不可欠の精神的人権の一つとして同一の条文内で規定されている。ところが、諸外国の憲法で思想・良心の自由を独立に規定しているものは少ない。

　思想と良心のうち、思想の自由を規定する外国憲法が少ない理由について、ある有力説は、「内心の自由が絶対的なものと考えられていたこと、また、思想の自由が表現の自由と密接に結びついているために、表現の自由を保障すれば十分であると考えられていたこと、に基づく」（芦部信喜『憲法』〔新版・補訂版、岩波書店、1999年〕138頁）とする。

　また、良心の自由もこれを特に規定している憲法は少なく、大韓民国憲法（1987年）が良心の自由（同憲法19条「すべて国民は良心の自由を有する」）を、宗教の自由（同憲法20条「すべて国民は宗教の自由を有する」）とは別に独立して規定しているのは、その稀少例の一つである（ただし、同憲法には思想の自由の独立条文はない）。良心の自由を規定する例が少ない理由として、良心の自由は多くの国（とりわけ欧州諸国）で信教の自由の内容の一つあるいはそれと近接した内容として認識されてきたことが指摘されている。

　それでは、なぜ日本国憲法は、表現の自由（憲法21条）、信教の自由（同20条）とは別に、思想・良心の自由を明記したのであろうか。通説的な学説は、この規定は何よりも日本にとって「積極的な意義」があるとして、こう言う。「それは近代国家においては当然の原理であるところの『国家の中立性』原理（国家は個人の内心、すなわち個人の価値判断には無干渉・中立でなければならぬとの原理）を特にわが国では宣言する必要があるとしたためと解される。なぜなら、従来わが国では、天皇が政治的世界における絶対的権威であるだけでなく精神的・道徳的世界においても絶対的権威であると考えられており、人の内心に対しても強い

影響力を認められていた。……この憲法が内心の自由を保障したことは、このような天皇の精神的・道徳的権威を否定するところに特別の意義がある。すなわち、本条は国民が天皇の精神的・道徳的権威から解放されたことを示す」（佐藤功『憲法（上）』〔新版、有斐閣、1983年〕291～292頁）。

　要するに、日本国憲法上の思想および良心の自由の規定は、表現の自由、信教の自由に吸収されない独自の存在意義を有しており、その思想・良心の自由の趣旨は、明治憲法下で国家権力が神権天皇制の思想でもって国民各人の思想・良心にまで抑圧的、統制的さらには教化的、洗脳的に侵入したことを二度と許さないということを確固として明示したことにある。日本国憲法施行の翌年（1948年）6月、明治憲法下で思想統制に猛威を振るった教育勅語（「教育ニ関スル勅語」）について、衆議院（「教育勅語等排除に関する決議」）と参議院（「教育勅語等の失効確認に関する決議」）で排除・失効の決議がなされたのも、上の趣旨が国会の国民代表のレベルで具体的に反映されたものであった。

　（注1）　神権天皇制を根本原理とした明治憲法には、もちろん思想・良心の自由に関わる条文は存在しなかった。この点、明治期の自由民権思想家の植木枝盛が起草した「日本国国憲案」（1881年）のなかに、信教の自由、言論・出版・集会の自由等と並んで、「日本人民ハ思想ノ自由ヲ有ス」（49条）と明記されていたことは、植木の憲法思想の鋭い先駆性を示していた。

　（注2）　教育勅語（1890年10月発布）が教育現場において明治憲法（1889年2月発布）と一体的であったのに対して、日本国憲法と一体的なのは教育基本法である。そうであるがゆえに、明治憲法＝教育勅語体制に愛着をもつ者たちは日本国憲法＝教育基本法体制を嫌う。教育勅語のなかの「朕惟フニ我カ皇祖皇宗国ヲ肇ムルコト宏遠ニ徳ヲ樹ツルコト深厚ナリ我カ臣民克ク忠ニ克ク孝ニ億兆心ヲ一ニシテ世々厥ノ美ヲ済セルハ此レ我カ国体ノ精華ニシテ教育ノ淵源亦実ニ此ニ存ス……一旦緩急アレハ義勇公ニ奉シ以テ天壌無窮ノ皇運ヲ扶翼スヘシ是ノ如キハ独リ朕カ忠良ノ臣民タルノミナラス又以テ爾祖先ノ遺風ヲ顕彰スルニ足ラン」という内容は、明治憲法の「大日本帝国ハ万世一系ノ天皇之ヲ統治ス」（1条）、「天皇ハ神聖ニシテ侵スヘカラス」（3条）という原理を前提にしてはじめて成り立つものであった。

　　明治憲法下の小学校の教科書は、教育勅語の上の部分を次のように解説していた。「我が国は創建極めて旧（ふる）く、万世一系（ばんせいいっけい）の天皇の治め給ふ所なり。皇祖皇宗の我が国を開き給ふや、其の規模広大にして永遠に亙（わた）りて動くことなからしめ給へり。又皇祖皇宗は身を正しうし道を行ひ、民を愛し教を垂れ、以て範を万世に遺させ給へり。而して臣民は君に忠を致し父母に孝を尽すことを念とせざるものなく、数多き臣民皆心を協（あわ）せて常に忠孝の美風を完うせり。以上は我が国体の純且美なる所なり。而して我が国教育の基づく所も亦実に此にあるなり。……若し国家に事変の起るが如きことあらば、勇気を奮ひ一身を捧げて、皇室・国家の為に尽すべし。かくして天地と共に窮（きわまり）なき皇位の御盛運を助け奉るべきなり。以上は天皇の示し給へる我等臣民の心得にして、よ

く之を実行するものは独り忠良なる臣民たるに止らず、又我等の祖先ののこせる美風を発揮することとなるぞとの聖旨（せいし）なり」（『尋常小学修身書巻六〔第六学年〕』児童用、1910年度〔明治43年度〕以後使用開始）。

　ちなみに、日本国憲法公布（1946年11月）の5ヶ月後の1947年3月に施行された教育基本法の前文および第1条は次のような内容のものである。

　（前文）「われらは、さきに、日本国憲法を確定し、民主的で文化的な国家を建設して、世界の平和と人類の福祉に貢献しようとする決意を示した。この理想の実現は、根本において教育の力にまつべきものである。

　われらは、個人の尊厳を重んじ、真理と平和を希求する人間の育成を期するとともに、普遍的にしてしかも個性ゆたかな文化の創造をめざす教育を普及徹底しなければならない。

　ここに、日本国憲法の精神に則り、教育の目的を明示して、新しい日本の教育の基本を確立するため、この法律を制定する。」

（第1条・教育の目的）「教育は、人格の完成をめざし、平和的な国家及び社会の形成者として、真理と正義を愛し、個人の価値をたつとび、勤労と責任を重んじ、自主的精神に充ちた心身ともに健康な国民の育成を期して行われなければならない。」

二　意義

(1)　「良心」と「信仰」

　ヨーロッパ諸国では歴史的に、良心の自由と信仰の自由は密接不可分に発展してきた。この影響で、わが国でも、憲法上の「良心」は「信仰」を含むか否かについて議論がある。

　① 非包含説（多数説）

　憲法が良心の自由を信教の自由から切り離して、「思想の自由と結びつけている」ことや、「信仰の自由から区別された良心の自由を憲法で保障することにじゅうぶんの意味があり、かつそれを思想の自由のうちに含ませないことも、かならずしも不当な言葉の使い方と見るべきものではない」ことからいって、憲法のいう良心の自由は、「信教の自由からは区別された内心の自由を意味すると解することが、妥当ではないかとおもう」。「宗教的信仰を、ここにいう良心に含まれないと解しても、それはもちろん信教の自由に含まれると解すべきであるから、結果においては、ちがうところはない」（宮沢俊義『憲法Ⅱ』〔新版、有斐閣、1971年〕339頁）。

　② 包含説

　(イ)　良心の自由から信仰選択の自由を除くことは適当でなく、「信仰選択の自

由を含まない良心の自由は考えられない。したがって、信仰選択というもっぱら内心にかかわる自由は、19条によって保障され、20条は、信教にかかわる外部的な現われ（宗教活動）の自由を保障するもの」であり、こう解することで、信仰選択という内心の自由は、「19条により絶対的保障をうけることになる」（伊藤正己『憲法』〔三版、弘文堂、1995年〕257頁）。

　(ロ)　「思想・良心の自由に信仰の自由を含めて考えることは可能であり妥当でもあるが、信教の自由から信仰の自由を除外する理由は必ずしも説得的ではない。とくにこの説が、『欧米諸国では、良心の自由とは、もっぱらあるいは主として信仰選択の自由を指すことが多い』ことを重要な論拠にしている」のは、「信仰」と「良心」の自由が併記されているドイツ、スイスなどヨーロッパ諸国の憲法の規定などの例から考えると、「伝統的・古典的な良心の自由にこだわりすぎている観も免れない」（芦部信喜『憲法学Ⅲ・人権各論』〔増補版、有斐閣、2000年〕101頁）。

　③　同等説

　憲法19条の「良心の自由」は「フリーダム・オブ・コンシャンス」の邦訳であり、それは「信仰選択の自由」を意味する（謝罪広告事件の上告審での栗山補足意見、最大判1956年7月4日・民集10巻7号785頁）。

　上のうち②の伊藤説と芦部説の相違は、信仰（選択）の自由を20条の信教の自由に含ませるか否かである。伊藤説については、欧州諸国の憲法規定の例からの芦部説の批判が妥当するほかに、そもそも信教の自由を信仰選択の自由（19条）と宗教活動の自由（20条）に分離すること自体が問題であろう。20条1項は「信教の自由は、何人に対してもこれを保障する」と規定し、その信教の自由を構成する信仰の自由は絶対的保障とされており、にもかかわらず信仰の自由のみを20条の信教の自由から切り離して、19条の良心の自由に含ませようとすることは必要性がないだけでなく不自然である。これらのことは、③の栗山説にも当てはまり、かつ「この解釈は『良心』の文字を離れることとなる」（佐藤功・前掲『憲法（上）』〔新版〕291頁）という指摘が妥当する。

　信仰の自由を思想・良心の自由と信教の自由の両方に含ませる芦部説については、確かに、「思想、良心、信教および学問の自由は大体において重複し合っている」（謝罪広告事件の上告審での田中〔耕〕補足意見）側面があるにしても、それぞれの自由の権利としての体系性からして、特段の必要性がないかぎり、個別の条文で明確に保障されている権利内容を、近接する条文の保障対象とする意義は乏しい。憲法上は、良心は19条で、信仰（選択）は20条でそれぞれ保障され

ているとすることで十分であろう。ただし、このことは、良心と信仰の一方が他方を排除する、あるいは両者は二律背反である、ということを意味せず、第一次的に良心は19条で、信仰は20条で保障されるということを意味している。

(2) 「思想」と「良心」

かつては、憲法上の思想と良心を概念的に区別して、「思想とは人が或ることを思うことである。必ずしも主義要求に限るのではない、美感、理論をも含む。良心とは、人が、是非弁別を為すの本性により、特定の事実について、右の判断を為すことである」(佐々木惣一『改訂日本国憲法論』〔有斐閣、1952年〕405頁)とする論もあったが、しかし、今日では、憲法が思想と良心を並べて規定しているので、両者を厳密に区別する法的実益は少なく、思想と良心を統一的、一体的に把握するのが通説となっている。もっとも、この統一的、一体的な把握を前提としながらも、思想と良心を相対的に区別して、思想を論理的内心、良心を倫理的内心とする論、または思想を客観的・理論的な精神作用、良心を主観的・倫理的な精神作用とする論などがある。

思想と良心を統一的、一体的に把握するにしても、「思想及び良心」の保障対象に関しては、それを①一定の信条、主義、世界観などであるとする狭義説(伊藤、佐藤功、種谷、佐藤幸など)と、②内心の活動一般であるとする広義説(小林直、小嶋、浦部、森など)がある。

① 狭義説

(イ) 思想・良心の自由の対象は、「思想のほか、宗教的信仰や体系的知識に準ずべき、主義、イデオロギー、ないしは世界観など」を意味し、「その静態的側面としての、内面的に形成された思想・信条のみならず、その動態的側面としての、内心における論理的または倫理的判断、もしくは意思の形成のごときものをも含む」。しかし、この場合にも、かような動態的側面における精神活動が、「思想・信条と関連しないで行われるにすぎない場合、たとえば、単なる是非弁別の意識、ないしは判断のごときに留まる場合には、思想・良心の自由には含まれない」(種谷春洋「思想・良心の自由」芦部信喜編『憲法Ⅱ・人権』〔有斐閣、1978年〕269〜270頁)。

(ロ) 思想・良心の自由はおよそ人の内心の活動すべてに及ぶものではなく、「世界観、人生観、思想体系、政治的意見などのように人格形成に役立つ内心の活動がこれに該当し、単なる事実の知不知のような人格形成活動に関連のない内心の活動は、19条の保障するところではない」(伊藤正己・前掲『憲法』〔第三版〕

257〜258頁)。

(ハ)　思想・良心の自由の保障対象は、「宗教上の信仰に準ずべき世界観、人生観等個人の人格形成の核心をなすものに限られ、一般道徳上、常識上の事物の是非、善悪の判断や一定の目的のための手段、対策としての当不当の判断を含まない」(勤評長野方式事件の長野地裁判決、1964年6月2日・行政裁例集15巻6号1107頁)。

②　広義説

(イ)　思想・良心の自由の保障対象は、「内心の自由一般であり、その性質上きわめて包括的なもの」である。これに対して、思想・良心の自由の保障対象を何らかの意味で限定しようとする見解があるが、いずれも、そこで思想・良心の自由の「保障対象とされるものとそうでないとされるものとの区別がはたして可能であるかの疑問が指摘されうるし(たとえば「人生観」ぬきに「事物の是非・善悪の判断」ができるか)」、なによりもそのように「限定しなければならない必然性がない」。思想・良心の自由の保障内容を内心の自由一般とすることは「広汎に失する」(佐藤幸)というのが、おそらくはその理由であろうが、もともと思想・良心の自由が「外部的行為でなく、人の内面的態様それじたいを対象とするものである以上、それは、原理的保障としての意味をつよく持っており、したがって、その保障対象は、むしろ広範・包括的にとらえるべきであって、決して広範にすぎるということはありえないはずである」(樋口・佐藤・中村・浦部『憲法Ⅰ』〔青林書院、1994年〕376〜377頁〔浦部執筆〕)。

(ロ)　憲法19条の良心の自由は、「たんに事物に関する是非弁別の内心的自由のみならずかかる是非弁別の判断に関する事項を外部に表現するの自由ならびに表現せざるの自由をも包含する」(謝罪広告事件の上告審の藤田反対意見、最大判1956年7月4日・民集10巻7号785頁)。

　これらの説を検討する際に注意すべきは、ここでの狭義説と広義説の間の区分は必ずしも厳密・明確ではないということである。例えば、思想・良心の自由は「内心の(ものの考え方ないし見方の)自由」(『全訂日本国憲法』〔日本評論社、1978年〕235頁)を意味するとする宮沢説は通常、広義説に含められているが、同人は別著で、思想・良心の自由とは「内心におけるものの見方ないし考え方(世界観・人生観・主義・信条など)をいう」とし、かつ「人間としてのものの考え方ないし見方は、いわば彼の人格の中核である」と説明している(前掲『憲法Ⅱ』〔新版〕338、340頁)。このなかの「世界観・人生観・主義・信条など」および「人格」の概念は狭義説で用いられているものであり、たとえそれらが例示

的なものであっても、そこには一定の限定性が示唆されている。

 もっとも、狭義説での思想、イデオロギー、世界観、人生観、信条、政治的意見、内心における論理的・倫理的判断、意思の形成および人格などの概念も、必ずしも明確に限定化され得るわけではなく、外延的には相当の広がりをもつ。例えば、内心における論理的・倫理的判断、意思の形成などは理解の仕方によっては、広義説の内心の活動一般に近接してくるであろう。また、人格についても、「人格形成に役立つ内心の活動」と「個人の人格形成の核心をなすものに限られる」とでは、思想・良心の自由の保障対象にかなりの違いが出てくるであろう。

 さらには、狭義説において保障対象から除外される具体例として掲出されている(i)「単なる事実の知不知のような人格形成活動に関連のない内心の活動」、(ii)「単なる是非弁別の意識、ないし判断」、(iii)「一般道徳上、常識上の事物の是非、善悪の判断や一定の目的のための手段、対策としての当不当の判断」は、この順序で除外対象が広くなっており、とりわけ最初と最後とでは単なる量的差異ではなく質的差異がある。

 それでは「思想及び良心の自由」の保障対象をどう考えるべきか。この問題に対しては、いくつかの視点からアプローチする必要がある。

 第一に、思想・良心の自由は成人のみでなく、子どもに対しても保障されている。「子ども(児童)の権利条約」(1989年国連総会採択、1990年発効、1994年日本発効)は、「締約国は、思想、良心及び宗教の自由についての子どもの権利を尊重する」(14条1項)と規定している。思想・良心をかりに世界観、人生観、思想体系、政治的意見などに狭く限定すると、成育途上で世界観などが未定形の子どもの思想・良心が保障対象から排除される可能性があり、妥当ではない。このことを考慮すれば、思想・良心の意義については、画定された概念でなく、「ものごとに対する内心の見方・考え方」というような緩やかな表現で把握するのが適切であろう。

 第二に、憲法上の思想・良心の自由の特質の一つを明らかにするために「人格」概念を用いることは問題ないが、思想・良心の意義を限定するために「人格」概念を用いることは、上述との関係で、不適切である。この点では、次の指摘が妥当であろう。「『人格形成に役立つ』とか『人格形成の核心をなす』という限定も、人の内心におけるものの見方ないし考え方をしぼる概念としてより、その内容を明らかにする概念として捉え、人格形成云々によって、人の内心の活動の自由を機械的に狭隘化することのないように解することが必要だと思う」(芦部信喜・前掲『憲法学Ⅲ・人権各論』〔増補版〕104頁)。

第三に、「『世界観、人生観』をぬきに『事物の是非、善悪の判断』ができるはずはない」（浦部法穂『憲法学教室Ｉ』〔日本評論社、1988年〕152頁）かどうかはともかくとして（同書の改訂版である『全訂・憲法学教室』では、上記の部分は削除されている）、事実の知不知・弁述・記載、事物に関する是非弁別の意識・判断であっても、場合によっては「世界観、人生観」に関係し得ることは否定できないが、しかし、思想・良心の意義を「ものごとに対する内心の見方・考え方」とする立場からすれば、「世界観、人生観」との関係性は特に重要ではなく、事実ないし事物に関することがらであっても、それらに個人の内心の見方・考え方が関わるかぎり、それらは思想・良心の自由の保障対象に含められ得る。

(3)　「思想及び良心」の外部的表出
　思想・良心の自由が絶対的保障であるとされている（通説）こととの関係で、思想・良心の自由はその思想・良心の外部的表出をも含むものかどうかが問題となる。これについては、おおよそ、三つの説に分かれている。
　①　包含説
　(イ)　思想・良心の自由には、思想・良心の内容に関する「内的関係」と思想・良心の発表に関する「外的関係」が含まれ、国家はいずれも束縛することはできない（佐々木惣一・前掲『改訂日本国憲法論』404頁）。
　(ロ)　思想・良心の自由は、単に「内心の自由」を意味するのみでなく、「内心の精神活動の所産を外部に表明する自由」をも含む（大須賀明ほか『大学双書・憲法講義2』〔有斐閣、1979年〕79頁〔笹川紀勝執筆〕）。
　②　非包含説
　思想・良心の自由は「内面的自由権、すなわち内心領域における自由権」であり、よってその自由は「人の精神的活動が外部に対して表現されるに至らない領域において成立する。それ故、思想・良心を外部に表現する自由は、本条には属さず、憲法21条の問題として扱われるべきもの」である（芦部信喜編・前掲『憲法Ⅱ・人権』258頁〔種谷春洋執筆〕）。
　③　一部包含説（多数説）
　(イ)　外部的行為と「思想及び良心」とを切り離して考えうるときは、その外部的行為に対する法理が妥当すると解されるが（例えば、表現行為の域に達している場合には、「表現の自由」の法理が妥当する）、「思想及び良心の自由」に対する事実上の影響を最小限にとどめるような配慮を欠くときは、19条違反の可能性が生じ、一見外部的行為の規制であっても、その趣旨が「思想及び良心」の規制

にあると解されるときは、19条違反たるを免れない（佐藤幸治『憲法』〔第三版、青林書院、1995年〕488頁）。

　(ロ)　思想と行動とを切り離して考えることができる場合は、その行動に関するかぎり、外面的精神活動の自由の問題として必要最小限度の規制は認められるが、特定の思想となんらかのつながりがある行動を、思想・信条による差別的ないし不利益的取扱いではないという名目で、規律の対象としているのではないかという疑いのある場合が、問題となる。この問題は、とくに企業対労働者という私人相互間で種々の事案をめぐって今まで争われたが、「思想・信条とのつながりが明らかに推知される場合には、外的行為の規制といえども、原則として、許されないと解すべきであろう」（芦部信喜・前掲『憲法学Ⅲ・人権各論』〔増補版〕108頁）。

　これらのうち、①の包含説によると、思想・良心のあらゆる外部的表現行為も広く憲法19条の絶対的保障の対象となることになり、21条の表現の自由による保障との整合性が問われよう。

　②の非包含説については、机上の形式論理的には、内心の領域と表現の領域を区別することができるかもしれないが、しかし、「人の思想、信条とその者の外部的行動との間には密接な関係」（三菱樹脂事件・最大判1973年12月12日・民集27巻11号1536頁）があるという指摘を待つまでもなく、人の思想・良心とその外部的表現行為の間に不可分の関係がある場合がある。この場合、思想・良心に近接する一定の範疇の外部的行為に着目して、それを19条の保障対象に含めることは十分に可能であるし、かつそうすることが適切であると言い得る。

　③の一部包含説は、外部的行為の規制ないし規律の趣旨の観点から一定の外部的行為を19条の保障対象に入れようとするものである。上述の①説と②説に対する適切な批判内容からして、基本的にはこの一部包含説が妥当であると思われるが、より原理的には、次のように考えるべきであろう。

　つまり、一つの統一的で体系的な人権としての思想・良心の自由は、その内容の保障に不可欠なかぎりにおいて、思想・良心の一定の外部的表出をもその保障対象として含む。その場合、思想・良心のあらゆる外部的表出が19条の保障対象となるものではなく、例えば、自己の思想・良心を自発的、能動的に外部に表現化する行動は19条よりむしろ21条の保障対象とされるべきである。他方、こうした自発的、能動的な表現行動ではなく、外部からの一定の作用、働きかけ（命令、要求、勧誘、推奨など）によって、自己の思想・良心の領域が侵害されようとしている場合に、その思想・良心を保衛するため、外部からのそうした作用、働き

かけに対して防衛的、受動的にとる拒否の外的行為は、自己の思想・良心の自由の保障に不可欠な、思想・良心の外部的表出として19条の保障対象となるとするのが妥当である。要するに、19条で保障されるのは、純然たる内心の思想・良心のみではないのである。そうでなければ、思想・良心の自由の保障が不全となる。

> （注）　外部的行動の一つの「法の不服従」との関連で、元最高裁裁判官の伊藤正巳は、「法が一定の作為不作為を命ずるときに、それに服従しないことは内心をこえた外部的な行動に含まれるものであり、19条の本来の範囲をこえるものである」としながらも、「もし、人間の本質にかかわる思想や良心の核心ともいえる部分が法に従うことによって否定されるような場合には、法の不服従も、思想・良心の自由を根拠にして容認され、それに法的制裁を加えることを阻止できると考えてよい」とする（前掲『憲法』〔第三版〕262～263頁）。

(4)　**絶対的保障ないしそれに準ずる保障としての思想・良心の自由**

　精神の自由の中枢に位置している思想・良心の自由は絶対的に保障される。憲法19条の「これを侵してはならない」という規定はこの意味である。通説である。極端には、たとえ憲法を否定する思想、破壊活動を肯定する思想であっても、その思想のみによってそれを制限・抑制・禁止することは許されない。換言すれば、憲法上の思想の自由は「我々が賛同する思想」の自由のみならず、「我々が憎む思想」の自由をも意味している。

> （注）　この趣旨で、日本国憲法は、ドイツ基本法でのいわゆる「たたかう民主制」とは異なった徹底した自由主義原理を採っているとされる。たとえば、ある論はこう言う。「『自由の敵には自由をあたえるな』という考えかたに立って『たたかう民主制』を法制度化し、公権力が『自由』の敵と味方を判別するようなところでは、思想の自由競争は、原理的に否定されてしまう」（樋口陽一「思想の自由・その原理と問題状況」法学セミナー増刊『思想・信仰と現代』〔1977年〕64頁）。ただし、思想・良心の自由を絶対的に保障する日本国憲法下における「思想の自由競争」の現実の構造そのものも厳しく検証される必要があり、その構造によっては、日本での思想の自由の「競争」の原理性が実質的に存在していないということもあり得る。

　次に、思想・良心の自由の保障は、思想・良心の自由の外部的表出に及ぶのかが問題となる。
　この問題との関連では、上述したように、思想・良心のあらゆる外部的表出が19条の保障対象となるものではなく、たとえば、自己の思想・良心を自発的、能動的に外部に表現化する行動は19条よりむしろ21条の保障対象とされるべきであるが、他方、こうした自発的、能動的な表現行動ではなく、外部からの一定の作

用、働きかけ（命令、要求、勧誘、推奨など）によって、自己の思想・良心の領域が侵害されようとしている場合に、その思想・良心を保衛するため、外部からのそうした作用、働きかけに対して防衛的、受動的にとる拒否の外的行為は、自己の思想・良心の自由の保障に不可欠な、思想・良心の外部的表出として19条の保障対象となるとするのが妥当であるということからすれば、思想・良心の自由は、その内容の保障に不可欠なかぎりにおいて、思想・良心の防衛的、受動的な外部的表出をも一体的にその保障対象として含むものであり、よって思想・良心の自由の保障は一定の外部的表出まで及ぶと解すべきである。

　かりに思想・良心に関わる内心そのものとその一定の外部的表出の両者の間に形式的差異を認めるにしても、これは本質的差異ではなく、思想・良心の防衛的、受動的な外部的表出は、憲法21条の表現の自由の保障と異なって、絶対的保障ないし絶対的保障に準ずる強い保障（これは上述の形式的差異に基づく極小の制約を認めた場合）が与えられる。ここに、一つの統一的で体系的な人権としての思想・良心の自由を規定した憲法19条の存在意義がある。

三　保障内容

(1)　沈黙の自由

　各人に対して、いかなる思想・良心を有しているか又は有していないか、過去の思想・良心の内容をいかに変えたか又は変えなかったかを外部的に告白ないし表現するように強制することは禁止される。また、各人の意思とは無関係にその思想・良心について調査したり、何らかの方法・手段で直接・間接に推知することも許されない。この沈黙の自由もしくは一定の要求・要請に応じない自由は、その自由の行使を理由とする一定の不利益取扱いがなくとも、その自由そのものが保障される。

　憲法を尊重・擁護することを公務員に宣誓させることが（国家公務員法97条、政令第14号・1966年2月10日、地方公務員法31条など参照）、沈黙の自由および後述の特定の思想・良心の強制・勧誘・推奨の禁止と抵触するか否かについては、憲法99条が公務員の憲法尊重擁護の義務を定めているので問題ないとするのが通説である。もっとも、これとの関係で、「特定の憲法解釈を内容とする宣誓は問題であり、また、人の政治的関係や信条を推知しまたは許容される政治的信条を枠づけそれに従った行動を強要するような内容の宣誓は、『思想及び良心の自由』の侵害となる」（佐藤幸治・前掲『憲法』〔第三版〕487頁）という見解があるが、

妥当であろう。

　民事訴訟法（196条、197条）、刑事訴訟法（146条、147条、149条）および議院証言法（4条）は、自己または一定の関係者が刑事訴追を受け、または有罪判決を受けるおそれのある事項や、自己が職業上知り得た秘密などについては、証言を拒絶することができることを定めているが、思想・良心の自由による証言拒絶に関しては規定がない。だが、学説上、憲法論としては思想についても証言を拒絶しうるという見解も有力である。司法手続の厳正な維持および議院の権限の適正な遂行のために証言拒絶権を過度に広く認めるのは問題があるにしても、思想・良心の自由の内容としての沈黙の自由は法律の上位規範たる憲法上の権利であり、この権利を証言拒絶の根拠となし得ないとするのは妥当でない。思想・良心による証言拒絶権の重要性は、アメリカ憲法下において、20世紀中葉、連邦議会の下院非米活動委員会および上院のマッカーシー委員会、マッカラン委員会などが中心となって推進したいわゆる「赤狩り」がいかに「アメリカン・デモクラシー」を腐食させたかを考慮に入れれば、いっそう明確となる。1955年、立法権力（非米活動委員会）は憲法に拘束されるとして、証言拒絶による議会侮辱罪を認めた下級審有罪判決を破棄した連邦最高裁の判決は、現代立憲主義の当然の法理である。

　　（注）　Quinn v. United States, 349 U.S. 155（1955）, Emspak v. United States, 349 U.S. 190（1955）. その他、証言拒絶関係では、以下の判決も重要である。Watkins v. United States, 354 U.S. 178（1957）, Sweezy v. State of New Hampshire, 354 U.S. 234（1957）.

（2）　強制・勧誘・推奨の禁止

　各人に対して、その意思に反して、特定の思想・良心を強制・勧誘・推奨することは禁止される。芦部教授も、これとの関係で、「明治憲法時代にみられたような、国家権力が特定のものの見方ないし考え方を国民に押しつけ、強制することが許されないことは、言うまでもない。特定の思想を『勧奨』することも、事実上強制的な働きをする場合が多いので、19条に反するとみるべきであろう」（前掲『憲法学Ⅲ・人権各論』106頁）とする。

（3）　不利益な取扱いの禁止

　各人に対して、いかなる思想・良心を有していても、または有していなくても、そのことでもっていかなる不利益な取扱いをすることも禁止される。また、「信条」に関わる場合には、本条文とともに、憲法14条によって、「政治的、経済的

又は社会的関係」において差別が禁止される。これは労働基準法3条でも具体化され、使用者は、労働者の「信条」を理由として、「賃金、労働時間その他の労働条件について、差別的取扱をしてはならない」とされる。だが、信条を含む思想・良心の表れとして企業破壊的活動などの危害行為が現実にあった場合には、規制・処罰も可能であるとするのが通説的である。もっとも、これとの関連で、「法の規定じたいは、『思想』のいかんにかかわらず一定の害悪をもたらす行為を一般的に規制する、という形になっていても、それが実際上、特定の『思想』を抑圧する目的のものであったり、もっぱら特定の『思想』に基づく行為に対して適用されるという実態があるような場合には、本条違反の問題を生ずることとなる」(樋口・佐藤・中村・浦部・前掲『憲法Ⅰ』381頁〔浦部執筆〕) という見解がある。趣旨は妥当である。

第2章

「国旗」と「国歌」

一 「国旗」と「国歌」の機能

　「国旗」には二つの異なった機能がある。第一は対外的な識別機能である。つまり、国家を相互に識別する標識としての国旗——かつての「商船国旗」的なもの——である。この機能は形式的なものであり、特定の思想とは関係なく存在し得る。第二は国家的・国民的な統合機能である。つまり、その国旗のなかに化体的に注入された理念への国家的・国民的な一体化としての機能である。この機能は実質的なものであり、一定の思想と関係する。前者の機能の国旗には物理的な有用性があり、この種の国旗はいまだ当面、必要とされるであろうし、ここから憲法問題は通常は出てこない。他方、後者の機能の国旗には物理的な有用性はなく、この種の国旗は主に思想上から要求されるものであり、そうであるがゆえに、ここから思想・良心の自由に関わる深刻な憲法問題が浮上してくる。前者の機能の国旗は形式的なものであるがゆえに、本来的には「日の丸」に限定される必要は全くない。後者の機能の国旗についても「日の丸」に限定される必要はなく、むしろこの機能の国旗は一定の思想と関係するがゆえに、本来的には憲法体制の思想的基盤の原理的変革があれば、それとともに新憲法体制に沿う新国旗を選定することも有力な選択肢である。

　　（注）「国には国旗が必要だ」という言辞については、以上の二つの機能の相違に注意すべきである。国旗の第一の機能については当面必要と言えるかもしれないが、第二の機能の意味での国旗は必ずしもそうだと言えない。むしろ、国内的には統制力の強化と国外的には国威の発揚に利用される国旗の第二の機能が、国内的、国外的に摩擦を惹起する原因となっていることを考慮すれば、その機能の最小限化のための方途が国内的にも国際的にも考えられるべきであろう。これは、憲法上の平和主義の原理にも沿うものである。

　他方で、「国歌」は、国旗の第一の識別機能のような物理的な有用性をもたな

い。「国歌」が有する主たる機能は、国旗の第二の機能のような国家的・国民的な統合機能であり、これは「歌」という特性上、その歌詞の内容の選択には国旗以上に強烈な政治性をともなう。この国歌は国旗の第二の機能と同様に（それ以上に）必須的なものでなく、国歌を作定しないという選択も、また憲法体制の思想的基盤の原理的変革があれば、それまでの国歌を変更するという選択も可能である（ちなみに、第二次大戦前の日本・ドイツ・イタリアの旧三国軍事同盟のうち、大戦後、ドイツ〔西ドイツ・東ドイツ〕とイタリアは国旗と国歌を変更した）。

　国歌を定めるという選択をする場合、国歌の思想性ゆえに、すでにその選択自体に一定の憲法問題が関係している。さらに、国歌の国家的・国民的な統合機能と国旗の統合機能とが結合すれば、一体的にそこから思想・良心の自由との間に強い緊張関係が出てくることになる。もっとも、国歌の内容が憲法上の原理に沿うものである場合には、緊張関係も減退され得るが（ただし、緊張関係が完全に解消されるものでなく、こうした内容の国歌でさえその斉唱の強制は憲法的に問題となり得る）、憲法原理に沿わない場合には緊張関係は極大化する。こうした意味で、国歌の選定には内容的に憲法上の原理に沿うべき最大限の慎重な検討が要求されるものである。

二　「国歌」＝「君が代」と日本国憲法

　「国歌」＝「君が代」ははたして日本国憲法の原理に沿うものであるのか。
　国旗・国歌法案の審議に際して、「君が代」が憲法に反しないことを説明するために、政府は次のような見解を出していた（「日の丸・君が代法制化に関する政府答弁書」1999年6月11日閣議決定）。「君が代の『君』とは、大日本帝国憲法下では主権者である天皇を指していたと言われているが、日本国憲法の下では、日本国および日本国民統合の象徴である天皇と解釈するのが適当であると考える」。「（君が代の歌詞全体は）日本国憲法の下では、天皇を日本国および日本国民統合の象徴とするわが国の末永い繁栄と平和を祈念したものと理解することが適当であると考える」。この見解に補足して、1999年6月28日、次のような政府見解も出された。「君が代」の「君」の解釈について、「日本国および日本国民統合の象徴であり、その地位が主権の存する日本国民の総意に基づく天皇を指す」、「君が代」について、「天皇を日本国および日本国民統合の象徴とするわが国のことであり、『代』は時間的概念から転じて『国』を表す意味もある」（「新しく統一した『君』と『君が代』についての政府見解」）。

明治憲法下の1937年の国定教科書『尋常小学修身書・巻四』（児童用）は、「君が代」の歌は「我が天皇陛下のお治めになる此の御代は、千年も万年も、いや、いつまでもいつまでも続いてお栄えになるように」という意味であるとしていた。これは、「君」を「天皇」とするかぎり、自然な説明である。それでは、政府見解のように、「君」を「日本国および日本国民統合の象徴である天皇」とすれば、どうなるか。次のようになるのが自然である。「日本国および日本国民統合の象徴である天皇のお治めになる此の御代は、千年も万年も、いや、いつまでもいつまでも続いてお栄えになるように」ということである。ところが、日本国憲法は、日本国の主権者は国民であること、つまり日本国を治めるのは国民であることを明記し、かつ「天皇」の「地位は、主権の存する日本国民の総意に基く」と規定している。ということは、政府見解の「君」解釈では、第一に、「国民の御代」でなく「天皇の御代」となる点で、第二に、天皇の地位は「国民の総意」で変えられ得るにもかかわらず、その国民の意思を拘束して、天皇の御代が千年も万年も続くように国民に祈らせるという点で、憲法上、重大な疑義が出てくることになる。

　それでは、後に出された政府補足見解のように、「君」を「日本国および日本国民統合の象徴であり、その地位が主権の存する日本国民の総意に基づく天皇を指す」とすれば、どうなるか。第一の点は変化なく、第二の点についても、矛盾がより鮮明になるだけで、違憲性は減失しない。つまり、「主権の存する日本国民の総意」に基づいて「天皇」の地位が消失することもあり得るにもかかわらず、「主権の存する日本国民の総意に基づく天皇」の制度が千年も万年も続くことを他でもなく主権者国民が祈念するということになる。これは論理矛盾であり、説得力はない。(注2)

　　（注１）　国民主権原理は基本的人権尊重原理、平和主義原理と並ぶ日本国憲法の三大原理の一つであり、憲法改正でもって廃することはできない。通説である。他方、日本国民の意思に依存する天皇の地位は、日本国民の主権者意思でもって、すなわち現憲法（96条）上は、「各議院の総議員の３分の２以上の賛成」で国会が発議し、「特別の国民投票又は国会の定める選挙の際行はれる投票」において国民の過半数が賛成することによって廃することができる。
　　（注２）　「君が代」ピアノ伴奏職務命令拒否訴訟の第一審判決（東京地判2003年12月３日・判例時報1845号135頁）は、「君が代」は憲法１条違反であるという原告側の主張との関係で、「天皇は日本及び日本国民統合の象徴であるから（憲法１条）、『君が代』の『君』が天皇を指すからといって、直ちにその歌詞が憲法１条を否定することには結び付かない」と述べているが（控訴審判決〔東京高判2004年７月７日〕も同一）、しかしこの論は憲法１条のなかの前段の文言（「天皇は、日本国の象

徴であり日本国民統合の象徴であつて」）のみを抜き出したものであり、憲法1条のなかの最も重要な「国民主権」を明記している後段の文言（「この地位は、主権の存する日本国民の総意に基く」）を完全に欠落させている点で、憲法解釈として妥当でない。

　政府は、「君が代」に内在する本質的矛盾を何とか取り繕うために、さらに、「君が代」の全体の歌詞の解釈を「天皇を日本国および日本国民統合の象徴とするわが国の末永い繁栄と平和を祈念したもの」とした。しかし、この解釈にも無理がある。第一に、「君」を戦前からの継続で「天皇」としながら、「代」のみを「御代」から「国」へ変更することは恣意的であり、また日本語としても不自然である。第二に、「末永い繁栄と平和」の祈念の対象は「天皇を象徴とするわが国」とされるが、国民主権下の主体である国民が、その便宜的な象徴手段である天皇および統治の客体である国家のために祈念することは、憲法原理上で本末転倒である。第三に、既述のように、天皇の地位は「国民の総意」で廃止も可能であるにもかかわらず、その天皇を含み込んだ日本国の「末永い」繁栄と平和を祈念することは、国民の自由な意思に精神的な箍（たが）をかけることになる。特に学校教育での「君が代」斉唱指導は、児童・生徒に「天皇中心」意識を注入する上で大きな作用を果たす。(注1)

　「君が代」についての無理に無理を重ねた政府の解釈が国民向けの単なる口先の弁明であって、その真意は、実は戦前の国定教科書的な解釈にあることは、日本大使館が海外で配布してきた「君が代」の英文訳からも例証される。つまり、日本政府は、「君が代」の意味を"The Reign of Our Emperor"（天皇が治める御代）と説明したリーフレットを、以前（1993年）から約110カ国にある日本の大使館、総領事館で少なくとも計3万部、無料配布してきたのである（『西日本新聞』1999年6月1日）。これについて、山住正己は「大使館が配布している以上、日本の公式見解であり、この解釈が政府の本音と考えるべきだ」と語っているが（『東京新聞』1999年6月2日）、この評は的を射ているであろう。

　　（注1）　この問題は、いわゆる「天皇を中心としている神の国」発言ともつながっている。2000年4月、当時の首相・小渕恵三の脳こうそくによる緊急入院後に内閣総辞職したのを受けて成立した自民党・公明党・保守党連立政権の当時の首相・森喜朗は、同年5月15日、神道政治連盟国会議員懇談会（当時の加盟議員229人）において、こう発言した。「村上幹事長その他多大なるご努力のもと、『昭和の日』などの制定をいたしましたり、今の天皇のご在位のお祝いをいたしましたり、陛下ご即位50年、60年のお祝いをいたしたり、ま、ややもすると、政府側、今、私は政府側

におるわけですが、若干及び腰になるようなことをしっかりと前面に出して、日本の国、まさに天皇を中心としている神の国であるぞということを、国民の皆さんにしっかりと承知をしていただく、その思いででですね、私たちが活動して30年になったわけであります」(加地伸行編『日本は「神の国」ではないのですか』〔小学館、2000年〕25頁)。この「神の国」発言は、明治憲法下で、日本は「現御神(あきつみかみ)」の天皇が統治する「神国」であるとした文部省教育を彷彿させる。また、最近でも、2005年12月5日、自民党幹事長の武部勤は、水戸市で、「日本という国は天皇中心の国だ。中心帰一、中心がしっかりしていると同時に、中心をみんなで支えていくという国柄だと思う」と演説している(『東京新聞』2005年12月6日)。

(注2) このリーフレットに掲載の「君が代」の英文(チェンバーレン訳)は次の通りであった。

> Ten Thousand years of happy reign be thine:
> Rule on, my lord, till what are pebbles now
> By ages united to mighty rocks shall grow
> Whose venerable sides the moss doth line.

第3章

国旗・国歌法、東京都「10・23通達」と思想・良心の自由

　国旗・国歌法の制定の直接的目的が、それまで文部省の学習指導要領に基づいて行われていた教育現場での「日の丸」＝国旗、「君が代」＝国歌という指導に法的根拠を付与するということであったように、この法律が思想・良心の自由との関わりで最も重大な影響を与えるのは学校の生徒・児童および教職員に対してである。この影響関係は、東京都「10・23通達」＝東京都教育委員会「入学式、卒業式等における国旗掲揚及び国歌斉唱の実施について」（2003年10月23日）も同様である。

　「日の丸」掲揚、「君が代」斉唱に対する賛否の見地が、既述の狭義説（一定の信条、主義、世界観など）からしても広義説（内心の活動一般）からしても、憲法19条の「思想及び良心」の保障対象に含められ得るが、本稿での論の進め方としては、公立学校の教職員は公務員という身分との関係で、いくらか異なった脈絡で考える必要があるので、まず生徒、親および一般市民の思想・良心の自由の問題について、その自由の通説的内容とされる①「沈黙の自由」、②「強制・勧誘・推奨の禁止」、③「不利益取扱いの禁止」のそれぞれを考察し、その後に教職員の思想・良心の自由を検討することにする。

一　生徒、親および市民の思想・良心の自由

(1)　沈黙の自由

　沈黙の自由の基本内容は、各人に対し、いかなる思想・良心を有しているか、または有していないかを告白または表出するように強制することは禁止され、また、各人の意思とは無関係に、その思想・良心について調査したり、何らかの方法・手段で直接・間接にそれを推知することも許されない、ということである。

　入学式、卒業式などの学校行事で、それへの参加権を行使して出席した生徒および親（保護者）たちは、起立して「日の丸」に敬礼しない自由、「君が代」を斉唱しない自由（いわば「静かに無視・拒否する自由」）を有するのはもちろん

であるが、学校行事に「日の丸」敬礼・「君が代」斉唱の式次第が組み入れられている場合には、そうした学校行事に参加しない自由も有する。学校管理者が、こうした自由を行使した生徒や親たちの氏名を調べることは、彼らの思想・良心について推知ないし識別することにつながるので禁止される。

> (注) これとの関係でいくつか付言すれば、第一に、生徒・親は式次第に同意せずに欠席する自由をもつと同時に、式次第に同意はできないが、人生上の重要な式典としてそれに出席する選択をした（出席の権利の行使）としても、「日の丸」敬礼・「君が代」斉唱をしないという内心の自由までは奪われない。第二に、入学式・卒業式のような生徒・親にとって重要な意義を有する学校行事については、学校側にはその式次第についての情報開示・提供義務があり、生徒・親は、「日の丸」敬礼・「君が代」斉唱が式次第に含められている場合、それについての意見表明権をもつ。政府は、この意見表明権に限らず、思想・良心の自由の外部的表出について、それを「合理的範囲内」で制約できると解しているが（たとえば、「参議院・国旗及び国歌に関する特別委員会」での矢野政府委員の説明、1999年8月6日）、この見解は妥当でない。既述のように、思想・良心の防衛的、受動的な外部的表出は憲法19条の対象として絶対的に（ないしそれに準じて）保障されるものであり、それ以外の外部的表出は憲法21条の表現の自由の保障対象となるが、その表現の自由は思想・良心の自由とは異なった制約があるとしても、表現の自由は、憲法的保障での優越的地位からして、単なる合理性の基準でその自由を制約することは許されず、制約するには、そうしようとする政府側に、「やむにやまれない理由」「より制限的でない手段」「代替的方法の不存在」等の根拠、あるいは制約対象行為に「明白かつ現在の危険」が存在すること等の根拠が必要であり、かつその立証責任は政府側にある。

　また、生徒が思想・良心の自由を行使するにあたり、それを充足するために親の教育権が保障される。この教育権の憲法的根拠については、学説上、憲法13条、23条、26条などの相違があるが、親の教育権が憲法上の権利であることは通説である。「子ども（児童）の権利に関する条約」の14条2項も、子ども（18歳未満）が「思想、良心の自由」を行使するに当たり、「父母及び場合により法定保護者が児童に対しその発達しつつある能力に適合する方法で指示を与える権利及び義務」を有することを規定している（国際人権A規約＝社会権規約13条3項、国際人権B規約＝自由権規約18条4項も参照）。したがって、生徒が「日の丸」「君が代」との関係で思想・良心の自由を行使するに当たり、それを充足するために親たちに教育的指示権が保障される。

> (注) ただし、この教育的指示権は、子ども自身の思想・良心の自由との関係で、無限定ではなく、子どもの「発達しつつある能力に適合する方法」でなされることが

要求される。教育的指示権の内容については、生徒の年齢に対応して変わり得る。個人差があり、絶対的な区分を設定することは困難であるが、相対的な区分としては、思想・良心と宗教信仰の近接性を考慮に入れれば、宗教教育参加に関しての親と子どもとの間の決定権の調整を定めたドイツの子どもの宗教教育に関する1921年7月15日法が参考になる。これによれば、子どもが10歳未満の場合は親が決定権をもち、10歳以上12歳未満の場合は子どもの意見が聞かれ、12歳以上14歳未満の場合は子どもの同意を必要とし、14歳以上の場合は子どもが決定権をもつとされる（中村睦男「学校教育と子どもの人権」日本教育法学会年報13号『教育改革の動向と教育法』〔1984年〕112頁参照）。これはいくぶん細分化しすぎであり、また児童の権利条約の趣旨などを勘案すれば、10歳未満は親が決定権をもち（当然ながら子どもには意見表明権がある）、10歳以上14歳未満は親に指導権および子どもに同意権が認められ、14歳以上18歳未満は子どもが決定権をもつ（親には指導権がある）とするのが妥当であろう。もっとも、親の決定権（ないし指導権）にしても子どもの意見表明権（ないし決定権）にしても、それらを厳格に規定する必要はなく、本質的にはそれらは親と子どもの共同決定権の範疇内のものであると把握すべきであろう。

(2) 強制・勧誘・推奨の禁止

強制・勧誘・推奨の禁止の基本内容は、各人に対し、その意思に反して特定の思想・良心を強制・勧誘・推奨することは禁止される、ということである。

入学式、卒業式などの学校行事で、学校側が生徒および親たちに「日の丸」に敬礼し、「君が代」を斉唱するように強制することはもちろん禁止されるが、起立・敬礼・斉唱するように勧誘・推奨（これは圧力・干渉に当たる）することも禁止される。したがって、起立・敬礼・斉唱の式次第を形式的に読み上げることはともかくとして、それを越えて、起立・敬礼・斉唱に同調するように誘導的呼びかけをしてはならない。「国体」などの公的行事でも同様である。また、学校の授業などで、教師が「日の丸」「君が代」に関する一般的、客観的な知識を教えることは許されるが（学校または教師の「日の丸」「君が代」についてのいわゆる「指導」は、このことを限度として認められる）、学校行事などで「日の丸」敬礼、「君が代」斉唱をするのが生徒の義務であるなどと教えることは、憲法の許容範囲を越えた強制・勧誘・推奨に該当し、禁止される。学校授業は、入学式、卒業式などと異なって、親たちの同席のない、いわば「囲われた空間」のなかでの教育であるので、特に注意が必要である。

（注） この点で、東京都「10・23通達」＝東京都教育委員会「入学式、卒業式等における国旗掲揚及び国歌斉唱の実施について」（2003年10月23日）は、その別紙「入学式、卒業式等における国旗掲揚及び国歌斉唱に関する実施指針」の2(2)において

て、「国歌斉唱に当たっては、式典の司会者が、『国歌斉唱』と発声し、起立を促す。」と記しているが、これは出席者に対する誘導的呼びかけに当たり得る。他方、誘導的呼びかけに当たらない事例の一つは、当該「10・23通達」以前に都立市ヶ谷商業高等学校で行われていた次のような説明である（2002年3月の卒業式）。「生徒と保護者のみなさまにおいては、式の進行上、国歌斉唱については、次のことにご留意下さい。①卒業式は、歌うこと、歌わないことの自由が保障されています。どちらにするかは、おひとりおひとりが判断してお決め下さい。②卒業式は、着席や退席の自由が保障されています。どちらにするかは、おひとりおひとりが判断してお決め下さい。」

これがいわゆる「内心の自由の説明」の例であるが、前教育長（現副知事）の横山洋吉は、本件「君が代」解雇訴訟の証人尋問で（2005年10月12日）、式での内心の自由の説明を「10・23通達」で禁じたと証言し、その理由について、横山証人は二点をあげている。その一つは、「通常の授業の中で、内心の自由の説明、教育をすればよろしいわけで、儀式的行事の卒業式の段階で、あえてそれを言うのは適切ではないと考えます」という理由である。確かに、卒業式以外の通常の授業等において、憲法教育との関連で内心の自由の説明、教育が十分に行われておれば、横山証言にも一理あるが、現実には、逆のことが行われており、たとえばホームルームで内心の自由について説明をした教員が「指導」、「厳重注意」を受けた事例がある（原告側弁護団提示文書「甲36の20」「甲118の1、118の2」参照）。また、卒業式の運用が、過去にあったような生徒、父母、教職員の思想・良心の自由との間で緊張・摩擦が生じないような態様であったならば、卒業式であえて内心の自由の説明を行う理由は乏しい。しかし、「10・23通達」後の卒業式は、思想・良心の自由との間での緊張・摩擦が極度に高まっており、こうした状況下で思想・良心の自由の説明をあえて行わないのは、教育の成果の集大成の象徴的な儀式である卒業式において、生徒に対して、憲法上の権利を軽視ないし無視してもかまわないという最終的教育を公立学校が遂行するようなものである。これは、公務員として「憲法を尊重し擁護する義務」（憲法99条）違反が問われよう。

内心の自由の説明の禁止について横山証人があげる別の理由は、「これから国歌斉唱を始めようとするときに、まず儀式的行事の中で、あえて内心の自由を説明するということは、普通に考えれば、歌わなくていいということを示唆するような行為と受け取られてもやむを得ないんではないかと考え、そういう意味では、不適切な対応であると考えているわけです」ということである。実は、これが本当の理由であろうと判断される。都教委は、現行の「10・23通達」を作成するために、1999年10月に出された旧通達を改訂する作業のなかで、当時の「国旗・国歌の実施状況から見る課題」として、「『内心の自由』等の説明により、式の適正な実施を妨げる」ことをあげていた（高等学校教育指導課「都立高等学校における『国旗・国歌』の現状と課題」2003年7月9日）。要するに、内心の自由の説明は、「式の適正な実施を妨げる」と認識されているのである。これと横山証言の「不適切な対応」は同旨である。反面から言えば、「式の適正な実施」ないし「適切な対応」とは、内心の自由の説明を聞いて、その権利を確認した生徒、父母が起立しない、斉唱しないというような状況を作らせないということである。実際、「10・23通達」が出された

2003年10月23日の「教育課程の適正実施にかかわる説明会」において、金子主任指導主事は、各校長に対して次の趣旨のことを指示、指導したという証言がある。「国旗・国歌については、まず初めに、法的根拠として学習指導要領と学校教育法、地教行法であるというふうに言われた後、内心の自由は、要するに式ですね、式そのものが始まったらば立って行う。立って行って始めるが、その後に内心の説明をして、立ちにくくなるような、歌いにくくなるような状況を作らないためには、そのまま起立を促す、というふうに言われました。そのまま起立でやることということです」（当該説明会に出席した校長の証言：東京都人事委員会での審査請求事件における元都立荒川商業高校校長の証言「速記録」〔2005年12月16日〕参照）。また、別の校長は、「内心の自由の説明というのは、証人が作成した卒業式の進行要領の中には入っていませんから、司会が内心の自由の説明をもしすれば、職務命令違反になったわけですね」という質問に対して、「式の中ですればですね」と証言している（本件「君が代」解雇訴訟での前都立志村高校校長「証人等調書」〔2005年11月9日〕参照）。これらのことから、都教委は、生徒、父母が「国歌斉唱」の際に起立して斉唱しないということは「式の適正な実施」に反することであると認識しており、これは、生徒、父母が、憲法で保障されている内心の自由という権利を行使し、起立して斉唱しないことは「式の適正な実施」に反すると認識していることを意味している。ここにおいて、可能な限り憲法上の権利を行使させないという「式の適正な実施」そのものの違憲性が鮮明に浮き彫りになってくる。そして、生徒、父母に憲法上の権利を確認（歌うことも自由だし歌わないことも自由という確認）するために内心の自由の説明を教職員が行うことは職務命令違反として処分されることになっている。つまりは、「憲法を尊重し擁護する義務」のある教育公務員が、その義務に忠実に責務を果たそうとすれば、都教委によって処分されるのである。これは、憲法を最高法規とするわが国の法秩序と正面から衝突するものである。

(3) 不利益取扱いの禁止

不利益取扱いの禁止の基本内容は、各人に対し、いかなる思想・良心を有していても、または有していなくても、そのことでもって不利益な取扱いをすることは禁止される、ということである。

　入学式、卒業式などの学校行事で、生徒および親たちが、起立して「日の丸」に敬礼しないこと、または「君が代」を斉唱しないことで、もしくは「日の丸」起立・敬礼と「君が代」斉唱が式次第に組み込まれている行事に参加しないことで、生徒および親たちに対するあらゆる不利益な取扱いは禁止される。(注)

　　（注）　2006年5月24日、埼玉県教育局は、県内の45の公立小学校でいわゆる「愛国心」を成績通知表の評価対象（「自国を愛し、世界の平和を願う自覚をもとうとする」等の項目）にしていることを明らかにした。この「評価」はABCの3段階で行われている（『東京新聞』2006年5月25日）。また、愛知県の少なくとも35の公立小学校で、同種の「愛国心」（「国を愛する心情をもつ」等の項目）評価が◎○△の3段

階で行われている（『朝日新聞』2006年6月8日）。これらの評価は生徒各人の内心の外的表出を観察した上で行わざるを得ず、生徒各人の思想・良心の自由を直撃する可能性が極めて高い。また、「日の丸」敬礼・「君が代」斉唱をするか否かおよびその仕方が「愛国心」評価の内容に含まれているとすれば、「沈黙の自由」、「強制・勧誘・推奨の禁止」、「不利益取扱いの禁止」のすべてに違反し、直接的に生徒各人の思想・良心の自由を侵害することになる。

　「愛国心」評価は、1998年改訂の新学習指導要領（2002年施行）で、学習目標として「わが国の歴史や伝統を大切にし、国を愛する心情を育てるようにする」ことが明記されてから各地の教育現場で行われだしたものである。文科省は、新学習指導要領施行前年の2001年通知で、小学校6年社会の評価の観点「社会的事象への関心・意欲・態度」のなかに、「わが国の歴史や伝統を大切にし国を愛する心情をもつとともに、平和を願う日本人として世界の国々の人々と共に生きていくことが大切であることの自覚をもとうとする」ことを明記した。後述するように（第3章二(1)を参照）、学習指導要領は、児童・生徒および親（保護者）との関係で法的拘束力を有する法規命令ではあり得ないので、学習指導要領（および通知）に基づいて成績通知表に「愛国心」評価が記されるとすれば、それに関して、児童・生徒および親（保護者）は違法・違憲として訴訟を提起することができる。

二　公立学校の教職員の思想・良心の自由および専門職上の自由

　公立学校の教職員の思想・良心の自由は、「日の丸」「君が代」との関係で、どのように保障されるのであろうか。

　教職員は入学式、卒業式などの学校行事への出席が職務の一環であれば出席する義務を有する。しかし教育公務員であっても、教職員が憲法上の人権の享有主体であることを否定することはできない。国際的にも、教師は、「一般的に市民によって享受されている市民としてのあらゆる権利を自由に行使することができる」（後出のILO・ユネスコの共同勧告「教員の地位に関する勧告」80項参照）とされている。

　思想・良心の自由との関係では、教職員は、沈黙の自由は当然のこととして、一定の外的強制から自己の内心の思想・良心を保衛（保護・防衛）するために不可欠の場合、「日の丸」起立・敬礼および「君が代」斉唱をしない自由、「君が代」を演奏しない自由を有する。これらの保衛的な外的表出行為の自由も絶対的保障に準じる。^(注)

　　（注）　鯰江中学校「日の丸」訴訟の大阪高裁判決（1998年1月20日、確定判決）は、結論的には、卒業式での「日の丸」に抗議するマイクでの発言およびプレートの着

用を理由とする教員に対する戒告処分を違法でないとしたもの、次のように述べて、教師に国旗敬礼等を強制する行為は思想・良心の自由の侵害となり得ることを示している。「卒業式等の式典の場に日の丸が掲揚されたからといって、その式典そのものが、日の丸に対する一定の観念ないし思想に賛同の意を表するために開催されることにはならないし、出席者が、そのような観念なり思想に賛同の意を表することになるものでもない。したがって、国家や地方公共団体が、教師に対し、その職務行為の一環として、日の丸の掲揚された式典の場に出席し、その式典の事務運営をする義務を課したとしても、国旗に対し敬礼させるなど、国旗に対する一定の観念を告白させるに等しい行為を強制する場合は格別として、そのことだけで、ただちに当該教師の思想及び良心の自由を侵害する強制行為があったとすることはできないものというべきである。もっとも、前記のとおり日の丸については、なお国民の間に激しい意見の対立があるのは事実であり、これらの対立は、個人の思想、信条にかかわる問題であるだけに、日の丸に対する敬意の強調が、思想及び良心の自由を侵害する強制とならぬよう、慎重な配慮が望まれるところである」（下線・引用者）。

　いわゆる「踏み絵」は内心の自由に関わる典型例であり、これが絶対的に禁止されるのは憲法学上の定説である。踏み絵の禁止は、当然、教職員との関係でも保障される。この問題との関連で、本件「君が代」解雇訴訟での証言において（前出「横山証人等調書」）、前教育長の横山証人は、「国歌斉唱」等の職務命令は「踏み絵」に当たらないという認識の下で、次のように言っている。「教職員は、公教育を担うものとして、当然学習指導要領に従って教育をする責務がございますし、今回の職務命令は、そうした教員に対する職務命令ですが、飽くまでも国歌斉唱の外部的な行為を命じたに過ぎないわけで、個々の教員が、国旗・国歌に対してどういう気持ちを持っているか、それをも変えようという趣旨では全くございませんので、教職員の内心の自由を侵すことにはならないと考えております」。
　しかし、この論の説得力はおよそない。踏み絵の禁止とは、「絵を踏む」という「外部的な行為」を処分の脅しによって強いる命令を拒否して、「絵を踏まない」という行為（受動的、防衛的な外的行為）を選択することが絶対的に保障されるということを含意する。つまり、踏み絵の禁止は、必然的に、拒否行為の保障を含むものである。本件訴訟との関係では、「国歌を斉唱する」という「外部的な行為」（＝絵を踏むという行為）を処分の予告によって強いる職務命令を拒否して「国歌を斉唱しない」という行為（＝絵を踏まないという行為）を選択することは、絶対的に保障されるということになる。「国歌斉唱の外部的な行為を命じたに過ぎない」職務命令は、「教職員の内心の自由を侵すことにはならない」とする横山証人の憲法解釈は明白に誤っている。江戸幕府が強制した踏み絵（キ

リスト、マリアの絵像）も、「個々の人がキリスト、マリアに対してどういう気持ちを持っているか、それをも変えようという趣旨」ではなく（この内心そのものの変更は実際上、ほぼ不可能である）、「飽くまでも踏み絵の外部的な行為を命じたに過ぎない」のであり、これで幕府側の「踏み絵」政策の目的は十分達成された。

（なお、教職員個人の思想・良心の保障の問題については、第3章三においてより詳しく論及する）。

(1) 職務命令の根拠としての学習指導要領

　それでは、「日の丸」掲揚および「君が代」斉唱の指導の職務命令が校長を通して教職員へ出されている場合はどうか。職務命令は、何ら義務規定も委任規定も置いていない国旗・国歌法を根拠とすることができず、これは政府の当該法案提出趣旨でもあった。実際、職務命令はいまだ文部省（現文部科学省）が1989年に「国旗掲揚・国歌斉唱」を義務化した以降（現行は1999年）の学習指導要領を直接的依拠として発せられている。文部省はこの学習指導要領を法的拘束力あるものとしているが、学説上は否定説（指導助言文書説）が通説である。この通説に立つかぎり、「日の丸」掲揚と「君が代」斉唱を強制する職務命令を学習指導要領に基づいて発することができない。(注)

　　（注）　国旗・国歌法は、「日の丸」＝国旗、「君が代」＝国歌とすることに「法律」上の根拠を与えたにすぎず、この法律に依拠して職務命令を出すことができないだけでなく、学習指導要領に法的拘束力を付与するものでもない。国旗・国歌法の制定後、当該法が職務命令の根拠および学習指導要領の法的拘束力と関係があるかのような「錯覚」を作り出す運用状況もあるが、これは運用違憲の疑いがある。

　学習指導要領に法的拘束力があるとするこれまでの文部省の解釈は、「学校教育法（法律）→学校教育法施行規則（省令）→文部省告示の順序で法律を補完しているため、法規命令としての性格を有し、法的拘束力をもつ」（文部省教育管理研究会編『教育管理総覧』〔1987年〕224頁）というものである。法規命令を、「一般国民の権利・義務に関係する法規範」ないし「義務を課し、又は権利を制限する規定」を内容とする命令を意味するとすれば、現憲法は「法律の委任」による場合のほかは法規命令を認めていない（憲法73条6号）。ところが、学校教育法には学習指導要領についての直接的な委任、授権の規定は存在しない。

　省令からの再委任の問題については、そもそも本件が法律から省令への適法・適正な委任になっているかに強い疑義があり、また学習指導要領の文部省告示は

学校教育法施行規則の「教育課程については、教育課程の基準として文部大臣が別に告示する……学習指導要領によるものとする」という規定に基づくが、これは包括的にすぎ、限定性・明白性・必須性が要求される再委任の許容限度を越えている。さらに、学習指導要領は文部省告示という形式をとっているが、「告示」は一般に、公の機関が指定・決定等の処分その他の事項を一般に公に知らせる行為又はその行為の形式の一種とされているのであり、この告示の形式でもって法規命令の根拠とすることはできない。よって、学習指導要領は、児童・生徒および親（保護者）との関係で法的拘束力を有する法規命令ではあり得ない。

　　（注）　この「告示」の問題との関連で、2005年10月25日のいわゆる旧植民地ハンセン病訴訟の二つの判決が注目される。これは、ハンセン病補償法に基づく韓国と台湾のハンセン病療養所入所者の補償請求を棄却した日本政府の処分の取り消しを求めた訴訟で、台湾「楽生院」入所者については不支給決定が違法とされ（東京地裁民事38部）、韓国「小鹿島（ソロクト）更生園」入所者については不支給決定が適法（東京地裁民事3部）とされたものである。
　　　　　　この不支給決定は、直接的には厚生労働省告示が上記の二つの療養所を含めていなかったことによるものであるが、しかし二つの判決は当該告示の法規命令性を前提にして判断していたわけではないことに注意する必要がある。一つの判決は、ハンセン病補償法の趣旨、目的等に照らした当該法の解釈からして不処分決定を違法とし、もう一つの判決は、当該法の解釈からして不処分決定を適法としたのである。あくまでもハンセン病補償法の解釈がポイントであった。にもかかわらず、一部報道機関は、告示があたかも法規命令性を有しているかのように解説していたが（東京新聞2005年10月29日）、これは判決の読み方と告示の位置づけを誤っている。

　学習指導要領の拘束力にこだわる文部省として他にとるべき解釈は、学習指導要領を行政内部でつまり教師との関係で一定の拘束力を有する「行政規則」とすることである。しかし、この場合においても、行政規則の内容は憲法等の上位規範に抵触することは許されず、また、学習指導要領の拘束力は、教師の教育職上の自由（後述の教師の専門職上の自由）と教師個人の思想・良心の自由との関係で制約を受けて、相対的なものとなる。この相対性とは、換言すれば、学習指導要領のいわゆる「大綱的基準」性である。このことからして、少なくとも学習指導要領のなかの「日の丸」「君が代」の部分については、「日の丸」と「君が代」に関する一般的、客観的な教育を限度として（「日の丸」「君が代」の肯定・否定の議論についての公正な情報伝達と教育を含む。この種の教育は児童・生徒の「学習権」に対応するものである）、教師との関係で一定の拘束力を有することになる。たとえば、小学校「社会」についての学習指導要領の「国旗・国歌理解」

条項がかりに一定の拘束力を有するとしても、それはあくまでも上記の「大綱的基準」性を前提としてでのものである。他方、学習指導要領のなかの「日の丸」掲揚・「君が代」斉唱を義務化した「国旗掲揚・国歌斉唱指導」条項は「大綱的基準」性を超えており、よってその条項は教師との関係で拘束力のない文部省の単なる「助言」ないし「一般的指針」にとどまると解するのが妥当である。[注]

(注) 北九州「君が代」訴訟の福岡地裁判決も学習指導要領の拘束力との関係で次のように言う（詳細は本意見書の第4章二を参照）。判決は、小学校学習指導要領の社会科での「我が国の国旗と国歌の意義を理解させ、これを尊重する態度を育てるとともに、諸外国の国旗と国歌も同様に尊重する態度を育てるよう配慮すること。」等の定めは、「教師が国歌をめぐる歴史的背景や国歌の歌詞に関して様々な見解があること等を児童、生徒に教えることも、特定の見方に偏るものでない限り、これを禁止するものではないと解されるものであって、教師の裁量を否定するものといえないことは明らかであり、合理的な範囲の大綱的基準といえる」とする。つまり判決は、学習指導要領の上記定めは、「必要かつ合理的な大綱的基準といえ、各教員に対し、教育課程の中で、同条項に定められた基準に従い、児童、生徒に対して国歌に関する指導をしなければならないという一般的、抽象的な義務を負わせるという意味での拘束力を有する」とするのである。他方で、判決は、学習指導要領中の「入学式や卒業式などにおいては、その意義を踏まえ、国旗を掲揚するとともに、国歌を斉唱するよう指導するものとする。」という定めは、「国歌を尊重する態度を育てるという教育目的に対しての具体的な指導方法を定めたものであり、また、学校において行われる様々な行事の中で、特に卒業式、入学式という特定の行事において指導を行うべきことを定めたもので、国歌に関する指導や卒業式、入学式の方法という細目についての詳細を定めるものといえ」、「教育内容及び方法についての必要かつ合理的な大綱的基準を定めたものであると解することはできない」とし、その上で、「学習指導要領中の卒業式、入学式における国旗、国歌の指導に関する上記の定めは拘束力を有するものとは解されず、この定めから、各学校では卒業式、入学式において国歌斉唱を実施し、個々の教員がこれを指導しなければならないという一般的な義務を負うと解することはできない。上記の定めは、学校生活に有意義な折り目を付け、また、国歌を尊重する態度を育てるための一つの方法を提示し、特別活動としての学校行事における国歌斉唱の実施を推奨する一般的な指針にすぎないものと解すべきである」と言う。要するに、判決は、「国旗・国歌理解」に関する学習指導要領の規定については教師の裁量を認めている大綱的基準であるがゆえに、一般的、抽象的な義務を負わせるという意味での拘束力を有するとし、卒業式・入学式等における「国旗掲揚・国歌斉唱」に関する学習指導要領の規定については、具体的な指導方法や細目についての詳細を定めていて大綱的基準でないがゆえに、拘束力を有さないとするのである。

以上の趣旨は、旭川学力テスト事件の最高裁大法廷判決（1976年5月21日・刑集30巻5号615頁）からも導き出され得る。これを次に分析する。

(2) 旭川学テ最高裁大法廷判決──学習指導要領、子どもの「学習権」「人格権」、教師の「専門職上の自由」──

　当該判決は、いわゆる「国家の教育権」説と「国民の教育権」説の「いずれも極端かつ一方的」であると斥け、折衷説的立場をとりながらも、国は「必要かつ相当と認められる範囲において、教育内容についてもこれを決定する権能を有する」として、国の比較的に広い教育内容介入権を容認しており、この点で、当該判決に対する学説上の批判もあるが、判旨には、本件訴訟との関連で以下のような重要な内容が含まれている。

　(イ) 教育権の中核に「学習をする権利」を据えている。

　「（憲法26条の）規定の背後には、国民各自が、一個の人間として、また、一市民として、成長、発達し、自己の人格を完成、実現するために必要な学習をする固有の権利を有すること、特に、みずから学習することのできない子どもは、その学習要求を充足するための教育を自己に施すことを大人一般に対して要求する権利を有するとの観念が存在していると考えられる。換言すれば、子どもの教育は、教育を施す者の支配的権能ではなく、何よりもまず、子どもの学習をする権利に対応し、その充足をはかりうる立場にある者の責務に属するものとしてとらえられているのである」。

　(ロ) 学問の自由を保障した憲法23条によって、普通教育でも、完全ではないが、教師に一定の範囲の「教授の自由」、すなわち教師としての専門職上の自由が保障され得ることを認めている。

　「知識の伝達と能力の開発を主とする普通教育の場においても、例えば教師が公権力によつて特定の意見のみを教授することを強制されないという意味において、また、子どもの教育が教師と子どもとの間の直接の人格的接触を通じ、その個性に応じて行われなければならないという本質的要請に照らし、教授の具体的内容及び方法につきある程度自由な裁量が認められなければならないという意味においては、一定の範囲における教授の自由が保障されるべきことを肯定できないではない。しかし、大学教育の場合には、学生が一応教授内容を批判する能力を供えていると考えられるのに対し、普通教育においては、児童生徒にこのような能力がなく、教師が児童生徒に対して強い影響力、支配力を有することを考え、また、普通教育においては、子どもの側に学校や教師を選択する余地が乏しく、普通の機会均等をはかる上からも全国的に一定の水準を確保すべき強い要請があること等に思いをいたすときは、普通教育における教師に完全な教授の自由を認めることは、とうてい許されないところといわなければならない」（他の箇所で

も、当該判決は、「教師の教授の自由」も「限られた一定の範囲においてこれを肯定するのが相当である」と述べている)。

上記で注意すべきは、当該判決が普通教育における教授の自由の制約理由としてあげている諸点は、一定の水準の確保の点のほかは、教育内容への行政的介入および特定の教育指導への教師に対する行政的強制の制約根拠ともなり得る側面を有しているということである。

(ハ) 教育への政治的影響の危険を指摘するとともに、子どもに一方的な観念を植えつけるような内容の教育の強制は許されないとしている。

「政党政治の下で多数決原理によつてされる国政上の意思決定は、さまざまな政治的要因によつて左右されるものであるから、本来人間の内面的価値に関する文化的な営みとして、党派的な政治的理念や利害によつて支配されるべきでない教育にそのような政治的影響が深く入り込む危険があることを考えるときは、教育的内容に対する右のごとき国家的介入についてはできるだけ抑制的であることが要請されるし、殊に個人の基本的自由を認め、その人格の独立を国政上尊重すべきものとしている憲法の下においては、子どもが自由かつ独立の人格として成長することを妨げるような国家的介入、例えば、誤つた知識や一方的な観念を子どもに植えつけるような内容の教育を施すことを強制するようなことは、憲法26条、13条の規定上からも許されないと解することができる」。

(ニ) 学習指導要領は「法規」なのか否か、「法的拘束力」を有するのか否か等に関しては明らかにしていない。

「本件当時の中学校学習指導要領の内容を通覧するのに、おおむね、中学校において地域差、学校差を超えて全国的に共通なものとして教授されることが必要な最小限度の基準と考えても必ずしも不合理とはいえない事項が、その根幹をなしていると認められるのであり、その中には、ある程度細目にわたり、かつ、詳細に過ぎ、また、必ずしも法的拘束力をもつて地方公共団体を制約し、又は教師を強制するのに適切でなく、また、はたしてそのように制約し、ないしは強制する趣旨であるかどうか疑わしいものが幾分含まれているとしても、右指導要領の下における教師による創造的かつ弾力的な教育の余地や、地方ごとの特殊性を反映した個別化の余地が十分に残されており、全体としてはなお全国的な大綱的基準としての性格をもつものと認められるし、また、その内容においても、教師に対し一方的な一定の理論ないしは観念を生徒に教え込むことを強制するような点は全く含まれていないのである。それ故、上記指導要領は、全体としてみた場合、教育政策上の当否はともかくとして、少なくとも法的見地からは、上記目的のた

めに必要かつ合理的な基準の設定として是認することができるものと解するのが、相当である」。

学習指導要領　以上の判旨のうち、㈡の学習指導要領の位置付けの問題から検討する。

当該判決は、学習指導要領を必要かつ合理的な基準の設定として認めているが、無条件ではない。まず、当該判決は「法規」「法的拘束力」という文言を用いずに「法的見地」という概念的により緩やかな表現を使用している。これは、重要な争点である「法規」「法的拘束力」という文言をあえて回避したと考えられる。[注]

(注)　この問題との関連で、伝習館高校事件の最高裁第一小法廷判決（1990年1月18日・判時1337号4頁）は、高等学校学習指導要領の性質について次のように述べていた。「高等学校学習指導要領（昭和35年文部省告示第94号）は法規としての性質を有するとした原審の判断は、正当として是認することができ、右学習指導要領の性質をそのように解することが憲法23条、26条に違反するものでないことは、最高裁昭和43年（あ）第1614号同51年5月21日大法廷判決（刑集30巻5号615号）の趣旨とするところである。」

この最高裁小法廷判決は、原審の控訴審判決（福岡高判1983年12月24日・判例時報1101号3頁）を、上訴された争点で全面的に是認しており、この点での控訴審判決はすなわち最高裁小法廷の判断であるとみることができる（同事件関係で分離された訴訟での同じ最高裁小法廷判決〔1990年1月18日・民集44巻1号1頁〕は、本稿との関係で特に論及すべき内容を含んでいない）。それでは、控訴審判決はどのようなものであったのか。高等学校学習指導要領の性質について、当該判決は、「本件学習指導要領は、学教法43条、106条1項、同法施行規則57条の2の委任に基づいて、文部大臣が、告示として、普通教育である高等学校の教育の内容及び方法についての基準を定めたもので、法規としての性質を有するものということができる。」と言う。こうした「委任」「法規」論の問題性は既に検討しているので、ここで繰り返さないが、ただ、当該判決が「その委任したものは、高等学校における教育の機会均等と一定水準の維持の目的のための基準である」としている点は注意されるべきである。つまり、焦点は「教育の機会均等と一定水準の維持」にあるのである。

さらに注目されるのは、当該判決が本件学習指導要領に「法的拘束力」を認めたのは、その要領の「大綱的基準」性を前提としていることである。このことは本件訴訟では特に重要なので、関係箇所をそのまま以下に引用する。「本件学習指導要領の効力について考えるに、その内容を通覧すると、高等学校教育における機会均等と一定水準の維持の目的のための教育の内容及び方法についての必要かつ合理的な大綱的基準を定めたものと認められ、法的拘束力を有するものということができるが、その適用に当たつては、それが『要領』という名称であること、『大綱的基準』であるとされること、その項目の目標、内容、留意事項等の記載の仕方等から明らかなように、その項目を文理解釈して適用すべきものではなく、いわゆる学校

制度的基準部分も含めて、その項目及びこれに関連する項目の趣旨に明白に違反するか否かをみるべきものと解するのが相当である。このことは、本件学習指導要領が、その後昭和45年文部省告示281号及び昭和53年同省告示163号により2回も全面改正されていることからみて、学習指導要領は相当柔軟な性格をもつものと解されることからも肯認できる。そして、右明白性の判定に当たつては、(1)専門職である教師の自主性を充分に尊重すること、(2)教育の機会均等の確保と一定水準の維持という目的の範囲に限るべきであり、高等学校の目標の一つに学教法42条3号に『社会について、広く深い理解と健全な批判力を養い、個性の確立につとめること』とあるように、高等学校教育においては価値観の多様性を認める必要もあるのであるから、不必要な画一化は避けること、(3)本件の如く懲戒処分規定として適用するには、処分事由とされる教育の内容及び方法が、本件学習指導要領を定めた前記目的及び学校法41、42条に定める高等学校の目的、目標の趣旨にも違反するか否かについてもみること、(4)前記のとおり本件学習指導要領は教育の政治的中立の規制の基準ではないこと等を考慮すべきである」。

要するに、当該判決は、高等学校学習指導要領は「法的拘束力」を有するが、「要領」「大綱的基準」であるので、それを文理解釈して適用すべきでなく、「相当柔軟な性格」をもち、適用上でそれに明白に違反するか否は上記(1)～(4)等の要件を考慮しなければならないとするのである。この要件は、学習指導要領が大綱の基準であるための条件となっているが、「専門職である教師の自主性を充分に尊重すること」、「価値観の多様性を認める必要もあるのであるから、不必要な画一化は避けること」等、内容的には「大綱」性が旭川学テ最高裁大法廷判決よりも拡大されている。伝習館控訴審判決はこの柔軟な「大綱」性を前提として、学習指導要領の「法規」性、「法的拘束力」を認め、そしてこれを伝習館最高裁小法廷判決が「正当として是認」したのである。ここにおける学習指導要領の柔軟な「大綱」性は、本件訴訟との関係ではとりわけ重要性である。

また、上記の要件(4)の「学習指導要領は教育の政治的中立の規制の基準ではない」との関連で、控訴審判決が次のように述べていることも注目される。「議会制民主主義の憲法を持つわが国において政治的教養教育が極めて重要なものであり、このことは戦前の政治教育が国家主義的なものに限られていたことへの反省にも基づくものでもある。そして、政治的教養とは、民主主義社会における主権者としての国民のそれであり、民主政治上の諸制度の知識、現実政治の理解力、公正な批判力、政治道徳、政治的信念等であるとされる。したがって、国は勿論、学校又は教師が教育において政治的目的をもつて政治的行為をしてはならないことは、その生徒に対する影響力を考えると当然のことである。しかしながら、学校又は教師のする民主々義政治の教育にあたつて左右両翼の各種の政治思想、制度、国家等に及ぶことのあることは考えられるところであるから、教師ことに本件の如き社会科の教師の授業が左右両翼の政治思想等に及んだからといつて、政治的目的で政治的行為に出たものでない限り政治的中立に違反したものとすることのないように慎重に対処すべきである。」

高等学校学習指導要領が「教育の政治的中立の規制の基準ではない」こととの関連での控訴審判決のこの判文は、教育基本法についての旭川学テ最高裁大法廷判決

の次のような認識と照応している。「（教基法は）憲法の精神にのっとり、民主的で文化的な国家を建設して世界の平和と人類の福祉に貢献するためには、教育が根本的重要性を有するとの認識の下に、個人の尊厳を重んじ、真理と平和を希求する人間の育成を期するとともに、普遍的で、しかも個性豊かな文化の創造をめざす教育が今後におけるわが国の教育の基本理念であるとしている。これは、戦前のわが国の教育が、国家による強い支配の下で形式的、画一化に流れ、時に軍国主義的又は極端な国家主義的傾向を帯びる面があったことに対する反省によるものであり、右の理念は、これを更に具体化した同法の各規定を解釈するにあたっても、強く念頭に置かれるべきものであることは、いうまでもない。」

伝習館控訴審判決における、少なくとも学習指導要領の「大綱」性についての以上の認識内容は、旭川学テ最高裁大法廷判決の趣旨に沿っている。これは判例となっており、最高裁によってこれまで否定されていない。

次に、最高裁大法廷判決は当時の学習指導要領の内容には「教師に対し一方的な一定の理論ないし観念を生徒に教え込むことを強制するような点は全く含まれていない」としており、反面からしてそうした内容が含まれている場合は是認され得ない可能性を示している。

また、当該判決は「本件当時の中学校学習指導要領の内容」と限定しており、この学習指導要領の内容は、「日の丸」掲揚・「君が代」斉唱の1989年の義務化以前の「望ましい」とされていた時期のものである。すなわち、最高裁が審査対象とした当時の学習指導要領のなかの「日の丸・君が代」条項は、「国民の祝日などにおいて儀式などを行う場合には、生徒に対してこれらの祝日などの意義を理解させるとともに、国旗を掲揚し、君が代をせい唱させることが望ましい」という文言であった（これは、その後、1989年の改訂で、「入学式や卒業式などにおいては、その意義を踏まえ、国旗を掲揚するとともに、国歌を斉唱するよう指導するものとする」という文言へ変更された）。「日の丸・君が代」条項が当該訴訟での争点ではなかったにしても、この点は看過されるべきでない。つまり、判決が、学習指導要領を大綱的基準として法的見地から是認したのは、「望ましい」という内容の「日の丸・君が代」条項を含むことを前提にしてでのものであったのである。「望ましい」という内容は「大綱的基準」性に適合していたからである（周知のように、伝習館最高裁小法廷判決も「望ましい」とされていた時期の学習指導要領についてのものである）。

ところが、1989年の改訂後の「国旗掲揚・国歌斉唱指導」条項の内容は、判決の趣旨からして、それを法的見地からみて大綱的基準として是認し得ないほどの「しばり」のある文言となっている。この問題に対処するには、①「大綱的基準」

性を超える改定後の「国旗掲揚・国歌斉唱指導」条項の存在を容認することを前提に、その条項は法的見地からして何らの拘束力も有さない単なる「助言」「一般的指針」であると位置づけるか、②改定後の「国旗掲揚・国歌斉唱指導」条項を「大綱的基準」的に解釈する、換言すれば、いまだ内容的に裁量の余地があると解釈することを前提にその条項の「法的拘束力」性（ないし「法規」性）を認めるか、③改定後の「国旗掲揚・国歌斉唱指導」条項が法的拘束力を有するとするならば、そもそもそうした条項の制定は文部大臣の権限の逸脱・濫用であり、よってその条項を強行するのは違法とするか、④改定後の「国旗掲揚・国歌斉唱指導」条項はそのまま法的拘束力を有するものであるとして「日の丸」掲揚・「君が代」斉唱を裁量の余地なく義務的に行わせても違法ではないとするか、の判断方法が考えられる。

　旭川学テ最高裁大法廷判決から導き出される見地は、その全体的趣旨からして、おそらく①であろうと思われるが、②と③も可能性としてないことはない。④はおよそ想定し難い。（前述の伝習館最高裁小法廷判決が是認した伝習館控訴審判決も、「法規」とした点を除いて、学習指導要領の位置付けはほぼ旭川学テ最高裁大法廷判決の趣旨に沿っていた。）

　　（注）　伝習館事件の第一審判決（福岡地判1978年7月28日・判例時報900号3頁）は、学習指導要領の法的性格については三通りの解釈が可能として、「その一つは、学習指導要領のすべての条項が法的規範のないもの（指導助言文書）、その二はすべての条項が法的規範を有するもの（法的拘束力ある規定）、その三は法的拘束力のある条項と指導助言文書たる条項とに分けるもの、である」と述べた上で、当該判決自身は、教師の教育の自主性の尊重と教育の機会均等の確保及び全国的な一定の教育水準の必要性を「調和的に解釈し、本件学習指導要領の基準性に照らして考慮するとき、右の『基準』とはさきに示したその三の解釈を正当と考える。即ち本件学習指導要領の条項中には強行規定に相当する部分がありこれについては法的拘束力があり前記の趣旨での法的制裁が及ぶがその余の条項は訓示規定として法的制裁が及ばないと解される」とする。具体的には、当該判決は、その訴訟の争点との関係で、「教育課程の構成要素、各教科、科目及びその単位数、高等学校卒業に必要な単位数及び授業時数、単位修得の認定いわば学校制度に関連する教育課程の規制に関する条項」は「法的拘束力」があるが、他方、「社会科、各科目の『内容』」については、「教師は当該教科について資格を有する専門家であるからこれら教科の教育『内容』については学習指導要領を参考としつつ各学校、各生徒の能力等を考慮しながら現実に即した適切な教育をするほかない。換言すれば各教科の『内容』の実現は法的拘束力をもって教師を強制するには適しないし望ましいものでもない。このような訳で右『内容』は訓示規定と解するのが相当である」と区分する。

　　　当該区分論は、実は、旭川学テ最高裁大法廷判決の趣旨と必ずしも無関係ではなかった。というのも、大法廷判決は、「本件当時の中学校学習指導要領」のなかに

は、「ある程度細目にわたり、かつ、詳細に過ぎ、また、必ずしも法的拘束力をもつて地方公共団体を制約し、又は教師を強制するのに適切でなく、また、はたしてそのように制約し、ないしは強制する趣旨であるかどうか疑わしいものが幾分含まれているとしても、右指導要領の下における教師による創造的かつ弾力的な教育の余地や、地方ごとの特殊性を反映した個別化の余地が十分に残されており、全体としてはなお全国的な大綱的基準としての性格をもつものと認められる」と述べていたからである。ここでの「全体として」が、教師を強制するのに適切でない幾分のものを除いて「全体として」なのか、それとも上記の適切でない幾分のものを含めて「全体として」なのかは、文脈からは必ずしも分明でない。

　いずれにしても、伝習館一審判決の趣旨からすれば、1989年改訂後の学習指導要領のなかの「国旗掲揚・国歌斉唱指導」条項は「訓示規定」に分類され得るであろう。

　近年の下級審の諸判決のうち、学習指導要領のなかの「国旗掲揚・国歌斉唱指導」条項の位置付けとの関係で、最高裁判決の趣旨に最も沿っていたのは（上記①のケース）、北九州「君が代」訴訟判決の「一般的指針」論である（本意見書の第4章二を参照）。「ブラウス」訴訟判決は（本意見書の第4章四を参照）、学習指導要領のなかの「国旗掲揚・国歌斉唱指導」条項が法規性を有するのは、その条項の文言や条項の過去の実施状況からして、それがいまだ内容的に裁量の余地がある「一般的普遍的な基準」ないし「大綱的基準」であるからであるとしたが、当該判決が改定後の文言の「しばり」を改訂前の文言と比較検討していないこと等問題があるものの、過去の実施状況（条項改訂以後から東京都「10・23通達」以前の時期における緩やかな実施状況を指す）からして、「国旗掲揚・国歌斉唱指導」条項をいまだ内容的に裁量の余地がある大綱的基準と判示したのは、最高裁判決の趣旨に部分的ながら沿っている（上記②のケース）。ところが、「君が代」ピアノ伴奏職務命令訴訟の第一審と控訴審の判決は（本意見書の第4章三を参照）、改訂後の「国旗掲揚・国歌斉唱指導」条項の文言、実施状況等を何ら検討することなく、無条件にその条項に従って指導しなければならないとしており、この二つの判決は、明らかに旭川学テ最高裁大法廷判決（および伝習館最高裁小法廷判決が是認した伝習館控訴審判決）の趣旨に反し、判例違反である（上記④のケース）。

　　（注）　前記・鯰江中学校「日の丸」訴訟の大阪高裁判決（1998年1月20日、確定判決）も、この「ブラウス」訴訟判決の見地に近いが、学習指導要領の「大綱的基準」性をより明確に述べ、かつ大綱的基準を逸脱した場合には、「法的効力」が否定される場合があると判示している。すなわち、「本件学習指導要領」は「法的効力を有するといえる」が、「もっとも、右基準は、教育における機会均等の確保と全国的

な一定の水準の維持という限られた目的のために、必要かつ合理的と認められる大綱的基準にとどめられるべきものであり、学習指導要領の個別の条項が、右大綱的基準を逸脱し、また、内容的にも、教師に対し、一方的な一定の理論や観念を生徒に教え込むことを強制するようなものであるならば、それは教育基本法10条1項の不当な支配に該当するものとして、法的効力が否定される場合もありうるものと解される。」(当該判文のなかの「法的効力」の代わりに「法規」の文言を用いた点を除いて、当該判文と同旨を述べた判決として、大津「日の丸」訴訟・大津地裁判決〔2001年5月7日〕がある。当該判決は控訴棄却で確定した〔大阪高判2002年11月28日〕)。

さらに、鯰江中学校「日の丸」訴訟・大阪高裁判決は、その訴訟の争点である学習指導要領のなかの「国旗掲揚条項」についても、次のように判じて、その「大綱的基準」性を前提にしてのみ法的効力を認めていた。「国旗掲揚条項は、本来政治的、思想的対立からは中立であるべき教育の場に、対立を持ち込む結果となり、教育政策上果たして適当な措置であるかにつき疑問なしとはしない。しかし、前記の趣旨に基づき、一般的普遍的な基準を示すものであり、それ以上にどのような教育をするかについてまで定めたものではなく、入学式、卒業式を除き国旗掲揚を行う式典の選択、国旗の掲揚を式典の設置、進行等の中でどのように行うかは、各学校の判断に委ねられており、決して一義的な内容というものではない。また、国旗掲揚条項には、国旗の意義を踏まえとあるが、その内容は前記のとおりであり、学習指導要領の前記の趣旨からしても、国旗についての一方的な一定の理論を生徒に教え込むことを強制するものと解することはできず、日の丸を巡る客観的な歴史的事実等を含め、教師による国旗についての創造的、かつ弾力的な教育の余地や、地方ごとの特殊性を反映した個別化の余地は十分に残されていると認められる。以上の点から考えると、国旗掲揚条項は、前記大綱的基準を逸脱するものとはいえず、教育基本法10条に抵触せず、法的効力を有すると解される」。

子どもの学習権、人格権　教師が学習指導要領に基づいて生徒に対して「国旗・国歌」指導教育を行えるのは、「国旗・国歌」に関する一般的、客観的な指導教育（既述のように、これには、「国旗・国歌」についての肯定・否定の議論の公正な情報伝達と教授が含まれる）、および「国旗掲揚・国歌斉唱」についての教師の裁量のある指導教育を限度として許されるものである。その限度を超えて、教師が、「国旗・国歌」についての肯定のみの一方的な指導教育、「国旗掲揚・国歌斉唱」への一面的な指導教育を行うのは、最高裁のいう「子どもが自由かつ独立の人格として成長することを妨げるような国家的介入、例えば、誤った知識や一方的な観念を子どもに植えつけるような内容の教育を施すことを強制するような」教育を受けない子供の学習権と人格権を侵害する可能性がある。つまり、最高裁が述べるように、「(憲法26条の) 規定の背後には、国民各自が、一個

の人間として、また、一市民として、成長、発達し、自己の人格を完成、実現するために必要な学習をする固有の権利を有すること、特に、みずから学習することのできない子どもは、その学習要求を充足するための教育を自己に施すことを大人一般に対して要求する権利を有するとの観念が存在している」のであり、この子どもの「学習権」は、「日の丸」「君が代」に関する一般的、客観的な教育を要求する（こうした教育を行わないのは子どもの学習権の侵害となり得る）のと同時に、「子どもが自由かつ独立の人格として成長することを妨げるような国家的介入、例えば、誤つた知識や一方的な観念を子どもに植えつけるような内容の教育を施すことを強制するような」教育を拒否できる（人格権）のを前提にしている。

　要するに、教師が子どもに対して「国旗・国歌」および「国旗掲揚・国歌斉唱」について一方的、一面的に指導教育することは、子どもの客観的、多面的な「学習権」および自由かつ独立の人格として成長する「人格権」を侵害することになり得るものである。また、こうした指導教育は、子どもの学習権、人格権を侵害する可能性があるのみならず、生徒個人の基本的自由と人格の独立の前提たる「思想・良心の自由」の保障内容たる沈黙の自由、強制・勧誘・奨励の禁止を侵害する可能性もある。

　こうした場合、「自己の使命を自覚し、その職責の遂行に努めなければならない」（教育基本法6条2項）教師は、旭川学テ最高裁判決の趣旨に沿い、教育公務員として、子どもの学習権、人格権、思想・良心の自由を保護・尊重するために、教師固有の「専門職上の自由」を行使し、「国旗・国歌」および「国旗掲揚・国歌斉唱」に関して一方的、一面的な指導教育を強いる職務命令を拒否し得る。

　　専門職上の自由　　教師が「専門職上の自由（Professional Freedom）」を有するのは、1966年10月のILO（国際労働機関）とユネスコ（国連教育科学文化機関）の共同勧告「教員の地位に関する勧告（Recommendation concerning the Status of Teachers）」が述べるように、「教師が生徒にとって最もふさわしい教育上の援助と方法を判断する資格を特に持っている」がゆえである（「勧告」61項参照）。

　これと同様の趣旨を、旭川学テ最高裁判決は次のように判示している。「普通教育の場においても、例えば教師が公権力によつて特定の意見のみを教授することを強制されないという意味において、また、子どもの教育が教師と子どもとの間の直接の人格的接触を通じ、その個性に応じて行われなければならないという

本質的要請に照らし、教授の具体的内容及び方法につきある程度自由な裁量が認められなければならないという意味においては、一定の範囲における教授の自由が保障されるべき」である（別の箇所でも、最高裁は「教師の創意工夫の尊重」「教師の自由な創意と工夫の余地が要請されること」「教師の教育の自由」等を肯定的に説いている）。

　最高裁判決は、ここで「完全な教授の自由」を認めているわけではないが、このことはさほど重要でないし、そもそも「完全な」自由はあり得ない。重要なのは、当該判決が、教育の「本質的要請に照らし」、教員に一定の「教授の自由」を認めていることとその国内法体系上の根拠法規である。つまり、教育に関わる生徒の憲法上の人権保障と照応する教育公務員のこの「教育者」としての固有の自由は（この自由は国との関係のもの＝「教師が公権力によつて特定の意見のみを教授することを強制されないという意味」での自由）、その専門職としての本質に由来するものであるということである。そして、この「専門職上の自由」は、最高裁判決の趣旨からして（前記の最高裁判決の判旨(ロ)(ハ)を参照）、わが国の法体系上、最高法規の憲法23条と26条に根拠づけられ得るものであり、その結果として、教師は、憲法上の自由として、「公権力によつて特定の意見のみを教授することを強制されない」自由を、換言すれば、生徒の学習権、人格権、思想・良心の自由を侵害する可能性がある「国旗・国歌」および「国旗掲揚・国歌斉唱」に関する一方的、一面的な指導教育を拒否する自由を有する。(注)

　　（注）　既に紹介したように、伝習館最高裁小法廷判決が正当としてそのまま是認した伝習館控訴審判決は、学習指導要領の適用上の要件として、「専門職である教師の自主性を充分に尊重すること」をあげていたが、これは、教師の「専門職上の自由」との関係で改めて注意されるべきである。

　生徒に対する一方的、一面的な指導教育を拒否する自由は、通常授業での生徒に対する教育の場面においてのみで妥当するものではない。卒業式・入学式等の儀式は学校教育における最も重要な要素の一つであり、とりわけ卒業式は教育の成果の集大成の象徴的な儀式であり、そうした儀式において、「国旗」敬礼・「国歌」斉唱を職務命令で強制されて、それに忍従することは、それまで教育現場において行使してきた教師の専門職上の自由を、まさに教育の集大成の象徴的な場面において自ら直接的に否定することになる。これは教師の「専門職上の自由」の強制的放棄であり、教育上の虚偽でもある。このことは、同時に、生徒が、教育の集大成の象徴的な儀式において、それまでの教育実践に反して教師が「国

旗」敬礼・「国歌」斉唱を強制されて、それに忍従するという場面を通して、一方的、一面的な「国旗・国歌」崇拝の実地教育を受けることを意味し（儀式は特に重要で強い教育効果を有する）、これは、「子どもが自由かつ独立の人格として成長することを妨げるような国家的介入、例えば、誤つた知識や一方的な観念を子どもに植えつけるような内容の教育を施すことを強制するような」教育を受けない子どもの学習権、人格権を直接的かつ具体的に侵害するものである。

(3) 「客観的な教師としての良心」

教育者の職業が「プロフェッション（Profession）」に属すると日本で早くに論じたのは、戦後の初期に文相を務めた田中耕太郎である（「司法権と教育権の独立」『ジュリスト』1957年1月1日号、兼子仁編『法と教育』〔学陽書店、1972年〕206頁以下に再録）。

この論は、教育者が一般労働者と区別されることを強調している点で、当時、批判もあったが、しかし、同論が、「官僚的支配に服しない」自由をもち、自己に「不羈独立の態度」が要求される司法と教育のプロフェッションとしての類似性を語り、「これらの職業に従事する者は良心に従い独立であり、自由でなければならぬ点において一致している」と断じているのは注意されるべきである。ここでのプロフェッションとして教職の自由とは、換言すれば「専門職上の自由」のことであるが、田中は、この専門職に従事する教師を司法職の裁判官に類比させて、教師は「良心に従い独立でなければならぬ」と言う。

裁判官の「良心」については、憲法76条3項が、「すべて裁判官は、その良心に従ひ独立してその職権を行ひ、この憲法及び法律にのみ拘束される」と規定している。この「良心」の意義の解釈は、①憲法19条で保障されている個人的・主観的意味の良心ではなく、客観的な裁判官としての良心であるとする客観的良心説、②憲法19条で保障される良心と同じく、裁判官個人の主観的良心であるとする主観的良心説、③憲法19条の良心と同じものであるが、憲法76条3項の場合、現行憲法の価値体系と整合するように内面的に義務づけられているとする折衷説に分岐しているが、通説は①の客観的良心説である（清宮、宮沢、佐藤（功）、芦部、佐藤（幸）など）。この通説からすれば、裁判官は、個人としての良心は憲法19条で保障され、裁判官としての良心は憲法76条3項で保障されるということになる。田中が「プロフェッション」としての教職を論じていることからして、同氏は、教師は、個人としての良心が保障されると同時に、教師としての良心も保障されることを想定していたものと考えられる。

既述のように、旭川学テ最高裁判決は、憲法上の自由として、教師に一定の「教授の自由」すなわち「専門職上の自由」を容認しており、このことは、論理内容的に、教師がその教授の自由を、「客観的な教師としての良心」に従って「独立」して行使し、「この憲法及び法律にのみ拘束される」ということを含むものである。裁判官にしても教師にしても、その専門職固有の良心なしに職責が遂行され得るとは想定し難い。教師の教授の自由＝専門職上の自由は、学テ最高裁判決のいうように「完全な自由」ではないが、当該判決も認める一定の教授の自由の行使の前提としての「客観的な教師としての良心」は、憲法23条、26条によって、憲法76条3項の「客観的な裁判官としての良心」と類比的に保障されていると解しても最高裁判決の趣旨に反するものではない。この脈絡のなかで、教育基本法6条2項の「法律に定める学校の教員は、全体の奉仕者であつて、自己の使命を自覚し、その職責の遂行に努めなければならない。このためには、教員の身分は、尊重され、その待遇の適正が、期せられなければならない」という規定を読むと、本法で定められている教師としての「全体の奉仕者」、「自己の使命を自覚」、「教員の身分は、尊重され」等の意義を無理なく自然に理解することができる。

　教基法6条2項の定める教師としての「使命」は、「客観的な教師としての良心」に基づいて果たされなければならず、そうでなければ、教育は恣意的となる。それでは、この「客観的な教師としての良心」とは何か。この「良心」そのものは憲法23条、26条に根拠付けられるにしても、具体的には規定されていない。こうした場合は、最高裁の判例上の憲法解釈から導き出さなければならず、実際、導き出すことができる。判例とは、すなわち旭川学テ最高裁判決である。当該判決に沿って言えば、「客観的な教師としての良心」とは、「教師が公権力によって特定の意見のみを教授することを強制されないという意味において、また、子どもの教育が教師と子どもとの間の直接の人格的接触を通じ、その個性に応じて行われなければならないという本質的要請に照らし」、教師が、「子どもの学習をする権利に対応し、その充足をはかり」、かつ「個人の基本的自由を認め、その人格の独立を国政上尊重すべきものとしている憲法の下においては、子どもが自由かつ独立の人格として成長することを妨げるような国家的介入、例えば、誤つた知識や一方的な観念を子どもに植えつけるような内容の教育を施すことを強制するような」教育をしないという良心である、と概括することができる。(注)

　　(注)　また、旭川学テ最高裁判決が、学力テストの結果をどう利用するかは「指導、助言的性格」のものであるという認定との関係で次のように述べているのも注意さ

れるべきである。「調査結果を教育活動上利用すべきことを強制するものではなく、指導、助言的性格のものにすぎず、これをいかに利用するかは教師の良識ある判断にまかされるべきものと考えられる」。ここでの「教師の良識ある判断」は「客観的な教師としての良心」と重なり合うものである。

裁判官としての良心の保障と類比的に、「客観的な教師としての良心」が、憲法23条、26条によって保障されていると解することができるとすれば、本件訴訟との関連では、教師は、「教師としての良心に従って」、「憲法及び法律」の拘束下で、生徒の学習権、人格権、思想・良心の自由を侵害する可能性がある「国旗・国歌」および「国旗掲揚・国歌斉唱」に関し、生徒に対して一方的に指導教育することを拒否するという専門職上の自由を有する。特に、教育の成果の集大成の象徴的な儀式である卒業式において、「国旗」敬礼・「国歌」斉唱の職務命令を強制されて、それに忍従することは、それまでの学校教育において「教師としての良心に従って」遂行してきた教師の「使命」を、まさに教育の集大成の象徴的な場面において自ら直接的に否定することになるので、教師は、そうしたことを強いる職務命令を専門職上の自由の行使の結果として拒否することができると解するのが妥当である。

三 「日の丸」「君が代」に関わる職務命令の憲法問題

(1) 「特別権力関係論」の範疇の見地

この問題との関係で、まず、京都「君が代」訴訟の第一審（京都地判1992年11月4日・判例時報1438号37頁）における元文部事務次官・高石邦男の証言の一部をみてみよう。

> 高石「教育委員会の指導に学校長が従わなかった場合、それは教育委員会の場合には学校長に対して管理権を持っていますから、したがって、文部省の教育委員会に対する指導助言と、教育委員会の学校長に対する内容というのは、管理権の発動で命令したのか、指導助言をしたのか、それによって違ってくるわけです。管理権の内容として命令した場合には、校長が従わない場合には職務命令違反になるわけです」
> 原告代理人「職務命令違反として処分の対象にもなりうる、ということですか」

高石「はい」
　原告代理人「じゃあ、校長じゃなく、学校の先生が校長の指示に従わなかったらどうなるんでしょうか」
　高石「それは職務命令違反です」
　原告代理人「職務命令違反として処分の対象になると、こういうことですか」
　高石「そうです」
　原告代理人「じゃあ、例えば卒業式、入学式に出席した児童、生徒がもし歌わなかったらどうなるんでしょうか」
　高石「これは公務員関係がないわけですから、生徒に対して、そういう懲戒的なことはできないわけです」
　　　──中略──
　原告代理人「あなたが、本件の決定通知を出された当時、学校現場で、『君が代』の斉唱を徹底させることが、憲法で保障された思想、良心の自由に関係するものであるという認識は、お持ちでしたか」
　高石「思想、信条の自由とは、関係ないと思います」
　原告代理人「それは、断言できるんですか」
　高石「はい」
　原告代理人「じゃあ、『君が代』を歌いたくないという人もいるということは、考えませんでしたか」
　高石「それは、学校の教育として、どう取り扱って、子供たちにどう教えるか、という限度内で、議論しているわけです。一般の人々が、歌いたくないとか、どうだとか。そういう人は、いらっしゃると思うんですけれども、そのことを、学校でどう取り扱い、教育をしているのか、というのは、別個の問題です」
（「君が代」訴訟をすすめる会編『資料「君が代」訴訟』〔緑風出版、1999年〕406頁以下参照）

　教師が公務員であることを理由に、教育現場で教師を憲法上の人権保障の枠外に押し出すこの高石証言は、ほとんどいわゆる「特別権力関係論」の範疇のものである。この点、国旗・国歌法の制定過程において、政府当局も、「文部省といたしましては、公立学校の校長と教員、あるいは教員と生徒の関係を特別権力関係とはとらえておりません」（1999年7月30日、参議院「国旗・国歌特別委員会」

での有馬文相の答弁）という立場を明らかにしていることは重要である。

「特別権力関係論」とは、公務員、在監者、国公立大学学生、伝染病の強制入院患者など、特別の法律上の原因に基づいて、公権力と国民の間に、一般の統治関係とは異なった特別な関係が成立し、そこにおいては、次のような法原則が適用されるとする論である。(i)公権力は包括的な支配権（命令権、懲戒権）を有し、個々の場合に法律の根拠なくして特別な権力関係に属する個人を包括的に支配できること（法治主義の排除）、(ii)公権力は、特別権力関係に属する個人に対して、一般国民として有する人権を、法律の根拠なくして制限することができること（人権の制限）、(iii)特別権力関係内部における公権力の行為は原則として司法審査に服さないこと（司法審査の排除）、である。

この理論はもともと19世紀ドイツの行政権優位の国家体制下で生まれたものであるが、それが明治国家に持ち込まれ、天皇制権力を維持するのに適合していたことによって強力に支持されてきたものである。ところが、国民主権、人権尊重主義、法の支配の原理を土台とする日本国憲法の下では、この特別権力関係論はそのままではとうてい「通用しえない」ものとなった（芦部信喜・前掲『憲法〔新版・補訂版〕』102頁）。今日では、特別権力関係論を原理的に否定する説が通説的であり、その理論の一定の妥当性をかりに認める説でも、その概念を使用せず、代わりに「公法上の特別関係」論もしくは「特別の公法関係」論という名称を用いる傾向があり、その上で、この「関係」においても人権保障は原則的に及ぶものであり（佐藤幸治・前掲『憲法〔第三版〕』430頁）、人権に一定の制限がなされる場合には、その「関係」設定の目的を達成するために必要最小限度の制限でなければならないとされている（浦部法穂『全訂・憲法学教室』〔日本評論社、2000年〕72頁）。

明治憲法下では、天皇が「行政各部ノ官制及文武官ノ俸給ヲ定メ及文武官ヲ任免ス」（第10条）という人事大権を有していて、この体制のもとでは、公務員は「天皇の使用人」であり、特別権力関係論がこれを理論的に支えていた。他方、日本国憲法下では、それが公務員関係の存在とその自律性を認めていると考えられる限りにおいて（憲法15条、73条4号など）、公務員を他の一般国民と一定の異なる扱いをすることもあり得るにしても、しかし、この扱いにおいては、明治憲法と異なった原理に立つ日本国憲法の構造からして、必然的に国民主権、人権尊重主義、法の支配の原理が適用される。公務員に対しては、これらを前提にしてはじめて一定の別扱いが容認されるのである。

公務員の人権の制限に関しては、これまで主に労働基本権の制限（国家公務員

法108条の2第3項、5項、108条の5第2項、98条2項、110条1項17号、20号、地方公務員法52条3項、5項、55条2項、37条1項、61条4号など)、政治活動の自由の制限（国家公務員法102条、110条1項19号、地方公務員法36条）をめぐって制限法の違憲性が争われてきたが、最高裁は、学説上で評価されている労働基本権関係の全逓東京中郵事件判決（最大判1966年10月26日・刑集20巻8号901頁）にしろ、逆に学説上で批判が強い全農林警職法事件判決（最大判1973年4月25日・刑集27巻4号547頁）にしろ、同じく批判が強い政治活動の自由関係の猿払事件判決（最大判1974年11月6日・刑集28巻9号393頁）にしろ、少なくとも国民主権、人権尊重主義、法の支配の原理を勘案して判決を出している。

　このようにみてくると、「日の丸」「君が代」関連での高石証言的な特別権力関係論は全く通用性をもたないことがわかる。

　第一に、労働基本権または政治活動の自由を制限する有力な論拠の一つであった公務員＝「全体の奉仕者」論は、ここでの思想・良心の自由に関わる「日の丸」「君が代」問題では次のような理由で妥当しない。憲法15条の「公務員を選定し、及びこれを罷免することは、国民固有の権利である」(1項)と「すべて公務員は、全体の奉仕者であって、一部の奉仕者ではない」（2項）は、当然のごとく国民主権の原理に基づいている。つまり、公務員は「国民」全体の奉仕者であるわけである。すでに論じたように「日の丸」「君が代」は一体として明治憲法下の天皇主権に適合するものであって、日本国憲法下の国民主権には不適合である。国民全体の奉仕者である教育公務員が、憲法15条を根拠としつつ、国民主権の趣旨に沿うように「専門職上の自由」を行使して、「日の丸」掲揚・敬礼と「君が代」斉唱の教育指導を強制する職務命令を拒否することが可能であるとは言えても、逆に憲法15条が教育公務員の思想・良心の自由を制限する根拠となり得るものではない。このことは、国民主権と教育の直接的な照応関係を明記している教育基本法10条1項の「教育は、不当な支配に服することなく、<u>国民全体に対し直接に責任を負つて行われるべきものである</u>」（下線・引用者）という規定からも理解できる。

　第二に、思想・良心の自由の憲法保障が教育公務員にも及ぶことはいうまでもなく、とりわけその自由のなかの沈黙の自由は絶対的に保障されることは通説であり、かつ既述のように、思想・良心の防衛的、受動的な外部的表出も絶対的保障に準ずる強い保障が与えられる。教育公務員に対して「起立」「敬礼」「斉唱」などを職務命令で強制することはその教育公務員自身の思想・良心の自由を侵すものである。

第三に、国旗・国歌法は何らかの作為・不作為を義務として教育公務員に課しておらず、行政上で職務命令の根拠とされているのは文部省の学習指導要領である。もちろん、国旗・国歌法と学習指導要領の間には授権関係はない。また、学習指導要領は法的拘束力がない指導助言文書であるとするのが通説である。かりに学習指導要領が行政内部的に拘束力をもつ行政規則であるとしても、それは「国旗・国歌」に関する一般的な、客観的な指導教育を限度とするものであり、それを越える「国旗」掲揚・敬礼と「国歌」斉唱の職務命令には、それを出す法的根拠が存しない。
　そもそも「教育活動」との関係で職務命令を出すことができるかどうかという問題がある。文部省と教育委員会が教職員に直接に職務命令を出すことができないのはもちろんであり、文部省が都道府県の教育委員会に対して行っている指導通達および教育委員会が校長に対して行っている指導通達は行政指導であって何ら法的強制力をもっておらず、教育委員会ないし校長に見識があればそれを拒否できる。
　もし拒否できないような行政指導であれば、それは「不当な支配」（教育基本法10条1項）にあたる。北九州「君が代」訴訟の第一審判決（福岡地判2005年4月26日）も、教育委員会による校長に対する指導が、「事実上の拘束」の下で行われていたので、校長は「不当な支配」を受けたと判示していた（当該判決の内容は、その問題点も含めて、本稿の第4章二で分析している）。

(2)　東京都「10・23通達」
　東京都教育委員会は、本件訴訟に直接的に関係する2003年の東京都「10・23通達」（都教委「入学式、卒業式等における国旗掲揚及び国歌斉唱の実施について」）を、各校長が拒否できない職務命令と位置づけているようだが、その場合、旭川学テ最高裁大法廷判決の趣旨からしても（本意見書の第3章二を参照）、以下のような理由で、校長に対する違憲、違法の「不当な支配」の事例に当たり得る。
　①旭川学テ最高裁判決が、学習指導要領を大綱的基準として法的見地から是認したのは、「望ましい」という内容の「日の丸・君が代」要領（「国民の祝日などにおいて儀式などを行う場合には、生徒に対してこれらの祝日などの意義を理解させるとともに、国旗を掲揚し、君が代をせい唱させることが望ましい」）を前提にしてでのものであった。「望ましい」という内容は「大綱的基準」性に適合していたからである。つまり、当該最高裁判決は、「右指導要領の下における教師による創造的かつ弾力的な教育の余地や、地方ごとの特殊性を反映した個別化

の余地が十分に残されており、全体としてはなお全国的な大綱的基準としての性格をもつものと認められる」ことによって、当時の学習指導要領を是認したのである。②他方、「10・23通達」は、入学式等での「国旗掲揚・国歌斉唱」の極めて細かな実施方法を指示していて校長を含む学校現場に裁量の余地をもたせていない。都教委も、「文言については、ふくみをもたせないようにする」ことを意図していた（2005年3月24日の開示請求で開示された都教委文書：都立学校等卒業式・入学式対策本部〔第2回対策本部〕「入学式及び卒業式等における国旗掲揚及び国歌斉唱等の実施について（通達）の変更点」参照）。実際、ある校長は本通達の発出後の「入学式、卒業式においては校長の裁量というのは全くない」と証言している（東京都人事委員会での審査請求事件における元都立久留米高校校長の証言「速記録」〔2006年2月10日〕参照）。③本通達が出された10月23日の午後開催の都立学校校長を対象とした「教育課程の適正実施にかかわる説明会」において、都教育庁の幹部が、本通達は都教委の校長に対する職務命令であると発言している（いわゆる「予防訴訟」における各証言参照）。④本通達の3に、「国旗掲揚及び国歌斉唱の実施に当たり、教職員が本通達に基づく校長の職務命令に従わない場合は、服務上の責任を問われることを、教職員に周知すること。」と明記していて、あらかじめ校長の職務命令が出されることを前提に不服従の教職員の責任追及を周知させようとしている。⑤本通達が出された後、校長の職務命令について、ある校長は「職務命令を出さないという裁量の余地はなかった」と証言し（東京都人事委員会での審査請求事件における元都立荒川商業高校校長の証言「速記録」〔2005年12月16日〕参照）、また別の校長は「職務命令を出さないという判断が校長の裁量で可能であったのであれば」、「職務命令を出さなかった」と証言しており（前出・元都立久留米高校校長の証言参照）、実際、本通達後の2004年3月の都立学校の卒業式では、通達に沿って、校長の職務命令が例外なく出されていること等からして、都教委の処分を受けるのを覚悟しないで、校長には職務命令を出さないという選択肢はなかったと考えられる。

　これらのことからして、東京都教育委員会「10・23通達」は、旭川学テ最高裁判決に違反し、北九州「君が代」訴訟第1審判決が「不当な支配」と認定した「事実上の拘束」を超える強制力を有していて、教育基本法10条1項の「不当な支配」に当たると判断せざるを得ない。よって、この「10・23通達」に基づいて、都教委の各校長に対する「不当な支配」下で発令された各校長の教職員に対する職務命令も違法、無効の職務命令であると判断される。実質的に、各校長は、都教委「10・23通達」の教育現場の教職員への伝達機関と化している。

さらに、「10・23通達」は、それを校長の職務命令を媒介して教職員に強制することを意図している点で、何よりも教職員各個人の思想・良心の自由を侵害する可能性がある。既に論じているように、教職員は入学式、卒業式などの学校行事への出席が職務の一環であれば出席する義務を有するが、しかし出席しても、公務員の個人的人権として、自己の思想・良心に基づいて「国旗」起立・敬礼および「国歌」斉唱をしない自由、「君が代」を演奏しない自由を有する。思想・良心に関わる沈黙の自由は絶対的に保障される。この沈黙の自由の行使によって、不利益な処分をされることも当然に禁止される。ところが、「10・23通達」のなかの3は、「国旗掲揚及び国歌斉唱の実施に当たり、教職員が本通達に基づく校長の職務命令に従わない場合は、服務上の責任を問われることを、教職員に周知すること。」と記して、あらかじめ不服従教職員に対する不利益処分を明言している。また、「別紙『入学式、卒業式等における国旗掲揚及び国歌斉唱に関する実施指針』」のなかの2(3)は「式典会場において、教職員は、会場の指定された席で国旗に向かって起立し、国歌を斉唱する。」と記して、国歌斉唱の際の起立と斉唱を教職員に直接的に命じている。以上のことからして、「10・23通達」が憲法19条に違反していないと判断することは困難であるのみならず、教職員の思想・良心の自由の侵害の程度が最も強い「強制」にあたるとみなすことができる。(注)

　　(注)　なお、上記の「別紙『入学式、卒業式等における国旗掲揚及び国歌斉唱に関する実施指針』」は、「別紙」となっているが、「10・23通達」の2に、「入学式、卒業式等の実施に当たっては、別紙『入学式、卒業式等における国旗掲揚及び国歌斉唱に関する実施指針』のとおり行うものとすること」と記され、そして、その「指針」には、「1　入学式、卒業式における国旗の取扱いは、次のとおりとする。」「2　入学式、卒業式等における国歌の取扱いは、次のとおりとする」として細部にわたって指示されていることからして、「通達」と「指針」は一体的なものとして各校長を拘束し、かつそれらの実施上、各校長には裁量の余地がないとみなすことができる。

(3)　校長の職務命令

　次に、かりに各校長が一定の裁量権を有していたとしても、そもそも校長がその裁量で「国旗」掲揚・敬礼と「国歌」斉唱を強制する職務命令を教職員に出すことができるのかどうかが問題となる。

　教育基本法10条1項は「教育は、不当な支配に服することなく、国民全体に対し直接に責任を負って行われるべきものである」と規定し、2項は「教育行政はこの自覚のもとに、教育の目的を遂行するに必要な諸条件の整備確立を目標とし

て行われなければならない」と規定している。支配的な説は、この条文の原理により「校長は教師の教育活動にかんする職務命令（法的拘束力ある指揮監督）の権限を有しないと解されるから、行政組織法的意味で教師の『職務上の上司』であるとは言えない」（兼子仁『教育法〔新版、有斐閣、1978年〕』464頁）とする。つまり、学校教育法28条3項に「校長は、校務をつかさどり、所属職員を監督する」とあるが、この規定には教師の教育活動の内容に関わる職務命令を出す権限は含まれないのである。換言すれば、各教師の独立した教育権行使である教育活動の内容に対して、校長が指導助言の域を越えて、職務命令を発することは教育基本法10条1項の「不当な支配」に該当して禁止されるというわけである（兼子・同上書、461頁）。これからすると、「国旗」掲揚・敬礼と「国歌」斉唱へと生徒を指導教育するようにという職務命令を出すこと自体が違法ということになる。かりに、学校現場で、教育活動の細部にわたって教職員が「裁量を行使できない」ような職務命令を校長が発することができるとすれば、学校現場で校長が教育活動の専断的権限を有することになる。これを許容するとすれば、まさに学校教育の最前線において校長の「不当な支配」が可能となる。(注)

(注) 教育活動との関係で国旗掲揚の問題について一定の判断を出している判決がある（阿倍野高校「日の丸」公務執行妨害事件・大阪地判1972年4月28日・判例タイムズ283号256頁、これは確定判決）。当該判決は、国旗掲揚の問題は「学校の管理、運営の問題」という側面と「教育的な側面」を有しているので、「教育的側面を抜きにしてこの問題を論ずることはできず」、こういう「すぐれて教育的な性格を有する問題」「教育内容に関する問題」は、「校長が、教職員とよく話し合って、納得のうえで実施することが望ましい」ところ、教職員の大多数の反対を押し切って校長が「国旗の連日掲揚を強行する」措置を執ったことは、この措置が「校務を掌る立場（学校教育法51条、28条3項）にある校長が自らの判断と責任においてなしうる事項であるか否かの法的評価はともかくとして、異例の措置であることは否めないところであって、阿倍野高校の教職員が校長の執つた措置に反発したのも肯けないわけではない」と判じていた。

なお、当該判決は、国旗の連日掲揚の問題についての教職員との交渉を一方的に打ち切って成績判定会議に出席しようとする校長を妨害したことで、大阪府立高等学校教職員組合の副執行委員長の公務執行妨害罪が成立するか否かの事件についてのものである。当該判決は、2006年5月30日の板橋高校卒業式事件・東京地裁判決（卒業式の開始前、出席の前教諭が君が代斉唱に反対の発言等をしたことで開式を約2分遅らせたことは威力業務妨害罪に該当するとして、20万円の罰金刑を課した）との対比で重要な内容を含んでいる。阿倍野高校事件判決は、次の理由で無罪とした。①国旗掲揚の問題のような教育内容に関する問題は、校長と教職員がよく話し合って、納得のうえで実施することが望ましいこと、②校長が、教職員の大多数の反対を押し切って国旗の連日掲揚を強行する措置をとったことは異例であり、これ

に教職員が反発したのも肯けないわけではないこと、③大阪府立高等学校教職員組合は、労働組合であると同時に教員の専門職能団体であるので、組合が国旗の連日掲揚の是非という教育内容に関して、校長に話し合いを求めたからといつて、これを直ちに違法、不当なものということはできないこと、③校長は、あらかじめ職務命令を用意し、或いは事務長に警察への連絡方法について指示を与えるなど、話し合いに臨む態度は必ずしも真摯なものとはいえず、府教委から派遣された指導主事もいたずらに対立を煽るような発言を繰り返しており、校長側には、当初から事態を解決しようとする意思は全くなかつたのではないかとも窺えること、④校長は、一方的に判定会議に出席しようとして強引に会議室に入ろうとしたため、被告人は交渉の継続を求めて、なりゆき上これに対抗しようと本件の行動に出たものであり、被告人の本件行為の動機、目的を、あえて違法、不当なものということはできないこと、⑤被告人の行為は、殴る蹴る等の粗暴なものではなく、校長が被告人を押しのけようとするのに対して、その上膊部を抑え、後退しながら5、6回これを押す程度に留まるものであるうえ、これによつて妨害された公務の執行も校長の判定会議への出席が、高々、2、3分ないし3、4分遅延したというにすぎないのであつて、法益侵害の程度は、極めて軽微であること、等からして、「被告人の行為は、健全な社会通念からみて、未だ公務執行妨害罪として処罰に値するほどの可罰的違法性を具備していないものと認められる」。

　公立学校の教職員が「国旗・国歌」関係の職務命令に従わない場合、それに対する処分の法的根拠として、通常は、地方公務員法32条の「職員は、その職務を遂行するに当つて、法令、条例、地方公共団体の規則及び地方公共団体の機関の定める規程に従い、且つ、上司の職務上の命令に忠実に従わなければならない」という規定が援用され、これと合わせて、同法33条の「職員は、その職の信用を傷つけ、または職員の職全体の不名誉となるような行為をしてはならない」という規定も持ち出され場合があり（事例によっては、同法35条の「職務に専念する義務」規定も併用されている）、そして直接的には、処分は同法29条1項の「懲戒」規定および職員の懲戒の手続・効果を定めた地方公共団体の条例に基づいてなされている。このうち同法33条の適用は、その多くは職務命令への抵抗との関係で出されており、基本的には同法32条の解釈と連動する。
　まず、同法32条の前段の「法令、条例、地方公共団体の規則及び地方公共団体の機関の定める規程に従い」という規定は、職務を遂行するに当っての職員の法令等遵守義務を定めたものであり、これは原理的には憲法99条の「公務員は、この憲法を尊重し擁護する義務を負ふ」という憲法尊重擁護義務に基礎を置く。そして、法段階上、憲法を最上位とするこの法令等遵守義務は道義上のものでなく、法的な職務上の義務であり、この違反は地方公務員法29条1項が定める懲戒の対

象となり得る（青木宗也、室井力編『基本法コンメンタール・地方公務員法』〔新版、日本評論社、1991年〕141頁参照）。「国旗」掲揚と「国歌」斉唱の職務命令が憲法19条に違反するものであるとすれば、法理上、その職務命令を出す者ないし機関およびその職務命令を執行する者ないし機関がともに法令等遵守義務違反が問われ得ることになる。

　次に、同法32条後段の「上司の職務上の命令に忠実に従わなければならない」という規定については、何よりも「職務命令」の適法性が問題となる。この適法性の要件は、①上司の職務権限に属するものであること、②部下の職務に関する命令であること、③部下の独立の職務──独立して職権を行使しうる職務──に関するものでないこと、④内容が憲法、法律、条例等に違反しないものであることであり（いずれかの要件を欠く職務命令は違法となる）、このうち①②③は形式的要件（その他、「適法な手続」で発せられたものであることをここの形式的要件に入れている説も多い）、④は実質的要件とされている（青木、室井編・同上書、125、143～144頁参照）。教師の教育活動に関わる「国旗」掲揚と「国歌」斉唱の職務命令は、それを出す校長は既述のように本件では「職務上の上司」に当らず、またその職務命令の「内容」は受命教職員が独立して職権を行使し得る職務に関するものであって、形式的要件を充足していない。実質的要件については、憲法99条ではなく憲法98条の「（憲法の）条規に反する法律、命令、詔勅及び国務に関するその他の行為の全部又は一部は、その効力を有しない」との関係で判断することになるが、当該職務命令は、実質的要件のなかの最も重要な憲法上の人権を侵害しないという要件を充足していない。要するに、当該職務命令は上記の形式的要件と実質的要件のいずれをも充足しておらず、よって、それに服従する義務は受命教職員にはないと考えられる。

四　思想・良心の自由に関する南九州税理士会政治献金徴収拒否事件判決の法理の適用可能性

　この事件は、税理士法改正運動資金として関係政治団体への寄付目的で会員から特別会費（一人あたり5000円）を徴収する旨の税理士会決議に反して、その会費納入を拒否した会員が会則に基づく役員選任規則によって役員選挙の選挙権・被選挙権を停止されたことは、思想・良心の自由等を侵すか否かが争われた事件である。この事件は、直接的に「公務員」の思想・良心の自由に関わるものではないが、税理士会という公益性・公共性を有する団体における会員各個人の思

想・良心の自由が争われたものとして、公務員各個人の思想・良心の自由の問題との関係でも十分参考に値する。特に、最高裁が、公的な税理士会という組織の決定よりも、それを構成する会員各個人の思想・良心の自由を優先させた第1審判決を支持して、「会員の思想・信条の自由との関係で」、組織から会員に要求される協力義務にも「限界」があると判じていることは、「国旗」掲揚・「国歌」斉唱の強制問題へも適用可能な法理である。

　以下、各判決の内容を検討する。

　第一審判決は要旨次のように述べた（熊本地判1986年2月13日・判例時報1181号37頁）。

　(イ)税理士会が政党、政治団体に寄付することは税理士会の目的（権利能力の範囲内）に含まれない。(ロ)会員の協力義務も無制限でなく、税理士会の目的達成に必要な団体活動の範囲に限られる。(ハ)税理士会は間接とはいえ強制加入団体の公益法人であり、会員の脱退の自由も事実上確保されていないので、その運営にあたって、「会員の思想、良心の自由に格別の注意を払うべきことが要請されている」。(ニ)「政治的信条の点においては政治的に中立であるべき税理士会」が会員の政治的信条の多様性を無視して、特定の政治団体に寄付することは、その「団体の政治的信条に反対する者の政治的信条をふみにじる行為」である。(ホ)本件での協力は、税理士法改正の方向に反対した会員にとっては、その思想・良心に反することへの金の拠出という意味で、思想・良心の自由に「積極的に違反する」ものと言えるし、内容が明確になっていないため反対しようがない会員にとっては、その思想・良心に反することになるかもしれないことへの金の拠出という意味で、思想・良心の自由に「消極的に違反する」ものと言える。「事は金額の多寡という量の問題ではなく、思想・良心の自由に違反するかどうか、という質の問題なのである」。(ヘ)税理士法改正に賛成するか否かは、「各税理士が国民の一人として個人的、かつ、自主的な思想、見解、判断等に基づいて決定すべき事であるから、それについて多数決でもって会員を拘束し、反対の意思表示をした会員に対しその協力を強制することは許されず」、また運動資金のために政治団体への寄付のための特別会費納付を強制することは、「反対の意思表示をした会員に対し一定の政治的立場に対する支持の表明を強制することに等しく、この面からもやはり許されないものというべきである」。

　この判決と対照的なのが控訴審判決である（福岡高判1992年4月24日・判例時報1421号3頁）。こうである。

　(イ)税理士に関わる法の制定・改正について関係団体・組織にはたらきかける活

動等は税理士会の目的の範囲内である。㈡「多数決制度は、それにより団体の意思決定がされた場合、原則として、少数意見者は自己の思想、信条に反しても多数意見による意思決定に従わなければならないことを前提として存在するものであるから」、本件での多数決による決議は反対会員の思想、信条を侵害するとして公序良俗に反し無効とすることはできない。㈢もっとも、「多数意見が一般通念に照らし明白に反社会的な内容のものであるとか、多数意見による意思決定に従わざるを得なくなる少数意見者の立場が、社会通念に照らして是認することができないほど過酷であるような場合には、右意思決定を、公序良俗に反するとして無効とする余地」がある。㈣寄付した政治団体を通しての特定の政治家への経済的後援は、「その政治家の一般的な政治的立場ないし主義、主張をも支援する活動をしたという結果を多少とも生じる」が、これは「あくまで付随的なものであることは明らかであり、本件特別会費の拠出が特定政治家の一般的な政治的立場の支援となるという関係はうえんかつ希薄である」から、会員への拠出義務の肯認がその政治的思想、信条の自由を侵害するもので許されないとするまでの事情には該当しない。

　以上の両者の判決を比較すれば、会員個人の自由意思的寄付であればともかく、本件の事例の場合、思想・良心の自由に対する敏感さ、税理士会の公益性と強制加入団体性、会員の思想的多様性、団体の本来的な中立性等からして、第一審判決が説得力を有する。控訴審判決はその言う「少数意見者」の思想・良心の自由の重みに対する認識が欠如しているのみならず、かりに最高裁がこの控訴審判決を肯認すれば、人権問題上での組織（団体）の決定の優先主義に棹さすものとなったであろう。しかし、最高裁判決（最判1996年3月19日・民集50巻3号615頁）は、大筋として第一審判決の趣旨でもって控訴審判決を破棄した（損害賠償請求についてはさらなる審理のため原審に差し戻した）。

　思想・良心の自由の適用の問題について、最高裁判決は、税理士会の目的と活動内容が税理士法によって定められていること、税理士会は間接的にしても強制加入団体であること、税理士会は大蔵大臣の監督に服する法人であること等からして、「会社とはその法的性格を異にする法人」であるので、「会員の思想・信条の自由との関係で、次のような考慮が必要である」とする。つまり、税理士会の会員には、「様々な思想・信条及び主義・主張を有する者が存在することが当然に予定されて」おり、よって、税理士会の「活動にも、そのために会員に要請される協力義務にも、おのずから限界がある。特に、政党など規制法上の政治団体に対して金員の寄付をするかどうかは、選挙における投票の自由と表裏を成すも

のとして、会員各人が市民としての個人的な政治的思想、見解、判断等に基づいて自主的に決定すべき事柄であ」り、「公的な性格を有する税理士会が、このような事柄を多数決原理によって団体の意思として決定し、構成員にその協力を義務付けることはできない」。

　この最高裁判決は、税理士会の目的と活動内容の税理士会法上の設定、強制加入団体性、国の監督からする税理士会の性格上、「会員の思想・信条の自由」との関係で、会員に要請される協力義務に「限界」があるとしている。
　　（注）　当該最高裁判決の論理には、国から一定の特権ないし権限を与えられ、その限りで、国の規制や監督を受け、国と密接な関係にある場合の団体の行為を国家行為と同視して、人権侵害を救済しようとする、アメリカ判例上のいわゆる「特権付与の理論」も含まれているようにも考えられる。

　以上の本件税理士会事件での第一審判決と最高裁判決は、①公的性格を有する組織、団体の決議ないし決定によるものであっても、その組織の構成員の憲法上の人権である思想・良心の自由との関係で、決議・決定の執行には限界があるとしたこと、②多数決という多数者の意思であっても、少数者各個人の思想・良心に反してまで多数者意思たる決議・決定を強制できないと示したこと、③会員の思想・良心の自由に違反するか否かの問題を、人権の私人間の適用の観点から扱っていないこと、④公務員そのものではないが、公的な特別の法律関係の範疇内にある会員各個人の思想・良心の自由を、その法律関係内部において明示的に優先させたこと等からして、第一審判決と最高裁判決の法理は、「国旗」掲揚・「国歌」斉唱の強制との関係での公務員の思想・良心の自由の問題にも類似的に適用することが可能であろう。

第4章
関連訴訟の決定、判決等の検討

一 再発防止研修取消訴訟決定

(1) 東京都教育委員会教育長の通達（「入学式、卒業式等における国旗掲揚及び国歌斉唱の実施について」）を受けて都立高等学校長が発した職務命令にもかかわらず、周年行事、卒業式、入学式等において、国歌斉唱時に起立し、国歌を斉唱することを拒否するなどしたことから、本件申立人らは、戒告ないし減給の懲戒処分に付されると同時に、服務事故再発防止研修（基本研修）を受けるように命じられた。

そこで、申立人らは、本件研修命令は違憲違法な本件懲戒処分を前提とするもので、これにより、自己の思想・信条等に反して、その非を認めて反省の意を表明するか、永続的に研修を受講するかの選択を迫られ、自己の思想・信条等に反する表白を余儀なくされるから、これが憲法19条の保障する思想・信条の自由を直接侵害するものであることは明らかであり、申立人らは違憲違法な本件研修命令によって後日の金銭賠償では回復不可能な損害を被ると主張して、本件訴訟を提起した。

本件決定（東京地決2004年7月23日〔民事19部・須藤裁判長〕判例時報1871号142頁）は、結論的には、「申立人らに何らかの損害が発生したとしても、それは、その段階で金銭賠償を求めたり、当該処分等の効力を争うことによって別途回復可能と考えられる」として、本件申立てを却下した。本件決定の趣旨には、憲法解釈上の問題があるが、一定程度、評価に値する内容も含まれている。

本件決定は、「申立人らが日本国民として憲法19条により思想・信条の自由を保障されていることはいうまでもないが、他面において、申立人らは東京都の教職員であるから、公務員としての地位に基づいてなされる職務行為の遂行に際して、全体の奉仕者として公共の福祉による一定の制約を受ける」としているが、この論は、精神的自由の中枢に位置する思想・良心の自由という人権の絶対保

障（又はこれに準じる強い保障）という特質を看過し、いとも簡単に「全体の奉仕者」論を持ち出している点で、憲法解釈上で重大な問題がある。

しかし、これに続けて、本件決定が「再発防止等を目的として一定の研修を受けるように命じ、その研修において一定の指導を行うこと」は、「あくまでも公務員としての職務行為の遂行に必要な範囲内のものに限定して許されるものであり、個人的な内心の自由に不当に干渉するものであってはならない」と述べている部分は、人権の制約の限界を示しており、一定程度、評価に値する。

さらに、本件決定は、「例えば、研修の意義、目的、内容等を理解しつつ、自己の思想、信条に反すると表明する者に対して、何度も繰り返し同一内容の研修を受けさせ、自己の非を認めさせようとするなど、公務員個人の内心の自由に踏み込み、著しい精神的苦痛を与える程度に至るものであれば、そのような研修や研修命令は合理的に許容されている範囲を超えるものとして違憲違法の問題を生じる可能性がある」と警告し、そうして、本件決定は次のように指摘した。本件において、東京都当局側が「受講に際し、指導に従わない場合や成果が不十分の場合には、研修終了とはなりませんので、再度研修を命ずることになりますし、また、研修を受講しても反省の色が見られず、同様の服務違反を繰り返すことがあった場合には、より厳しい処分を行うことは当然のことである」（東京都教育委員会教育長の都議会での答弁）と述べていることや、「仮に、申立人らが研修において、『私は、国歌斉唱時に起立しませんでした。これは客観的には職務命令に即した行為ではありませんでした』とか、『私は、国歌斉唱時に起立しませんでしたが、この件につきましては現在係争中ですので、この点の見解を述べることは差し控えさせて頂きます』との報告書等を作成したとしても、それだけでは、非行に対する反省や本件研修についての理解が十分になされているとはいえず、研修の成果が十分であるとはいえない」（東京都当局側の意見書）などと主張していることを考慮すると、東京都当局側が「本件研修及びこれに引き続いて実施しようとしている一連の手続において、前記のような合理的に許容されている範囲を踏み越える可能性が全くないとまではいえない」。

本件決定の上記の警告ないし指摘において重要なのは、「自己の思想、信条に反すると表明する者に対して、何度も繰り返し同一内容の研修を受けさせ、自己の非を認めさせようとする」こと、「研修を受講しても反省の色が見られず、同様の服務違反を繰り返す」こと、「『私は、国歌斉唱時に起立しませんでしたが、この件につきましては現在係争中ですので、この点の見解を述べることは差し控えさせて頂きます』との報告書等を作成」すること等は、思想・良心の純然たる

内心のことがらでなく、本稿がいう思想・良心の「一定の外部的表出」すなわち外部からの一定の作用、働きかけによって、自己の思想・良心の領域が侵害されようとしている場合に、その思想・良心を保衛するために、外部からのそうした作用、働きかけに対して防衛的、受動的にとる拒否の外的行為に関わるものであるということである。換言すれば、本件決定は、思想・良心の防衛的、受動的な行為にも憲法19条の保障が及ぶことを認め、かつ本件の東京都当局側の研修命令はこれに抵触する可能性があることを示しており、この点において決定は積極的意義を有している。

(2) 同種の訴訟の基本研修についての別の決定（東京地決2005年7月15日〔民事19部・中西裁判長〕）も、「現時点において、申立人に重大な損害を避けるために緊急の必要があると認めることはできない」として、申立てを却下したが、憲法解釈上、次のような興味ある指摘をしている。
「本件研修が、単に職務命令に違反した教職員に対し、その再発防止を目的として指導を行うというにとどまらず、研修の意義、目的、内容等を理解し、職務命令に従う義務があること自体は認めつつ、自己の思想、信条に反することはできないと表明する者に対して、なおも職務命令や研修自体について、その見解を表明させ、自己の非を認めさせようとするなど、その内心の自由に踏み込み、著しい精神的苦痛を与える程度に至るものであるならば、これは、教職員の水準の維持向上のために実施される研修の本質を逸脱するものとして、教職員の権利を不当に侵害するものと判断される余地はある」。
この判旨で注目されるのは、まず、「自己の思想、信条に反することはできないと表明する者」に対して、「その見解を表明させ、自己の非を認めさせようとする」ことは、その者の「内心の自由に踏み込み、著しい精神的苦痛を与える程度に至るものである」と判じたことである。これは、まさに「外部からの一定の作用、働きかけによって、自己の思想・良心の領域が侵害されようとしている場合に、その思想・良心を保衛するために、外部からのそうした作用、働きかけに対して防衛的、受動的にとる拒否の外的行為」は思想・信条の自由の保障の範囲内に入ることを示している。次に注目されるのは、本人が「職務命令に従う義務があること自体は認め」ていても、同時にその本人が「自己の思想、信条に反することはできないと表明する者」である場合、「義務」よりも本人の「思想、信条」が優先されることを明らかにしていることである。これは、憲法を最上位とする法段階構造からして、ごく自然な解釈であるが、これを裁判所が明言したと

いう点で重要な意義を有している。
　また、同種の訴訟の専門研修についての上記と同じ民事19部（中西裁判長）の決定（2005年9月5日）も、上記の判旨と同一のことを述べている。

　(3)　同種の訴訟（基本研修）で憲法問題に論及しなかった決定として、東京地裁民事11部決定（2005年7月15日、三代川裁判長）、東京地裁民事36部決定（2005年7月15日、難波裁判長）等がある。
　ただし、専門研修の訴訟では、上記と同じ裁判長の決定は、いずれも申立てを却下しているものの、それぞれ憲法問題に次のように論及しているのは注目される。
　①東京地裁民事11部決定（2005年9月5日、三代川裁判長）。──「申立人らは、本件研修命令が、申立人ら個人の思想・信条に反する表白を強要するなど人格権に強制的に介入し、その法的地位に直接的な不利益を及ぼすものであるから、行訴法3条2項にいう『処分』に当たり、かつ、本件研修命令により専門研修が実施されると、申立人らの思想良心の自由という重要な精神的自由が侵害されて『重大な損害』を生じると主張する。確かに、本件専門研修が、職務命令に違反した教職員に対し『服務事故の再発防止に向け、教育公務員としての自覚を促し、自己啓発に努め、モラルの向上を図る』ことを目的として行われる再発防止研修であり、短時間のものにすぎないとしても、その目的を逸脱し、その方法、内容、態様等において、当該教職員の思想・信条に反する見解を表明するよう強要し、あるいは、思想・信条の転向を強いるなど、その内心の自由に踏み込み、当該教職員に著しい精神的苦痛を与えるようなものであるときには、そのような研修を命じる職務命令は、受講者に対し重大な損害を生じさせるものであって、同法25条2項により効力等が停止されるべき『処分』に当たると判断される」。
　②東京地裁民事36部決定（2005年9月5日、難波裁判長）。──「本件研修命令の執行停止の適否を判断する際には、本件研修命令の内容、教育委員会の対応等からみて、教職員である申立人に対し、執拗に自己の非を認めさせようとするなど、個人の内心の自由に踏み込みこれを蹂躙し、もって個人に甚大な精神的苦痛を与える程度に至っているか否か、本案判決その他の手段による救済の有無等を考慮して判断するのが相当である」。

　(4)　以上の再発防止研修取消訴訟は、本質的には思想・良心についての沈黙の自由に関係するものであるが、この沈黙の自由には、本稿で既に論じているよう

に、「各人に対して、いかなる思想・良心を有しているかまたは有していないか、過去の思想・良心の内容をいかに変えたかまたは変えなかったかを外部的に告白または表現するように強制することは禁止される」ことも含まれる（第1章の三(1)参照）。そして、このことは判例上でも支持されている。

この判例は、教職員組合役員選挙に際して配布されたあいさつ状が差別文書であるか否かをめぐって、当該文書を差別文書でないとする市立の小中学校教員に対する同和教育推進校への「転任処分」および教育研究所研究員としての「研修命令」のいずれも違法としたものである（大阪地判1979年10月30日・判例時報963号111頁）。この判決を上級審も維持し、特に地裁判決の以下の部分については、控訴審（大阪高判1980年12月16日・労判484号18頁）と最高裁（最判1986年10月16日・労働判例484号12頁）もほぼ是認していた。

地裁は次のように判じていた。「市教委は処分の効果が上がらないことを承知しながら」、「免職こそさせなかったものの本件各処分を行ったものと推認せざるを得ず、市教委の処分事由書あるいは発令事由書に記載されている事由は単に形式を整えるためのものに過ぎず、真の目的は原告らの意識を変革させてあいさつ状を差別文書と認めることにあったことは既に認定したとおりである」。「市教委の行う市立学校教職員に対する人事異動は、教育行政の一環として教育基本法の精神に基づき、教育目的を遂行するために必要な諸条件の整備確立を目標とし、広い視野に立って教職員の構成の適正化、各学校における教育効果の一層の増進をはかるべきもので、そのため市教委が人事異動を行うにつき一定の裁量を有する」が、「それには一定の制約が課せられているものというべく、当該人事異動について右のような本来的な目的を欠き、教職員の思想、信条の自由、内心の自由を侵し、市教組との取決めを合理的理由がなく無視し、更に一定の団体の要求に動かされた恣意的な行使は裁量の範囲を著しく逸脱するものとして、裁量権の濫用として違法と解すべきである」。「また、市教委は、市立学校教職員の水準を維持向上させるために研修を行う権限を有し、市教委の行う命令研修は直ちに違法と解すべきでない」が、「しかし命令研修を行うについても一定の制約が課せられていることはいうまでもなく、命令研修の本来の範囲を逸脱することはもとより、教職員の権利を不当に侵害し、研修の本質を著しく逸脱し、裁量権を逸脱し、裁量権を濫用したと認められる場合には、当該研修命令は違法と解すべきである」。「ところで、本件各処分には、処分あるいは発令事由書が存するけれども、それはあくまでも形式を整えるものに過ぎず、真の目的はあいさつ状を差別文書と認めることにあったことは既に判断したとおりであり、人事異動や命令研修の

本来的目的も存せず」、「更にあいさつ状が政治問題にも発展してからは原告らの思想、信条の自由、内心の自由を侵すものであり、教育の本質に反し、裁量の範囲を著しく逸脱した裁量権の濫用というべきであって、本件各処分が違法であることは明らかである」。

この判決は、①市教委の人事異動、命令研修には「一定の制約」があり、その制約根拠には「教職員の思想、信条の自由、内心の自由」が含まれるとしたこと、②本件各処分を通して「原告らの意識を変革させ」ようとすることも、「教職員の思想、信条の自由、内心の自由」の侵害にあたるとしたこと、③本件各処分の違法性を、「処分事由書あるいは発令事由書に記載されている事由」などの「形式」でなく、本件各処分の「真の目的」で認定したことの諸点において重要な意義を有していた。(注)

> (注) 本稿のいう「各人に対して、いかなる思想・良心を有しているかまたは有していないか、過去の思想・良心の内容をいかに変えたかまたは変えなかったかを外部的に告白または表現するように強制することは禁止される」との関係では、他に、小泉首相靖国神社参拝違憲訴訟での大阪高裁判決（2005年9月30日）も、「思想及び良心の自由は、人の内心領域における自由を指すが、憲法19条の規定は、公権力が特定の人の内心を強制的に告白させ又は推知しようとすることや、特定の内心の形成を狙って特定の思想を大規模かつ組織的継続的に宣伝するような、内心の形成、変更に対する圧迫、干渉をも禁止し、人の内心を保護するものと解される。」としている（これは確定判決）。

二 北九州「君が代」訴訟判決

この訴訟は、北九州市立の学校の教職員が、卒業式・入学式における「君が代」斉唱の際に起立するようにという校長の職務命令に反して起立しなかったことで処分を受けたことについて、処分の取消し等を求めたものである。

本件判決は（福岡地判2005年4月26日）、減給処分を取消した以外はすべて原告の請求を棄却した。判旨には部分的に注目すべきところもあるが、総体的にかなり深刻な憲法問題を含んでいる。

第一に、判決は、減給処分をその処分の重さ等を斟酌して取り消しているが、こうした処分の軽重によって判断を分けることの妥当性は疑問である。(注)

> (注) ただし、本件判決は、減給処分に対する損害賠償請求について、「違法な処分を受けたことによる信用の低下や精神的苦痛は、特段の事情のない限り、その処分

が取り消されることによって、回復されると考えられる」として、請求をまるごと否定したが、これは、日本の司法界における精神的な損害に対する法的評価の低さを反映していて問題である。これとの関係では、在外日本人選挙権剥奪違法確認等請求事件の最高裁大法廷違憲判決（2005年9月14日）が、「上告人らの被った精神的損害の程度について検討すると、本件訴訟において在外国民の選挙権の行使を制限することが違憲であると判断され、それによって、本件選挙において投票をすることができなかったことによって上告人らが被った精神的損害は相当程度回復されるものと考えられることなどの事情を総合勘案すると、損害賠償として各人に対し慰謝料5000円の支払を命ずるのが相当である」と判じたのは、額の多寡はともかくとして、精神的損害の重大性を象徴的に認めたものとして評価できる。

つまり、当該判決は、「君が代」斉唱の際に起立しなかったことで教職員が「戒告処分」を受けたことについて、「戒告処分は地方公務員法の処分として最も軽い処分であること」等を理由としてその処分を是認し、他方で「減給処分」については、「君が代斉唱の際に単に起立しなかったにとどまる行為に対して、給与の減額という直接に生活に影響を及ぼす処分をすることは、社会通念上著しく妥当性を欠くものと言わざるを得ない」と判じた。しかし、「君が代斉唱の際に単に起立しなかったにとどまる行為」であることは、戒告処分を受けた原告も全く同様である。同じ行為で、処分が容認されたり取り消されたりすることは、法的安定性を害することになる。

(注) 判決は、減給処分取消しの理由として、より具体的に「個人原告らの行為によつて、実際に式の進行に混乱が生じたといった事情」がなかったこと等をあげているが、これらの事実もまた戒告処分を受けた原告に同様にあてはまる。

当該事件では、後述のように、校長の職務命令を通しての強制・圧力・干渉によって、すでに教職員の思想・良心の自由が侵害されており、これに加えてさらに処分がなされている。これはいわば人権の「二重侵害」である。処分の軽さによって、この二重侵害の重大性が払拭され得るものではない。処分が軽ければ許されるということになれば、それは思想・良心の自由の侵害という現実とその後の継続を放置することを意味している。これは司法権の役割の放棄につながり得る（なお、当該判決が処分の軽重で判断を分けたことについて、「裁判所のバランス感覚の現れ」とした評釈があるが、これは、精神的自由の核心である思想・良心の自由の重みを看過し、憲法論としておよそ的外れな評である）。

第二に、学習指導要領の位置づけには注目すべきところがある。判決は、小学校学習指導要領の社会科での「我が国の国旗と国歌の意義を理解させ、これを尊

重する態度を育てるとともに、諸外国の国旗と国歌も同様に尊重する態度を育てるよう配慮すること。」等の定めは、「教師が国歌をめぐる歴史的背景や国歌の歌詞に関して様々な見解があること等を児童、生徒に教えることも、特定の見方に偏るものでない限り、これを禁止するものではないと解されるものであって、教師の裁量を否定するものといえないことは明らかであり、合理的な範囲の大綱的基準といえる」とし、また、同学習指導要領の音楽科での「国歌『君が代』は、各学年を通じ、児童の発達段階に即して指導すること」という規定も、「その教授内容、方法に関して教師の裁量を否定するものともいえないから、合理的な範囲の大綱的基準といえる」とした上で、「学習指導要領の上記の各定めは、必要かつ合理的な大綱的基準といえ、各教員に対し、教育課程の中で、同条項に定められた基準に従い、児童、生徒に対して国歌に関する指導をしなければならないという一般的、抽象的な義務を負わせるという意味での拘束力を有する。」と言う。要するに、判決によれば、学習指導要領は、特定的、具体的な義務でなく、教師の裁量を認める一般的、抽象的な義務と解されるかぎりで拘束力をもつわけである。

　他方で、判決は、学習指導要領中の「入学式や卒業式などにおいては、その意義を踏まえ、国旗を掲揚するとともに、国歌を斉唱するよう指導するものとする。」という定めは、「国歌を尊重する態度を育てるという教育目的に対しての具体的な指導方法を定めたものであり、また、学校において行われる様々な行事の中で、特に卒業式、入学式という特定の行事において指導を行うべきことを定めたもので、国歌に関する指導や卒業式、入学式の方法という細目についての詳細を定めるものといえ」、「教育内容及び方法についての必要かつ合理的な大綱的基準を定めたものであると解することはできない」とし、その上で、「学習指導要領中の卒業式、入学式における国旗、国歌の指導に関する上記の定めは拘束力を有するものとは解されず、この定めから、各学校では卒業式、入学式において国歌斉唱を実施し、個々の教員がこれを指導しなければならないという一般的な義務を負うと解することはできない。上記の定めは、学校生活に有意義な折り目を付け、また、国歌を尊重する態度を育てるための一つの方法を提示し、特別活動としての学校行事における国歌斉唱の実施を推奨する一般的な指針にすぎないものと解すべきである」と言う。つまり、判決は、卒業式・入学式等における国旗掲揚・国歌斉唱に関する学習指導要領の規定は、大綱的基準でなく、具体的な指導方法や細目についての詳細を定めているがゆえに、拘束力を有さないとするのである。この点は、旭川学テ最高裁大法廷判決の趣旨に沿っている。

しかし、判決はさらに進み、ここから判決の矛盾的論理が展開されることになる。この矛盾を次の第三として分析する。

第三に、判決は、上の最後の「一般的な指針にすぎない」という文を受けて、「学習指導要領の定めからただちに教員が卒業式、入学式において国歌を指導する義務を負うものではないとしても、校長が、その指針を尊重して、裁量の範囲内で、卒業式、入学式において君が代斉唱を含む式次第を決定することもできると解するのが相当である」と言う。このことによって、校長の行為すなわち職務命令が最大の焦点となる。

そこで判決は、校長の職務命令が裁量で発せられたのかを検討している。判決は、「国歌斉唱を実施することやどのような方法でこれを実施するかは、各学校の卒業式、入学式の方法、児童、生徒及び保護者や地域住民の状況を把握しうる校長がその裁量において判断すべき事項といえるから、国歌斉唱の実施及びその方法について、校長が文部省又は教育委員会の指導、助言に従わざるを得ず、その裁量を行使できない場合には、そのような教育委員会の指導、助言は、教育基本法10条1項にいう『不当な支配』にあたる」として、校長の職務命令が裁量で発せられなかった場合には、それは教育委員会の「不当な支配」であると述べる。それでは、本件ではどうだったのか。続けて、判決をみてみよう。

「被告教育委員会が、平成元年から平成11年ころにかけて、北九州市立学校の校長に対し、国旗を掲揚した位置、国歌斉唱の方法（ピアノ伴奏かどうか）、国歌斉唱の際に起立しなかった児童、生徒及び教職員の人数等について報告するように求め、教職員に対して職務命令を発することや不起立行為があった場合の現認体制についても指導していることからすれば、被告教育委員会は、各校長が4点指導に従って君が代斉唱を実施しているか否か、教職員、児童、生徒が起立しているかを監督していたというべきであり、被告教育委員会が校長の任免についての権限を有していることをも考慮した場合には、各校長は、卒業式、入学式において、被告教育委員会の4点指導に従って国歌の指導を行った上、教職員、児童、生徒の全員を国歌斉唱の際に起立させなければならないという事実上の拘束を受けていたといえる。このような事実上の拘束の下においては、各学校の校長が、当該学校の状況やその状況の下で期待できる教育効果についての検討を行うことなく、被告教育委員会の指導に従ってのみ教育活動を行うおそれがあるから、被告教育委員会の指導は、校長がその裁量に基づいて行うべき自主的な判断を歪めるおそれがあるものといえ、各校長は教育基本法10条1項にいう『不当な支配』を受けたといえる」。つまりは、判決は、本件において、各校長は教育委員会の

「不当な支配」下にあったことを認定したのである。明快である。
　　　（注）「4点指導」とは、次の内容のものである。(a)国旗掲揚の位置は、式場のステージ中央とし、児童・生徒等が国旗に正対（国旗に向かって座る）するようにする。(b)式次第の中に「国歌斉唱」をいれ（位置付け）、その式次第に基づいて進行を行う。(c)「国歌斉唱」は、ピアノ伴奏で行い、児童・生徒等及び教師の全員が起立して、正しく心をこめて歌う。教師のピアノ伴奏で行う。(d)教師は卒業式に原則として全員参列する。

　ところが、判決は、本件職務命令は違法、無効ではないと言う。なぜか。「校長は、その裁量に基づいて、君が代斉唱を実施するか、実施する場合にどのような方法で実施するかを決定し、職務命令を発する権限を持つものであるから、被告教育委員会の『不当な支配』の存在のみをもってただちに各校長の発した本件職務命令が違法、無効となるものではない。すなわち、各校長が発した本件職務命令が、結果として被告教育委員会の指導に合致するものであったとしても、各校長が、教育本来の目的に沿うように、各学校の状況等を考慮した結果として、そのような職務命令を発した場合には、その職務命令は、最終的には、校長がその裁量に基づいて決定したものであり、『不当な支配』に服して発されたものとはいえず、無効であるとはいえない。本件職務命令についても、各校長の中には、被告教育委員会の指導に従わなくてはならないと誤信していた者がいたことも認められるものの、他方において、被告教育委員会の4点指導は口頭説明によるものであり、各校長もその指導が法的拘束力を持つものであるとまでは認識していなかったと考えられること（甲83、180、181、246）、各校長が発した職務命令の内容も被告教育委員会による4点指導の内容とは必ずしも一致せず、各校長によって様々であることからすれば、本件職務命令が単に被告教育委員会の指導に従って裁量の余地なく機械的に出されたものとまでいうことはできず、各校長が本件職務命令を発した動機に被告教育委員会の指導があることを考慮してもなお、本件職務命令は、最終的には各校長の判断として出されたものといえる」。「したがって、被告教育委員会の指導の存在をもって、本件職務命令が当然に、違法、無効であるとまで認めることはできない」。
　これは奇妙な論理である。まず、職務命令が校長の「裁量」で出されたとする理由として提示されている4点指導の「口頭説明」は、それが「口頭説明」だからといって校長の任免の権限をもつ教育委員会の「事実上の拘束」を否定する根拠とまではなり得ず、かつその口頭説明の記録はある。また、「法的拘束力」の「認識」の欠如については、判決によれば、「事実上の拘束」があれば「不当な支

配」にあたるのであるから、厳密な法的な認識までは必要でない。さらに、職務命令の内容が各校長でいくらか差異があることについては、職務命令の核の部分（本件での主たる訴訟対象）である卒業式・入学式における「君が代」斉唱の際に起立するようにという点では一致していた。よって、本件内容の職務命令の発出について各校長に実質的に裁量の余地があったとするには無理がある。

　何よりも問題なのは、判決が認定していた教育委員会の「不当な支配」の存在と校長の職務命令との間の関係が結果的に切断されていることである。判決は、各校長が教育委員会の事実上の拘束を受けていたことを認め、そしてこの「事実上の拘束の下においては、各学校の校長が、当該学校の状況やその状況の下で期待できる教育効果についての検討を行うことなく、被告教育委員会の指導に従ってのみ教育活動を行うおそれがあるから、被告教育委員会の指導は、校長がその裁量に基づいて行うべき自主的な判断を歪めるおそれがあるものといえ、各校長は教育基本法10条1項にいう『不当な支配』を受けたといえる」と断じていたにもかかわらず、結論的には、各校長が「各学校の状況等を考慮した結果として、そのような職務命令を発した」ものであるとしている。ここには論理的混乱がある。むしろ、「不当な支配」の存在を認定した判決の趣旨に基づく無理のない論理は、本件職務命令は、教育委員会の「事実上の拘束」の下で、各校長が実質的に裁量の余地なく、形式的に発したものであり、よって違法、無効であるとすることであろう。

　第四に、判決は、「卒業式、入学式において君が代斉唱を実施することは、教育活動の一環ということができ、本件職務命令の必要性、合理性も肯定できること、各学校の状況を把握しているはずの各校長が、その状況を考慮した上で、自己の判断によって発したものといえることからすれば、本件職務命令は、いまだ校長の裁量権を逸脱して発されたものとまでは認めるに足りず、無効であったと解することはできない」とするが、そもそも校長が、「教育活動」との関係で職務命令を出すことができるのかという強い疑問がある。校長の職務命令の当否については既に論じているが、煩をいとわずに本件との関連で検討してみる。

　文部省（文科省）と教育委員会が教職員に直接に職務命令を出すことができないのはもちろんであるが（なお、文部省が都道府県の教育委員会に対して行っている指導通達は行政指導であって何ら法的強制力をもっておらず、教育委員会に見識があればそれを拒否できる）、問題は、「職務上の上司」として校長が職務命令を出すことができるかということである。

　教育基本法10条1項は「教育は、不当な支配に服することなく、国民全体に対

し直接に責任を負って行われるべきものである」と規定し、2項は「教育行政はこの自覚のもとに、教育の目的を遂行するに必要な諸条件の整備確立を目標として行われなければならない」と規定している。支配的な説は、この条文の原理により「校長は教師の教育活動にかんする職務命令（法的拘束力ある指揮監督）の権限を有しないと解されるから、行政組織法的意味で教師の『職務上の上司』であるとは言えない」とする。つまり、学校教育法28条3項に「校長は、校務をつかさどり、所属職員を監督する」とあるが、この規定には教師の教育活動の内容に関わる職務命令を出す権限は含まれないとするのである（兼子仁・前掲『教育法〔新版〕』461頁）。各教師の独立した教育権行使である教育活動の内容に対して、校長が指導助言の域を越えて、職務命令を発することは教育基本法10条1項の「不当な支配」に該当して禁止されるというわけである。

　以上からすると、本件判決のいう教育活動の一環として卒業式、入学式で「君が代」斉唱を実施し、かつ「君が代」斉唱時に教職員は起立するようにという職務命令を校長が出すこと自体が違法ということになる。既述のように、判決は、「国歌斉唱の実施及びその方法について、校長が文部省又は教育委員会の指導、助言に従わざるを得ず、その裁量を行使できない場合には、そのような教育委員会の指導、助言は、教育基本法10条1項にいう『不当な支配』にあたる」と断じていたが、「不当な支配」が禁止されるのは、文部省や教育委員会に対してだけでなく、校長に対してもそうである。学校現場で、教育活動について教職員が「裁量を行使できない」ような職務命令を校長が発することができるとすれば、学校現場で校長が教育活動の専断的権限を有することになる。これを許容するとすれば、まさに学校教育の最前線において校長の「不当な支配」が可能となる。

　第五に、判決は、思想・良心の自由について、「憲法19条は、内心における思想、良心の自由を完全に保障しており、公務員であってもこの保障が及ぶことは当然であるから、個人原告らが内心において上記の思想、良心を抱くことは自由であり、その自由は憲法19条により保障される」と言う。この言辞は、公務員の人権を「全体の奉仕者」規定（憲法15条2項）でなで斬りする特別権力関係論的な見地をとっておらず、このこと自体は評価できるにしても、しかし判決がこれに続けて次のように述べることによって、上の言辞はほとんど意味を持ち得なくなっている。

　「しかしながら、本件職務命令は、その内容から一定の外部的行為を命じるものにすぎないことは明らかであり、それ自体が個人原告らの内心における精神的活動を否定したり、個人原告らの思想、良心に反する精神的活動を強制するもの

ではない。また、人の内心における精神的活動は外部的行為と密接な関係を有するものといえるが、君が代の歌詞については様々な解釈があることからすれば、君が代を歌えないという考えは、個人原告らの人間観、世界観と直接に結び付くものではなく、君が代を歌うこと自体は必ずしも個人原告らの思想、良心に反する外部的行為であるということはできない。したがって、君が代を歌うことに対する個人原告らの嫌悪感、不快感に一定の配慮をすることが必要であるとはいえるにしても、本件職務命令がただちに憲法19条に違反するということはできない」。

「個人原告らは、君が代を歌えないという考え自体が思想、良心にあたり、君が代を起立して斉唱することはかかる思想、良心に反する行為であると主張する。しかしながら、君が代を歌うということ自体は外部的行為にすぎず、君が代を歌えないという考えは、君が代は、天皇を賛美する歌であるという、君が代についての様々な解釈の一つを前提とするものであり、個人原告らの人間観、世界観と必ずしも直接に結びつくものではない。君が代に対する考え方そのものは、むしろ君が代の歌詞の解釈、見解の相違にとどまるものといえ、上記の根底にある思想が憲法19条により保障されることから、ただちに君が代を歌えないという考え自体が憲法19条にいう思想、良心にあたるということはできない。上記の根底にある思想、良心の面で配慮すべき点はあるといえるとしても、君が代を歌えないとの考えがただちに憲法19条にいう思想、良心として保障されるということはできないから、君が代を起立して斉唱することが、原告らの思想、良心に反する行為であるとまではいえない」。

　これを検討するに、①判決は、一定の外部的行為の命令は原告の内心の精神的活動を否定したり、その思想、良心に反する精神的活動を強制するものではないと述べているが、現実の社会生活においては、純然たる内心そのものが争いの対象となることはほとんどなく、憲法19条が持ち出される圧倒的に多くの場面は一定の外部的行為と関連しており、その一定の外部的行為も含めて侵害から保護されなければ、憲法19条の存在意義は極度に減殺される。この点で、判決の「一定の外部的行為を命じるものにすぎない」という言葉は適切でない。もちろん、すべての外部的行為が憲法19条の保障対象となるわけではない。例えば、自己の思想・良心を自発的、積極的、能動的に外部に表現化する行為は、憲法19条よりむしろ憲法21条の保障対象とされるべきであろう。しかし、こうした表現行動ではなく、外部からの一定の作用、働きかけによって、自己の思想・良心の領域が侵害されようとしている場合に、その思想・良心を保衛するため、外部からのそうした作用、働きかけに対して防衛的、受動的にとる拒否の外的行為は、自己の思

想・良心の自由の保障に不可欠な、思想・良心の外部的表出として19条の保障対象となるとするのが妥当である。一つの体系的な人権としての思想・良心の自由の規定の趣旨と意義はここにあり、このことを判決は看過している。この「一定の外部的行為を命じるものにすぎない」という論は、その後、本件訴訟での横山証言の「飽くまでも国歌斉唱の外部的な行為を命じたに過ぎない」という言に出てくるが、こうした憲法解釈は明白に誤っていることについて、本意見書は、すでに「踏み絵」を例にして分析している（第3章二を参照）。要するに「踏み絵」も、飽くまでも絵を踏むという外部的行為を命じたにすぎないのであるが、「踏み絵」が絶対的に禁止されるというのは憲法学上の定説である。

②判決は、「君が代の歌詞については様々な解釈があることからすれば、君が代を歌えないという考えは、個人原告らの人間観、世界観と直接に結び付くものではなく、君が代を歌うこと自体は必ずしも個人原告らの思想、良心に反する外部的行為であるということはできない」、「君が代を歌えないという考えは、君が代は、天皇を賛美する歌であるという、君が代についての様々な解釈の一つを前提とするものであり、個人原告らの人間観、世界観と必ずしも直接に結びつくものではない」とするが、この論は実に奇妙である。

確かに、「君が代」については様々な解釈、考えがあり得るし、そのことは各個人の自由である。本件原告は、その様々な解釈、考えのなかの原告個人の解釈、考えに基づいて「君が代」を歌えないとしているのであり、その解釈、考えは直接的に原告個人の人間観、世界観から出てきているとみるのが自然である。「君が代」についての他人の異なった解釈、考えもその人個人の人間観、世界観と直接に結び付いている。各人の思想、良心は個人性──判決のいう「様々な解釈の一つ」──を有しているものである。自分の解釈、考えに基づいて「君が代」を歌いたいと思う人もいるだろうし、他方で、これまた自分の解釈、考えに基づいて「君が代」を歌いたくないと思う人もいるだろう。「君が代」を歌いたいと思う人にそれを歌わせないことは、その人の思想、良心に反する外部的行為を強制するものであるし、他方で、「君が代」を歌いたくないと思う人にそれを歌わせることは、その人の思想、良心に反する外部的行為を強制するものである。これらの場合をひっくるめて、各個人の解釈、考え──すなわち思想、良心──の自由を憲法19条は保障しているのである。判決のように、各個人の解釈、考えを、他人の様々な解釈、考えも存在するという理由によって、憲法19条の保障の対象外に押し出すことは、憲法法理として成り立ち得ない。

③判決は、思想、良心といわゆる「嫌悪感、不快感」を切り離しているが、し

かし通常、「嫌悪感、不快感」の基盤にはその人の思想、良心、人間観、世界観、解釈、考えが横たわっているのであり、「嫌悪感、不快感」はその基盤と不可分の外的な現象である。基盤なしに現象は出てこない。

三 「君が代」ピアノ伴奏職務命令拒否訴訟判決

　既述のように、教育公務員に対して「起立」「敬礼」「斉唱」などを職務命令で強制することはその教育公務員自身の思想・良心の自由を侵すものであるが、この法理は、「君が代」のピアノ伴奏の職務命令による強制にもあてはまる。
　(1)　ピアノ伴奏の強制が問題となった「君が代」ピアノ伴奏職務命令拒否訴訟において、第一審判決（東京地判2003年12月3日・判例時報1845号135頁）は、「もとより公務員であっても思想・良心の自由はあるから、原告が内心においてそのような思想・良心を抱くことは自由であり、その自由は尊重されなければならない」とし、また「人の内心領域における精神的活動は外部的行為と密接な関係を有する」ことを認めながらも、「地方公務員は、全体の奉仕者であって（憲法15条2項）、公共の利益のために勤務し、かつ、職務の遂行に当たっては、全力を挙げて専念する義務があるのであり（地方公務員法30条）、思想・良心の自由も、公共の福祉の見地から、公務員の職務の公共性に由来する内在的制約を受けるものと解するのが相当である（憲法12条、13条）」と言う。
　しかし、この判旨は憲法解釈上、重大な問題を含んでいる。
　第一に、思想・良心の自由という人権の特質を看過している。つまり、外部的行為であっても、そのうちの思想・良心の防衛的、受動的な行為は絶対的保障に準ずる強い保障が与えられるものであるが、判決にはこの認識が欠けている。
　第二に、「全体の奉仕者」「職務専念義務」論から思想・良心の自由の「内在的制約」を導き出しているが、この内在的制約の内容、態様、限界、方法、審査基準等を全く明らかにしないで制約をまるごと容認している点で、明治憲法下の特別権力関係論の範疇に陥っている。
　第三に、「公共の福祉」によって人権の内在的制約を説明しているが、まず、各人権のなかでも少なくとも憲法19条の思想・良心の自由については、通説は絶対的保障としている。本判決のように、各種の人権の内容・性質に応じて保障の仕方を区分することをせずに一律に人権の内在的制約を容認する論は憲法法理として乱暴である。
　また、かりに内在的制約論の見地に立ったとしても、内在的制約論は本来、公

共の福祉はあらゆる人権を外在的に（法律以下の法令で）制約できる一般的原理であるとする現憲法制定初期の「一元的な外在的制約」論を克服するために提示されてきたものである。そして、その内在的制約は、内容的には、人権相互の矛盾・衝突を調整するための実質的公平の原理を意味すると一般に理解されている。ところが、当該ピアノ判決は、この調整の作業を行うことなしに、「公共の福祉」で人権をなで斬りしており、これは、事実上、克服されたはずの「一元的な外在的制約」論と同じものになっていて説得力はない。

　第四に、憲法上の人権たる思想・良心の自由の制約を正当化するのに、小学校学習指導要領や「君が代」斉唱の円滑な指導にはピアノ伴奏が一定程度有効であること等が持ち出されているが、行政上の学習指導要領や技術的有効性等によって憲法上の人権の制約を正当化するの本末転倒である。

　第五に、制約の正当化理由としてあげられているのは、学習指導要領以外はすべて相対的理由である。つまり、「君が代」斉唱の円滑な指導にはピアノ伴奏が一定程度有効であること、当該小学校では本件入学式に至るまで5年間、入学式・卒業式で「君が代」斉唱の際に音楽専科の教諭によるピアノ伴奏が行われていたこと、本件入学式での入場曲をピアノ伴奏するのであるから、これに続く「君が代」斉唱もピアノ伴奏で行うのが自然であること、「君が代」ピアノ伴奏を行うのは他教科の教諭よりも音楽専科の教諭の方が適当であり、過去5年間、音楽専科の教諭によってそのピアノ伴奏が行われていたことが制約理由としてあげられている。しかし、これらの理由はいずれも相対的な理由であり、憲法上の人権、しかも絶対的保障ないしそれに準じるとされる思想・良心の自由を制約する根拠としては薄弱すぎる。かりに一定の制約を認める場合にしても、精神的自由を制約する際に必須とされる代替的手段・方法の存在の有無の検討、制約の程度が最小限度であること、制約しなければ本件入学式そのものが「明白かつ現在の危険」ないし「重大かつ即時の危険」が及ぼされることについての論証等が、本判決にはみられない。過去5年間、音楽専科の教諭によってピアノ伴奏が行われていたことについては、それは過去5年間の教諭個人の思想・良心の自由の問題であって、そのことと「本件」の教諭個人の思想・良心の自由の問題は全く別のことがらであり、前者でもって後者の自由を制約することはできず、これは人権の個人性からして当然のことである。

　また、本判決は、「本件職務命令自体が、明らかに不当な目的に基づくものであるとか、内容が著しく不合理であるとまではいえないから、本件職務命令が校長の管理権ないし校務掌理権を濫用したとまではいえない」とするが、憲法以下

あなたの一票が「国のかたち」(憲法)を決める!!

本当によくわかる
国民投票法の入門書!!

原案発議から国会審議、国民投票、開票にいたるまで、各テーマごとにQ&Aで平易に解説する。

発行元:(株)現代人文社 〒160-0016 東京都新宿区信濃町20 佐藤ビル201 ●電話03-5379-0307 FAX03-5379-5388
◎E-mail hanbai@genjin.jp ◎URL http://www.genjin.jp ◎郵便為替 00130-3-52366

ステップ11 前夜
ステップ12 運動に対する財政支援
ステップ13 投票と開票
ステップ14 国民投票の結果
ステップ15 国民投票無効訴訟
ステップ16 憲法改正国民投票のこれから

第2部 憲法改正国民投票法の成立経緯編

第3部 資料編
憲法改正国民投票法(全文)、附帯決議

同年、国会議員政策担当秘書資格試験に合格。山花郁夫・衆議院憲法調査委員会幹事(当時)の政策担当秘書として、憲法改正国民投票法制の論点整理など各立法活動を補佐。大宮法科大学院法務研究科在学中。立法政策などを調査中、民、国民投票法の国会審議では、衆議院憲法調査特別委員会・中央公聴会の公述人、参議院憲法調査特別委員会・さいたま地方公聴会の公述人を務めた。

発売元:(株)大学図書

●注文伝票

Q&A解説 憲法改正国民投票法[著]
南部義典

定価1700円+税　A5判・並製・232頁　ISBN978-4-87798-344-4　C0031

発行:現代人文社　電話03(5379)0307　ファクシミリ03(5379)5388
発売:大学図書　電話03(3295)6861　ファクシミリ03(3219)5158

◎小社へ直接ご注文の場合は代引き送料手数料200円を申し受け付けます(書店様を除く)。

　　　　　　　　　　　　　　　　年　　月　　日

書店名・帳合　　　　　　　　　　　　　　　　　　　冊　を注文します

教育の自由はどこへ
ルポ・「管理と統制」進む学校現場
池添徳明[著]

池添徳明と人々

●著者プロフィール
池添徳明(いけぞえ・のりあき)
1960年、大阪市生まれ。
新聞記者を経て、1999年6月からフリージャーナリスト。
教育・人権・司法・メディアなどの問題に関心を持って取材している。
大岡みなみのペンネームでも執筆。関東学院大学非常勤講師。現代ジャーナリズム。

第6章「つくる会」教科書採択をめぐる圧力
——教師の言動や生徒指導までが入
「反日」教員の自宅や職員室の周辺
「適正指導」を発言する生徒たちも

第7章 分断され孤立化する現場
杉並二〇〇五年——「つくる会」歴史教科書採択現場
教育委員会——
「つくる会」で「何だ——「形骸化」と「政治の波」のはざまで
「つくる会」の歴史教科書を使ったら……
ある新人教師の死

●注文伝票

定価：1600円+税 四六判・並製・280頁 ISBN4-87798-306-6 C0036

発行：現代人文社 電話03(5379)0307 ファックスミリ03(5379)5388
発売：大学図書 電話03(3295)6861 ファックスミリ03(3219)5158

書店名・帳合

冊　　　　　年　月　日

○小社へ直接ご注文の場合は代引き手数料200円を申し受けます(書店様を除く)。

発行元：(株)現代人文社　発売元：(株)大学図書
〒160-0016 東京都新宿区信濃町20 佐藤ビル201　電話03-5379-0307 FAX03-5379-5388
●E-mail hanbai@genjin.jp ●URL http://www.genjin.jp　●郵便為替 00130-3-52366

の法段階構造での法論理からすれば、むしろ逆である。つまり、本判決の言辞を使えば、公務員にも保障される憲法上の人権は、その行使が「明らかに不当な目的に基づくものであるとか」、行使の「内容が著しく不合理であるとまではいえない」かぎり、その人権は制約されるものではなく、校長の行政上の管理権ないし校務掌理権もこの枠組のなかで行使されなければならない。学校現場で、校長は専断的権限を有するものではない。

さらに、本判決は、テープ伴奏という代替手段により「結果的に滞りなく本件入学式が終了した」と認定しているが、同時に本判決は、代替手段の採用は教頭の指示によるものであり、「このように他者の行為により結果的に混乱を避けることができたからといって、本件行為自体の信用失墜行為該当性が左右されるものではない」とする。しかし、憲法上の重要な人権（特に「精神の自由」）の侵害を防止する方法としての代替手段の採用は、すでに最高裁の判例となっている（「エホバの証人」信徒剣道拒否事件・最判1996年3月8日・判例時報1564号3頁）。つまり、最高裁は、①剣道実技の履修は「必須のものとまではいい難く」、体育科目の目的は「代替的方法」によって達成可能であり、②生徒の剣道実技拒否理由はその「信仰の核心部分に密接に関連する真しなもの」であり、③代替措置の採用で、当該校の教育秩序が維持できなくなるとか学校運営に重大な支障が生ずるとかのおそれはないとして、生徒に対する学校長による進級拒否処分等を「裁量権の範囲を超える違法なもの」と判じ、同趣旨の控訴審判決を「正当として是認」した。当該「エホバの証人」事件の原告は生徒であったが、この事件の最高裁判決の法理は、原則的に人権が保障される公務員にも適用され得る。

すなわち、本件ピアノ伴奏訴訟において、第一審判決は、①ピアノ伴奏が「必須のもの」とは認識しておらず、「『君が代』斉唱の指導を円滑に行うためには斉唱の際にピアノ伴奏をすることが一定程度有効である」と言っているにすぎず、②ピアノ伴奏拒否が原告の「思想・良心から」できないということを校長は認識していたと認定し、③代替措置のテープ伴奏で「結果的に混乱を避けることができた」と認定している。これらのこと、及び公務員にも原則的には憲法上の人権保障が及ぶとする通説からすれば（「例外」を主張するのであれば、その立証責任は例外的制約をする側にある）、本件ピアノ伴奏職務命令は違憲であり、少なくとも校長の「裁量権の範囲を超える違法なもの」であったと判断するのが妥当であろう。なお、第一審判決は、代替行為の採用による混乱の回避は教頭という「他者の行為により」可能であったと述べるが、代替行為の採用が「他者」によって行われるのは自然なことであり、それは他の「教員等の負担が多少増加する」

（上記「エホバの証人」控訴審判決・大阪高判1994年12月22日・判例時報1524号8頁）にすぎず、憲法上の人権を否定する根拠となり得ない。

(2) 本件第一審判決は、本来、控訴審で厳しくチェックされるべきであったが、控訴審判決（東京高判2004年7月7日）は第一審判決の趣旨をほぼそのまま踏襲したのみならず、いっそう粗雑化している点がいくつかある。

第一に、控訴審判決は、ピアノ伴奏拒否が控訴人の「思想・信条」に基づくものであることを認めながらも、こう述べている。「控訴人のように公教育に携わる公務員は、学校教育法等の法規の定めるところによって教育を行うことが義務付けられているというべきであるから、その限りでは自ずから思想・良心の自由も制約されることがあり得る。例えば、法規によりあることを教えることとされている場合に、公教育に携わる公務員がその個人的な思想や良心に反するからといってそのことを教えないというわけにはいかないのである。このような意味での思想・良心の自由の制約は、公共の福祉にかなうものとしてやむを得ないものであって、公教育に携わる公務員として受忍せざるを得ず、このような受忍を強いられたからといって憲法19条に違反するとはいえない」。

この論旨は、明治憲法下の特別権力関係論に類似のものというより、特別権力関係論そのものである。とりわけ、当該判決が「法規によりあることを教えることとされている場合に、公教育に携わる公務員がその個人的な思想や良心に反するからといってそのことを教えないというわけにはいかないのである」と断じている部分は、乱暴すぎないか。ここには、「公務員は、この憲法を尊重し擁護する義務を負ふ」（憲法99条）という最高規範としての憲法規定がすっぽり抜け落ちている。当該判決を出した裁判官は、最低限、旭川学テ最高裁大法廷判決の次の判文をいま一度想起すべきである。「政党政治の下で多数決原理によつてされる国政上の意思決定は、さまざまな政治的要因によつて左右されるものであるから、本来人間の内面的価値に関する文化的な営みとして、党派的な政治的理念や利害によつて支配されるべきでない教育にそのような政治的影響が深く入り込む危険があることを考えるときは、教育的内容に対する右のごとき国家的介入についてはできるだけ抑制的であることが要請されるし、殊に個人の基本的自由を認め、その人格の独立を国政上尊重すべきものとしている憲法の下においては、子どもが自由かつ独立の人格として成長することを妨げるような国家的介入、例えば、誤つた知識や一方的な観念を子どもに植えつけるような内容の教育を施すことを強制するようなことは、憲法26条、13条の規定上からも許されないと解することができる」。

第二に、控訴審判決は、学習指導要領について「全国的な大綱的基準」という用語も使用しているが、しかし、それに続けて、当該判決は、「控訴人は、その個人的な思想や好悪の感情いかんにかかわらず、職業人としてこの学習指導要領による教育を行う立場にあるといわざるを得ない。そして、この学習指導要領においては国歌を斉唱するよう指導するものとされていることは前記のとおりである。したがって、控訴人は、『君が代』に対する個人的な思想や好悪の感情を理由に本件職務命令を拒否し得ないものというべきである」と述べて、学習指導要領を裁量の余地なく絶対的に従うべき基準であるかのように位置づけている。これは、既述のように（本意見書の第3章二(2)を参照）、明らかに旭川学テ最高裁大法廷判決（および伝習館最高裁小法廷判決が是認した伝習館控訴審判決）の趣旨に反し、判例違反である。

　第三に、控訴審判決は、「職業人として」の教育公務員の義務を説いているが、「職業人」には服従義務のみがあるわけではない。とりわけ教育公務員にはその専門職上の自由と責務を有する。

　旭川学テ最高裁大法廷判決が、教育の「本質的要請に照らし」、憲法上の権利として教員に一定の「教授の自由」＝「専門職上の自由」を認めていることは既にみた（本意見書の第3章二を参照）。そして、教員は、この専門職上の自由を、子どもの「学習権」に対応して、それを行使する責務を有するのである。このことを、旭川学テ最高裁判決はこう明言している。「子どもの教育は、教育を施す者の支配的権能ではなく、何よりもまず、子どもの学習をする権利に対応し、その充足をはかりうる立場にある者の責務に属するものとしてとらえられているのである」。控訴審判決のいう服従義務論は、旭川学テ最高裁大法廷判決に反して、教育公務員が有する専門職上の自由と責務を全面否定するものとなっている。

四　「ブラウス」訴訟判決

　平成14年度の入学式に臨んで、赤丸等の模様が描かれた白無地のブラウスを着用していた東京都公立学校（養護学校高等部）の教員（原告）に対して、当該校の校長がブラウスの上に上着を着用するよう口頭で命じたが（「本件職務命令1」）、当該教員はこれに従わず、上着を着用しないまま入学式に臨席したこと（「本件甲行為」）、および本件甲行為に関する事実確認のための事情聴取に校長室に来るように命じたが（「本件職務命令2」）、原告はこれに従わなかったこと（「本件乙行為」）は、地方公務員法32条、33条に違反するとして、東京都教育委員会（被

告）が戒告の懲戒処分をした。当該訴訟はこの処分の取消しを原告が請求したものである。

東京地裁判決（2006年3月22日、三代川裁判長）は、結論的には、本件甲行為に対する処分は適法として是認したが、本件乙行為に対する処分は社会通念上著しく妥当性を欠き、裁量権を逸脱するものであると判じた。この後者の裁量権逸脱の判断は、とりわけ憲法19条の思想・良心の自由との関係で注目すべき内容を含んでいる。以下、当該判決を検討するが、順序としては、まず学習指導要領の位置づけの問題、次に思想・良心の自由と関係する本件乙行為に対する処分の問題、最後に表現の自由に関係する本件甲行為に対する処分の問題を検討対象とする。

(1) 当該判決は、1999年（平成11年）3月に告示された「高等学校学習指導要領」について、それは文部大臣（現文部科学大臣）が「高等学校教育における機会均等の確保と全国的な一定の水準の維持という目的のため定めたものであり、全体としては、上記目的のために必要かつ合理的と認められる大綱的基準と解することができるから、基本的には法規としての性格を有するものと解される」とし、その際、前出・旭川学力テスト最高裁大法廷判決と前出・伝習館高校最高裁第一小法廷判決を引用している。しかし、既述のように、「法規」という文言を使用しているのは後者の伝習館小法廷判決のみであり、前者の旭川大法廷判決はあえて「法規」の文言を使用せず、「少なくとも法的見地からは」という表現を使用していることからすれば、当該判決は最高裁大法廷判決と異なる。

もっとも、当該判決が解するように学習指導要領をかりに法規であるとしても、その場合の法規は一般国民に義務を課し、又は権利を制限する意味での法規ではあり得ない。この意味の法規は法律の委任がない限り行政機関がそれを制定することはできない（憲法73条6号、内閣法11条、国家行政組織法12条4項参照）。そして、この種の法律の委任は学習指導要領には全くない。だとすれば、当該判決のいう法規は、行政内部で一定の拘束力を有する行政規則の類と解するしかない。しかし、この場合においても、行政規則の内容は、憲法等の上位規範に抵触することは許されず、また、学習指導要領の拘束力は、教師個人の思想・良心の自由と教師の教育職（専門職）上の自由との関係で制約を受けて、相対的なものとなる。すなわち、学習指導要領がかりに法規的な一定の拘束力を有する場合があるにしても、その学習指導要領は教師との関係では絶対的でない相対的拘束力をもつにすぎないのである。この趣旨は、当該判決の見地でもある。このことは、

判決が学習指導要領を「大綱的基準と解することができる」という限りで「法規」性を認めていることから理解され得る。

　また、判決は、学習指導要領のなかの「国旗・国歌要領」についても、その「大綱的基準」性を前提にしている。次のようなことである。「同要領の『入学式や卒業式などにおいては、その意義を踏まえ、国旗を掲揚するとともに、国歌を斉唱するよう指導するものとする。』との文言自体は一般的普遍的な基準を示すにすぎず、具体的にどのような教育をするか、また、どのように国旗を掲揚するか等の指導内容の詳細までは明示していない。さらに、国旗・国歌要領は、文部大臣が平成元年3月に告示した学習指導要領（文部省告示第26号）において定められるに至ったところ（弁論の全趣旨）、証拠（乙12、15）によれば、国旗・国歌要領制定後、各高等学校において一律に入学式等の式典において国旗掲揚・国歌斉唱が実施されていたわけではなく、また、国旗の掲揚の仕方も、例えば、原告が本件学校の前に勤務していた府中養護学校では、国旗をポールに掲げる程度のものとする取扱いがなされていたことも認められる。このような国旗・国歌要領の文言や同要領制定後の国旗掲揚・国歌斉唱の実施状況等を踏まえるならば、国旗・国歌要領それ自体は、教育における機会均等の確保及び全国的な一定水準の維持を図るための大綱的な基準を定めたものといえ、これを超えるものということはできない」。

　要するに、当該判決の見地からすれば、学習指導要領の「国旗・国歌要領」が法規性を有するのは、その要領の文言や要領の過去の実施状況からして、それが内容的に裁量の余地がある「一般的普遍的な基準」ないし「大綱的基準」であるにすぎないからであり、逆にそうした「大綱的基準」性を超えるようなものである場合、それは法規性を喪失し、何らの拘束力も（相対的拘束力でさえ）もたなくなるのである。この事例は、まさに東京都教育委員会によって学習指導要領と一体的扱いがなされている東京都「10・23通達」がそうである（なお、「10・23通達」は本件事件後に出されたものである）。既にみたように（本意見書の第3章三を参照）、「10・23通達」は、入学式等での国旗掲揚・国歌斉唱の極めて細かな実施方法を指示していて学校現場に裁量の余地をもたせていない。この「10・23通達」を学校現場で強行することは、教育が「不当な支配に服する」（教育基本法10条1項）ことを意味する。この結論は、かりに当該判決の見地に立っても導き出される。また、北九州「君が代」訴訟判決も（本意見書の第4章二を参照）、教育委員会と校長の関係についてであるが、「国歌斉唱を実施することやどのような方法でこれを実施するかは、各学校の卒業式、入学式の方法、児童、生徒及

び保護者や地域住民の状況を把握しうる校長がその裁量において判断すべき事項といえるから、国歌斉唱の実施及びその方法について、校長が文部省又は教育委員会の指導、助言に従わざるを得ず、その裁量を行使できない場合には、そのような教育委員会の指導、助言は、教育基本法10条1項にいう『不当な支配』にあたる」と判じていた。

東京都教育委員会「10・23通達」が各校長に対する「不当な支配」であるとすれば、その「10・23通達」に基づいて各学校の教職員に対して発せられた各校長の職務命令も、「不当な支配」下で発令されたものとして違法と判断せざるを得ない。

(2) 本件甲行為に関する事実確認のための事情聴取に校長室に来るように命じたが(本件職務命令2)、原告がこれに従わなかったこと(本件乙行為)およびその処分についての当該判決の趣旨には、憲法19条の思想・良心の自由と関係で注目すべき内容が含まれている。

当該判決は、本件職務命令2それ自体は校長の裁量権を濫用・逸脱していないとしているが、これは、本件職務命令1について同様の判断している限り、不自然ではない。そして、本件乙行為も「形式的には」、地公法32条、33条に違反する行為であると言う。にもかかわらず、当該判決は、本件乙行為を東京都教育委員会が懲戒対象とすることは「社会通念上著しく妥当性を欠き、裁量権を逸脱するものというべきである」と断じた。

裁量権逸脱とした理由について、当該判決は、本件の客観的事実関係からして事実確認はさほど必要でなかったこと、原告が一度校長室へ出頭していることも挙げているが、判決が最も強調しかつ詳しく述べている理由は次のようなものである。「江崎校長が質問した事項は、本件図柄①が日の丸か否か、また原告が本件職務命令に従わなかったのはなぜかという、主として原告が本件甲行為に及んだ動機や意図にかかわるものであったところ、原告は、これに対して答えたくないとの意思を明確にし、江崎校長から弁明の機会を失うことになる旨の指摘を受けても態度を変えず、本件職務命令2が発せられた当日にも、高橋教頭を通じての呼出しに対し、自己に不利なことは言いたくないとして従前同様の意思を明確に表明していたことが認められる。そうすると、本件乙行為も、上司である江崎校長の職務命令に従わなかったという形式的側面にのみ着目するのは相当ではなく、むしろ、原告が本件甲行為に及んだ意図等については説明する意思のないことを表明する行為として捉えるべきものである。そして、非違行為を起こした者

がいかに公務員の地位にあるからといって、当然に自己に不利益な事柄の供述を強制されるべきものではないことを考慮すると、本件乙行為は公務員としてふさわしくない非行と直ちにいい得るものではなく、したがって、本件甲行為とは別に、本件乙行為をことさら取り上げてこれを懲戒の対象とすることは、社会通念上著しく妥当性を欠き、裁量権を逸脱するものというべきである」。

これを検討するに、(イ)当該判決は、事情聴取のために校長室へ来るようにという職務命令に従わなかった本件乙行為を、原告が本件甲行為に及んだ意図等について説明する意思のないことを表明する行為として捉えるべきものであるとしているが、この拒否の表明行為は、本意見書の言う「外部からの一定の作用、働きかけによって、自己の思想・良心の領域が侵害されようとしている場合に、その思想・良心を保護・防衛するため、外部からのそうした作用、働きかけに対して受動的にとる拒否の外的行為」の範疇内に入るものである。(ロ)判決は、自己に不利益な事柄の供述を強制されるべきものでないとしているが、これは、沈黙の自由、とりわけ一定の不利益処分が想定される場合に自己の思想・良心の外的表現を強制されない自由の保障を意味している。(ハ)判決は、本件乙行為を懲戒の対象にすることはできないとしているが、これは、本件乙行為すなわち拒否の表明行為＝外的行為に対して不利益処分を課してはならないということである。(ニ)判決は、「いかに公務員の地位にあるからといって」、上述のような沈黙の自由および拒否の表明行為の自由の侵害の禁止、不利益処分の禁止は適用されるとしているが、これは、公務員に対しても、表現の自由はともかく、思想・良心の自由の範疇内に入ることがらは保障されることを含意している。もちろん、公務員の表現の自由に関する当該判決の趣旨は後述のような問題を含んでいるが、少なくとも思想・良心の自由の範疇内のことがらを公務員に対しても保障したものとして注目される。(ホ)判決は、本決乙行為は「形式的には」、地公法32条（職務命令遵守義務）、33条（信用失墜行為の禁止）に違反しているものの、それに対する東京都教育委員会の処分は裁量権を逸脱していると判じている。これは形式的違反のみでの断罪の論理を克服するものとして重要である。これまで、「日の丸」「君が代」関連の事件については、少なからずの判決が、思想・良心の自由の憲法的内容をほとんどまともに検討することなく、もっぱら下位法規（地公法29条、30条、32条、33条、35条等）との外形的抵触を根拠として、懲戒処分等は違法でないという結論を安易に導き出してきた。ここには、最高法規が保障する思想・良心の自由と、その自由の行使の過程における下位法規との外形的抵触との間の厳しい緊張関係を厳格に審査した上で、憲法体系を維持する方向で両者の緊張関係を解

きほぐすという「憲法の番人」としての裁判官の矜持はみられない。下位法規との外形的抵触のみによって処分を容認することは、「日の丸」「君が代」問題について、「精神の自由」が、諸人権のなかで「優越的地位」どころか「劣後的地位」にあることを示すことにほかならない。このことと比して、当該判決が、一定の曖昧さを残しながらも、下位法規との形式的違反を凌駕する地位に思想・良心の自由の範疇内のことがらを置いたことは評価に値する。

　(3)　当該校の校長がブラウスの上に上着を着用するよう口頭で命じたが（「本件職務命令1」）、当該教員はこれに従わず、上着を着用しないまま入学式に臨席したこと（「本件甲行為」）について、原告側は、公務員という地位にあっても、抗議の意思を表明することは、その態様が相当なものである限り、憲法19条の思想及び良心の自由や、同法21条の表現の自由により許容されるとし、また本件甲行為の態様は、入学式という式典性、祝祭性に合致したもので、一見しても国旗掲揚への反対の意思表明とはみられないものであるから、権利行使としては必要かつ相当な方法によるものであり、よって本件職務命令1は、裁量を逸脱・濫用したのものとして違法であると主張していた。

　これに対して、当該判決は、本件図柄は「外形的に観察した場合には、内心の拘束・束縛に対する抗議の趣旨を込めた図柄であると読みとらざるを得ない。すなわち、本件図柄は、外形的にも、国旗掲揚・国歌斉唱への抗議を表明する趣旨が読み取れるものであったと認められる」とした上で、「教育課程の一環として行われる本件入学式において、江崎校長の決定した国旗掲揚・国歌斉唱の方針に対する抗議表明を行うことは、入学式の趣旨に反するばかりか、本件学校の教職員間における国旗掲揚・国歌斉唱に関する対立状況をそのまま、児童・生徒、保護者及び来賓の面前に持ち込むものであって、これにより、入学式の参列者に不信感や違和感を生じさせ、式の円滑な進行に対する妨げとなるおそれがあることは否定できない」と述べ、結局、「本件ブラウスを着用した姿で入学式に臨席することは、教育課程の場において江崎校長の決定した前記方針に抗議する意思を表明しようとするものであって、教育公務員たる原告の職責に抵触し、また、入学式の円滑な進行を妨げ混乱を招くおそれのある行為であったといわざるを得ない」ので、「原告の着用するブラウスに描かれた本件図柄が直接、入学式参列者の目に触れないようにするため、江崎校長が原告に対し、上着の着用を求める本件職務命令1を発したことは、裁量権の行使としても合理的であったというべきである」と判じた。

　①まず、当該判決は、原告側が主張する思想・良心の自由について、本件職務

命令1それ自体は「原告の思想及び良心の自由を直接侵害するものとはいえない」とのみ述べて、きわめて簡単に処理している。確かに、自己の思想・良心を自発的、能動的に外部に表現化する行動は、内容的には憲法19条よりむしろ憲法21条の保障対象であり、本件のブラウスの着用に関わる職務命令1および処分も、第一次的には憲法21条の表現の自由との関係で審査されるべきであろう。

②それでは、当該判決は、憲法21条との関係ではどのように審査したか。判決は次のように言う。「表現の自由は、民主主義社会における重要な基本的人権の一つとして特に尊重されなければならないものであり、これをみだりに制限することは許されないものの、そのような自由といえども国民全体の共同の利益を擁護するため必要かつ合理的な制限を受けることは、憲法の許容するところであるというべきである。そして、前述のとおり、原告は、学校教育の一環として行われた本件入学式において、教職員間に見解の対立のある事項に関し、学校長が学習指導要領に従って決定した方針に対して抗議表明を行おうとしたものであるところ、地方公務員は全体の奉仕者であって（憲法15条2項）、公共の利益のために勤務し、かつ、職務の遂行に当たっては、全力を挙げて専念すべき義務がある（地公法30条）ことを踏まえると、このような場において、上記のような意思表明を行うことは地方公務員としての職責に抵触するものであって、そのような行為が制約されるのはやむを得ないといわざるを得ない」。

この判決文のなかの「表現の自由は、民主主義社会における重要な基本的人権の一つとして特に尊重されなければならないもの」とする部分は妥当である。「特に尊重されなければならないもの」であるがゆえに、学界の通説は、表現の自由を「優越的地位」におき、その自由を制約するには「厳格審査の基準」をクリアしなければならないとしているのである。公務員の表現の自由は、一般市民のそれと一定の異なった扱いが認められる場合があるにしても、特別権力関係論的な一般的制約は現行憲法下ではおよそ認められないことは既に論じておいた（本意見書の第3章三を参照）。通説を代表する芦部説も、現行憲法下の公務員の性格は明治憲法下のそれとは「本質的に異なるので、特別権力関係の理論以外の、人権の制限を理由づける十分説得的な根拠を明らかにしなければならない」（芦部信喜『憲法学Ⅱ〔人権総論〕』〔有斐閣、1994年〕252頁）と述べた上で、憲法15条2項の「全体の奉仕者」という規定は「憲法体制が立憲君主制から民主制に移行したことに伴って変化した公務員の基本的性格を示す抽象的理念、すなわち、国民主権を基本原理とする民主的な憲法体制をとる国家に共通する原則を謳った規定である。このような広義の公務員一般の職務遂行の指導理念である『全体の

奉仕者』性に、公務員の具体的な人権制限の法的根拠を求めることはできないとみるべきであろう」（同上書253頁、傍点・原文）とする。

「全体の奉仕者」規定のこの解釈は通説的であるが、当該判決は、「全体の奉仕者」を直接的根拠にして、公務員の人権の制約をまるごと正当化している。明治憲法下の特別権力関係論が、現行憲法の「全体の奉仕者」規定を媒介にして復活しているかのようである。そして、このことが、地公法30条（服務の根本規準としての職務専念義務）の当該判決における躊躇のない適用にもつながっている。判決での「全体の奉仕者」解釈は通説に反している。

③次に、本件甲行為を地公法33条（信用失墜行為の禁止）違反とした当該判決の趣旨を検討する。判決は以下のように述べる。「教育公務員がつかさどる教育事務も行政事務である以上、統一的・組織的な運営が行われることが、住民の地方公務員に対する公務の信頼・信用の重要な基礎となると解される。ところが、本件甲行為は、前述したように、教育課程の一環として行われる本件入学式において、江崎校長の決定した国旗掲揚・国歌斉唱の方針に対する抗議表明を行うというもので、入学式の趣旨に反するばかりか、本件学校の教職員間における国旗掲揚・国歌斉唱における国旗掲揚・国歌斉唱に関する対立状況をそのまま、児童・生徒、保護者及び来賓の面前に持ち込むものであって、これにより、入学式の参列者に不信感や違和感を生じさせ、式の円滑な進行に対する妨げとなるおそれがあるものであった」。よって、「本件甲行為は、その職の信用を傷つけ、又は職員の職全体の不名誉となるような行為に当たるといえる」。

まず、このなかの「教職員間における」対立状況という文は適切でなく、裁判所の事実認定からしても、主たる対立状況は、校長側と教職員側の間のものであった。

また、教育事務について「統一的・組織的な運営が行われることが、住民の地方公務員に対する公務の信頼・信用の重要な基礎となる」ということ自体はさほど問題でない。問題は、本件甲行為が「式の円滑な進行に対する妨げとなるおそれがあるものであった」（別に「入学式の円滑な進行を妨げ混乱を招くおそれのある行為であった」という表現も使われている）ことで、「本件甲行為は、その職の信用を傷つけ、又は職員の職全体の不名誉となるような行為に当たるといえる」とされていることである。つまり、現実の妨げ・混乱ではなく、「おそれ」（妨げ・混乱の具体的なおそれでなく抽象的なおそれ）で地公法33条違反とされているのである。

この抽象的な「おそれ」を地公法33条違反の根拠とした問題に加えて、原告側

の次のような主張に対する当該判決の応答の内容にも問題がある。

「原告は、本件甲行為が地公法33条が禁止する行為に当たるというためには、当該行為により東京都の教育公務員に対する信用が害されたことが具体的に主張・立証されなければならないとした上、本件職務命令1ないし本件甲行為の存在は、本件学校の管理職以外の教職員や入学式の参列者には認識されていなかったし、本件ブラウスの着用によっても本件入学式には何らの支障も生じていないと主張する。しかしながら、地公法33条は『職員は、その職の信用を傷つけ、又は職員の職全体の不名誉となるような行為をしてはならない』と定めるだけで、原告主張のような具体的な信用毀損の結果が生じたことを要件としていない」。「問題となる当該行為を公務員の社会的地位や国民感情を踏まえて客観的にみた場合に、これが公務の信用・信頼を害するおそれのある行為と評価される行為であれば、地公法33条で禁止される行為に当たると解するのが相当であり、したがって、当該行為により具体的に何らかの支障等が生じなかったとしても、これが地公法33条該当性の判断を左右することはないというべきである」。

これは奇妙である。確かに、地公法33条は「具体的な信用毀損の結果」を規定していないが、逆に抽象的な「おそれ」も規定していないのである。むしろ、特別権力関係論類似の見地をとらない限り、公務員とはいえその重要な人権を制約する場合、抽象的な「おそれ」を明記していない地公法33条のなかにその「おそれ」を読み込むことはできない。たとえば、公務員の争議行為のとの関連で、争議行為の遂行を「共謀し、そそのかし、若しくはあおり、又はこれらの行為を企てた者」も処罰の対象にされているが（国公法110条1項17号、地公法61条4号）、これらの規定の合憲性には強い疑義が学説上で示されているにしても、少なくとも共謀、そそのかし、あおり等が規制対象として法上で明記されている。明記されていない限り、処罰の法的根拠はないのである。最高裁も、公務員の労働基本権との関係だが、公務員の人権は「原則的には保障される」としている（最大判1966年10月26日・刑集20巻8号901頁、最大判1969年4月2日・刑集23巻5号305頁等参照）。原則的に保障されるとは、公務員を一般市民と一定の異なった扱いをし公務員の人権を制約する場合にしても、その制約の要件を具体的に法規上であらかじめ明記することが要求されるということである。よって、抽象的なおそれを明記していない地公法33条のなかにそれを読み込む当該判決の法解釈は妥当でない。

しかも、当該判決は、先述のように、本件甲行為について、現実の妨げ・混乱をもたらしたものではなく、「式の円滑な進行に対する妨げとなるおそれがある

ものであった」とし、そしてそのおそれのある甲行為は「公務の信用・信頼を害するおそれのある行為」であると判じている。要するに、「おそれ」が二重に用いられているのである。これによって、地公法33条の適用可能性が際限なく広げられている。原則的に保障される公務員の人権からして、当該判決のこの論は違法な拡大解釈といわざるを得ない。

(注) 学校内における表現の自由と「混乱のおそれ」の問題については、アメリカにおける**ティンカー事件・連邦最高裁判所判決**（Tinker v. Des Moines Community School District, 393 U.S. 503〔1969〕）と**ジェームズ事件・連邦第二巡回区控訴裁判所判決**（James v. Board of Education, 461 F. 2d 566〔2d Cir., 1972〕）が参考になる。

前者のティンカー事件そのものは生徒の行為に関わるものであったが、判決が次のように論じているように、判決内容は教師にも適用され得るものであった。「学校という特定の環境に照らして適用される連邦憲法修正第1条は、教師と生徒に利用され得る。生徒か教師のいずれかが、言論ないし表現の自由に対する自分たちの憲法上の権利を校門のところで打ち捨ててくる、と主張することはまずできない」。

後者のジェームズ事件は直接的に教師の行為に関わるものであり、当該判決は、学校で黒い腕章を着用することでヴェトナム戦争へのアメリカの関与に静かに抗議する教師の権利を審査し、ティンカー事件判決の法理を適用しつつ、憲法上で保護される表現を行ったことで教師を免職にすることはできないと判じた（連邦地裁への差戻し判決）。当該判決について、その後、連邦最高裁は、教育委員会側からの事件移送命令の申立ての受理を拒否し（409 U.S. 1042〔1972〕）、差戻審で連邦地裁は、控訴審判決と同旨の判決を下し、かつ損害賠償を認めた（385 F. Supp. 209〔1974〕）。当該判決で確定した。

以下に、ティンカー事件最高裁判決とジェームズ事件控訴審判決を紹介する。

①ティンカー事件は、アイオワ州の公立高校の生徒たちが、ヴェトナム戦争への抗議の意思表示のために黒い腕章を着けて登校したことで学校当局から停学処分を受けたことにより、この処分の差止命令を求めて提訴したものである。生徒側は連邦最高裁で勝訴した。フォータス裁判官執筆の法廷意見は、バーネット事件判決を継承しながらも、それを内容的にさらに補填・展開していた。当該判決は、「沈黙のシンボルたる腕章」の着用は「静かで受動的な意見表明」であり、それは「純粋な言論（pure speech）」に類似のものであって、修正第1条上の直接的で主要な権利に関わるものであるとしたのである。

腕章着用は、一般社会であれば、特別な場合を除いて問題とはなり得ないが、抗議の意思表示としての黒腕章の着用が、何よりも学校という場で認められるとしたところに重要な意義がある。バーネット事件でのような国旗宣誓・敬礼の拒否は、決められた時間かつ決められた場所で行われる儀式においてものであるが、黒腕章の着用は在校時間中かつ学校内全域で可能なものであり、抗議の意思の伝達効果は国旗宣誓・敬礼の拒否よりも明らかに強くかつ広いものであった。これはバーネット事件判決の理念的射程から出てくるものではあるが、それを明示的かつ具体的に認めたことに画期性があった。

腕章着用によるメッセージの伝達効果が強くかつ広いものであったがゆえに、第

一審の連邦地裁は、混乱の恐れを理由として学校当局の処分行為を認めたのである。しかし、連邦最高裁は、混乱の恐れのみで表現の自由を抑圧することはできないとしたのみならず、むしろ、この混乱のリスクを引き受けなければならないと憲法は命じている、と判じた。つまり、「絶対的な統制からのいかなる逸脱も、面倒を引き起こす可能性がある。マジョリティの意見からのいかなる変異も、恐れを生ぜしむる可能性がある。他人の見解からはずれた、教室やキャンパスで話されるいかなる言葉も、口論のきっかけとなったり混乱を引き起こしたりする可能性がある。だが、我々の憲法は、我々がこのリスクを引き受けなければならないと語っており」、また我々の歴史は、我々の国民的強さの基盤とアメリカ人の独立心と活力の基盤は「こうした危険を恐れない自由であり開放性であると語っている」としたのである。
　その上、当該判決は、州が特定の意見表明の禁止を正当化するためには、「その禁止が、不人気の見解に常に伴う単なる不快さ、嫌悪以上のものによってもたらされていることを立証できなければならない」と断じた。つまり、禁止行為の正当性の立証責任を当局側に課したのである。具体的には、1966年のバーンサイド事件・連邦第五巡回区控訴裁判所判決を引用しながら、禁止された行為を行うことが「学校運営において適切な規律の要求に物理的かつ実質的に干渉することになる」という事実認定と立証がない場合には、その禁止は支持されることはできない、とした。
　②ジェームズ事件は、ニューヨーク州の公立高校の見習い期間中の教師のチャールズ・ジェームズが、ヴェトナム戦争への抗議の意思表示のために学校内で黒い腕章を着用していたことで、同地区を管轄する教育委員会によって（2回の停職後に）解雇されたことにより、この解雇は違憲、違法であると主張して提訴したものである。一審の連邦地裁は、ジェームズの連邦上のいかなる権利も侵害されていないとしたが、控訴審の連邦第二巡回区控訴裁判所は、教育委員会は黒腕章を着用していたジェームズを恣意的かつ不当に解雇したと判じた。当該判決の判旨は次の通りである。
　「ヴェトナム戦争への米国の関与に対する象徴的な抗議として、黒腕章を教室で着用する教師の連邦憲法修正第１条上の権利についての意味のある論議は、この問題を生徒に適用する際に審査した判例（ティンカー事件連邦最高裁判決）の厳密な吟味でもって始めなければならない」。「教師と生徒の両方に関して、学校内で秩序と規律を維持する学校当局の責任は同じである。学校当局者の究極の目標は、学校の適切な運用に必要な規律は教師と生徒の両方のなかで維持されることを確保することである。憲法上の権利の行使に対するいかなる制限も、抽象的な考えでなく具体的な事実から来る合理的な推論に基づいて、規律ないし正常な教育という利益が物理的にかつ実質的に危険（この危険が最初に生徒から出たものであっても教師から出たものであっても）にさらされているという結論によってのみ正当化されることができる」。「本件では、教育委員会は、手続きのいかなる段階においても、チャールズ・ジェームズが黒腕章を着用することによって、教室活動を混乱させる脅威をもたらしたり又は学校内で混乱を作り出したりしたということを立証してこなかったということは注目されるべきである。本件の記録は、『学校当局が、学校活動への物理的な妨害又は実質的な干渉であると推測する方向へ合理的に導くであろう』（ティンカー事件連邦最高裁判決）いかなる事実をも示していない」。連邦最高

裁の判例は、「学校当局が教師の政治的思想や知識に賛同しないという理由だけで教師の言論を恣意的に検閲するのを我々は支持できない」ということに疑問の余地を残していない。教師は、生徒が他人に及ぼす以上の広い影響力を生徒に及ぼし得るので、ティンカー事件連邦最高裁の判例は本件を支配しないという教育委員会側の主張にももっともなところがある。しかし、本件では、「ジェームズが生徒を転向させようという企てはなかったことは明白である。その腕章が教師の個人的見解の温和な象徴的な表現以上のものであると生徒が信じたということは記録から明らかでない。その上、ジェームズは第11学年（高校）の英語を教えていたという事実を、我々は無視することができない。彼の生徒達は16〜17歳で、ティンカー事件における中学生よりは成熟していた」。「我々は、教室の基準の設定における地元の学校当局の広い裁量を問題としていないし、また学校環境という特徴に照らして教室活動を評価する際の学校当局の専門技術性を問題としてもいないと我々は強調しておく。しかしながら、連邦裁判所は、連邦憲法上の権利を侵害する拘束のない裁量を許容することができない」。「記録を徹底的に審査しても、我々は教育委員会又は教育局長の結論に対する何ら健全な憲法上の根拠を見出さない、という我々自身の結論を出す責任を我々は放棄できない」。「拘束のない裁量の危険性は極めて明白である。学校の生徒の幸福のためという恩恵的な配慮の見せ掛けのもとで、学校当局が、知らず知らずにしても、社会の偏見が学校内に広がるのを許してしまうこともあり得る」。「よって、我々は、連邦地裁は判断を誤ったと結論づける」。

④さらに、当該判決は、地公法33条は「地方公務員が全体の奉仕者として公共の利益のために勤務し、且つ、職務の遂行に当たっては、全力を挙げてこれに専念しなければならない地位にあり（地公法30条）、それゆえ、地方公務員には一般の国民以上に厳しい、かつ、高度の行為規範に従うことが要求されることに鑑み、かかる行為規範を法律上の規範として定めたものと解される。そうだとすると、問題となる当該行為を公務員の社会的地位や国民感情を踏まえて客観的にみた場合に、これが公務の信用・信頼を害するおそれのある行為と評価される行為であれば、地公法33条で禁止される行為に当たると解するのが相当」であるとする。

しかし、地公法30条の「全体の奉仕者」規定は、憲法15条2項の趣旨を具体化したものであり、このことからすれば、地公法30条の「全体の奉仕者」規定は、前述の通説の芦部説が論じるように、国民主権下の公務員の職務遂行上の「指導理念」を意味し、その規定に「公務員の具体的な人権制限の法的根拠を求めることはできない」と考えるべきである。また、公務員に一般国民以上に厳しい、かつ、高度の行為規範に従うことが要求されるのは、国民との関係で公務員が国民の権利・義務に関わる権力作用に従事しているがゆえであり、この厳格かつ高度

の行為規範が、行政機関内部において公務員の人権を、制約要件が明記されていない法条で制約する根拠となるとはおよそ考えられ得ない。趣旨が異なる。

⑤また、当該判決が「本件処分が懲戒処分としては最も軽度の戒告の処分であることを勘案すると、本件甲行為を理由とする懲戒権限の行使には逸脱・濫用は認められない」と述べている点は、「最も軽度」の処分以外の処分は懲戒権限の逸脱・濫用に当たる場合があることを示唆していて、若干注目される。もっとも、この「最も軽度」の処分論は、北九州「君が代」訴訟第一審判決（福岡地判2005年4月26日）の「最も軽い処分」論と共通する問題も含んでいる（本意見書の第4章二を参照）。

ただし、「最も軽度」の処分論の問題性を認識する必要はあると同時に、本件の地位確認等訴訟が「最も重度」の処分に関係するものであることにも注意する必要がある。つまり、本件地位確認等訴訟においては合格取消ないし解雇等という「最も重度」の処分の違法・違憲性が争われており、当該「ブラウス」判決の趣旨からすれば、「最も重度」の処分の点で、かりに表現の自由に関わる行為であっても、その処分は懲戒権限の逸脱・濫用と判断される可能性がある。まして や、本件地位確認等訴訟は、憲法上で絶対的保障ないしそれに準ずる保障があるとされる思想・良心の自由に関わるものであり、懲戒権限の逸脱・濫用とされる可能性はいっそう高い。

〔付記〕本件ブラウス訴訟については、その後、2006年12月26日、東京高裁により控訴棄却の判決、2007年7月20日、最高裁により上告棄却の決定が出された。

第5章

本件訴訟と特に類似する事件に関するアメリカ判例の法理の詳細

　アメリカ連邦憲法修正第1条は、周知のごとく、日本国憲法の第19条（思想・良心の自由）、第20条（信教の自由）、第21条（表現の自由）等で規定された自由の保障を含むものであり、特に思想・良心の自由はアメリカの判例法理上、表現の自由の枠組で保障されてきたことに注意する必要がある。以下に紹介する二つの判決も、内容的には、日本国憲法上の思想・良心の自由に関連する判決の範疇に属するものであった。また、両判決とも、アメリカ連邦最高裁が関わっていた。(注)

　（注）　アメリカにおける公立学校の教員の精神の自由の保障については、筆者はすでに、「予防訴訟」（国歌斉唱義務不存在確認等請求事件）において、東京地裁へ2005年10月31日付けで提出した意見書『精神の自由とアメリカ連邦最高裁――「精神の自由」の事件をめぐる判例法理――』（本書145頁収録）のなかで詳細に分析している。ごく要点のみ記せば、①公立学校の教員は、学校外のみならず学校内においても、精神の自由を保障する連邦憲法修正第1条上の権利の享有主体である。②教師の精神の自由を制限するのを正当化する理由を立証する責任は、制限する学校当局ないし公権力の側にある。③教師としての職を保持する条件として、本人が反対する思想に貢献するよう本人に要求することは禁止される。④教師が、国旗忠誠の誓いを唱えたり、生徒に対して忠誠の誓いをリードしたりすることを拒否することは、修正第1条によって保護される表現形態である。これは、その行為が学校活動の混乱をもたらしたり、他の教師又は生徒の権利を否定したりしないかぎり保護される。発言するようにという不法な要求を前にして黙ったままでいる権利は、沈黙するようにという不法な要求を前にして発言する権利と同様に、修正第1条の保護対象の一部である。⑤教師が国旗忠誠の誓いの儀式のいかなる段階へも参加を拒否するのは、処分の対象になり得ない。

一　ラッソー事件判決――「忠誠の誓い」の拒否による公立学校教師の解雇は違憲

ラッソー事件判決（1972年11月14日、連邦第二巡回区控訴裁判所）
Russo v. Central School District No.1, 469 F. 2d 623（2d Cir., 1972）
　＊当該判決は、連邦最高裁が、教育委員会側からの事件移送命令の申立ての受理を

拒否（411 U.S. 932〔1973〕）したことによって確定した。

　本件は、公立高校の美術の教師が学校での国旗宣誓・敬礼の儀式に加わることを拒否したことで免職されたことが連邦憲法修正第 1 条に違反するか否かの事件である。
　ニューヨーク州のヘンリエッタの教育委員会に見習い美術教師として採用されたスーザン・ラッソーは、1969年 9 月 1 日、地元のスペリー高校に配属された。雇用の条件として、連邦と州の憲法を擁護することを確認する宣誓書に署名することがニューヨーク州の教育法によって要求されていたので、彼女は留保なしにその宣誓書に署名した。 9 月に新学年が始まってまもなく、「忠誠の誓い」を毎日唱え、および「全ての生徒と教職員は国旗に敬礼するように期待される」という通知が学校の掲示板に発表された。
　ラッソーは、美術教師としての職務に加えて、ホームルーム担当と14～16歳の生徒20～25人の指導監督を割り当てられた。これに、経験者のキャサリン・アダムズが上司として配置された。
　アダムズは毎朝、国旗に敬礼し忠誠の誓いを唱えたけれども、ラッソーはそうしなかった。出勤の最初の日から、誓いを唱える時間がくると、ラッソーは起立して国旗に顔を向けたが、誓いを唱えることも国旗に敬礼することもしなかった。彼女は敬意を払い、気をつけの姿勢でただ起立していた。彼女が生徒にもそうするように影響を与えようとしたとか、彼女の行為の結果として教室に混乱が生じたとかの証拠は何もなかった。彼女の信念は、誓いのなかの「全ての人に自由と正義」という言葉はアメリカの生活の特性を反映していないということであった。このため、彼女は、誓いの言葉を口にすることは偽善の行為であると感じていた。
　ラッソーは、 9 月の新学年の最初から誓いを唱えることをしていなかったが、彼女の行為は1970年の 4 月のある時期まで学校当局の注意を引かなかった。むしろ、彼女の授業はあらゆる点で好ましいと学校当局に評価されていた。ところが、 4 月のある時期、一部の生徒と親が、ラッソーが国旗に敬礼していないことを学校長に通報した。 4 月19日の朝、学校長はラッソーの教室に入り、誓いが行われている間、ラッソーが沈黙して起立しているのを見た。翌日、彼女は学校長室に呼び出され、その行為を説明するように質された。彼女は先述の理由を述べるとともに、宣誓と国旗敬礼をする気がないのは個人的な良心の問題であることを付け加えた。
　1970年の春に学校当局がラッソーの行為について通報を受けたのは偶然ではな

かった。その数カ月前から、国旗敬礼の規則がヘンリエッタの町で論議の対象になっていた。2月2日に出された教育委員会の指示は、全ての生徒は誓いに際して起立すべきであるとしていたが、4月14日、教育委員会はそれを取消し、「真摯な良心上の信念」のゆえに誓いの儀式に参加できない生徒は、誓いに際して着席したままでいることが許されると発表した。この規則は教育委員会の公開会議で激しい論議の対象となった。5月1日、学校長は再びラッソーの教室を訪れ、彼女の行動を観察した。

その後、学校長は執務室で、もし彼女が辞職しなければ、彼女の仮採用の任命は更新されるべきでないと教育長に勧告するつもりであると彼女に告げた。彼女はその理由を尋ねたが、学校長は見習い教師の扱いについて彼の処置を説明する義務はないと述べて、理由説明を拒絶した。ラッソーは辞職を拒否した。

5月12日、学校長は、ラッソーは来る新学年に再任されるべきでなく、彼女の雇用を6月30日付けで打ち切るようにという勧告書を教育長に提出した。その5月12日の夕方、教育委員会は4月14日の規則を修正し、国旗敬礼を拒否する生徒はすべて、敬意を払い黙って起立することを要求する新規則を出した。6月23日、教育委員会はラッソーを何も理由を示さずに免職にした。

ラッソーは、この免職は修正第1条上の権利を侵害し、かつ修正第14条上の法の適正な手続きを否定しているとして、復職、未払給料の支払、損害賠償を求めて提訴した。

第一審の連邦地方裁判所のバーク裁判官は、簡単な事実認定と結論のみでラッソーの訴えを棄却した。つまり、この判決は、ラッソーの仮採用は以下の理由で打ち切られたとしたのである。①「学校の規則に従わなかったこと」、②「美術科の一つの課程を教えることを拒否したこと」、③「協調の欠如」、④「忠誠の誓いへの参加の拒否」、⑤「彼女の全ての職務を果たすのをしなかったこと」、⑥「彼女と学校との衝突に生徒会を巻き込ませたこと」。

これに対して、控訴裁判所は次のような判決を出した。

〔判旨〕 地方裁判所による事実認定は「明白に誤っている」ものでない限り、当法廷を拘束するが、我々は、④を除いて、地裁の事実認定は「明白に誤っている」と考える。

⑥については記録上、全く何の証拠もない。②は美術科の製陶術の課程を教える意思のないことをラッソーが述べたことと関係があるが、しかし学校長はラッソーに製陶術の課程を教えるように求めていたことは一度もなく、またその課程のための新しい教師が既に雇用されていたことなどを考慮すると、これも免職の

理由にならない。①③⑤は④との関係で出てくるものであり、また⑤には、ある件を報告しなかったことも付け加えられているが、これは「とるに足らない」ことである。結局は④が免職の唯一の理由であったということになる。以下、この問題を検討する。

　もし本件が教師でなく生徒の権利に関係するものであるならば、我々はそれをバーネット事件の連邦最高裁判決を参照するだけで処理することできるかもしれない。しかし、本件では我々は、教育委員会の方針に沿って生徒の柔順で感受性の強い精神を形成・指導するために教師が自主的に引き受けた責務によって、そうでなければ教師が享受するであろう憲法上の権利が縮減されるのかどうかが問われている。

　学校で黒い腕章を着用することによって、ヴェトナム戦争へのアメリカの関与に静かに抗議する教師の権利を審理したジェームズ事件判決は、生徒のそうした権利を明確に認めたティンカー事件連邦最高裁判決（1969年）に基づいて出された（James v. Board of Education, 461 F. 2d 566〔2d Cir., 1972〕）。このジェームズ判決は、保護される表現を行ったことで教師を免職することはできないと判示した。バーネット事件連邦最高裁判決は、学校の生徒は忠誠の誓いを述べることを強いられるべきでないとしたが、これは教師にも妥当する。生徒も教師も「言論または表現の自由への憲法上の権利を校門のところで打ち捨てる」ことはしないというティンカー判決の教示は、我々の手引きである。

　学校側も国旗敬礼プログラムを維持することに対する実質的利益を有する。だが、「我々の最も貴重な自由」に密着する分野では規定上の「精密さ（precision）」が必要とされる（NAACP V. Button, 371 U.S. 415,〔1963〕）。また、伝統的な修正第1条上の理論によれば、保護される修正第1条上の自由に州が「実質的な負担」を課する場合には、州はその目的を修正第1条上の自由の活力の存続に「より強力でない（less drastic）」効果をもつ手段によって達成しなければならない、ということが要求される（United States v. Robel, 389 U.S. 258,〔1967〕）。本件に関わる教育委員会規則は、この種の「精密さ」と「より制限的でない（less restrictive）」効果が顕著に欠けており、よって、修正第1条によって要求される憲法上の「厳密性（exactness）」を満たしていない。

　ラッソーは、彼女のクラスを混乱させもしなかったし、生徒が誓いを唱えるのを妨害しようともしなかった。クラスは上級教師のアダムズの有能な指導下で、毎日、国旗敬礼のプログラムに加わっていたことを記録は示している。国旗敬礼のプログラムを維持する州の利益は、ラッソーのクラスでは、彼女の参加無しで

も、十分に満たされていたことは明らかである。

　事実上、本件のように、教師が憲法上で保護される活動を行ったことによって免職が指示される場合、その免職は有効とはならない。我々はまた、ラッソーが国旗忠誠の誓いを拒否したことで免職されるべきでないという我々の判断にもかかわらず、彼女の考えを共有しない。しかし、修正第1条は我々の憲法上の権利のうちで最も重要なものであると位置づけられているがゆえに、言論の自由の貴重な権利は、その言論が自分にとって不快なものであっても、保護を要求するということを、我々は認識しなければならない。表現の自由は、ジェームズ事件判決で述べられたように、「一息つく空間」を必要とする。「強制される愛国主義は、強制される忠誠がまさに忠誠の反対物であるのと同様に、偽りの愛国主義である」。我々は、「信念も意味もなしに、また心に別のことを考えて、毎朝、機械的に忠誠の誓いを唱える市民」を賞賛すべきでないのと同様に、我々は、「誓いを拒否したことだけで市民——特にラッソーのようにその信念が誠実で良心的なものである市民——」の忠誠を非難すべきではない。

　「発言するようにという不法な要求を前にして黙ったままでいる権利は、沈黙するようにという不法な要求を前にして発言する権利と同様に、修正第1条上の保護の一部であるというのが我々の結論である」。

二　アブード事件判決——在職条件としての思想賛同の公立学校教師への要求は違憲

アブード事件判決（1977年5月23日、連邦最高裁判所）
Abood v. Detroit Board of Education, 431 U.S. 209（1977）

　ミシガン州法は、州内の政府職員の組合代理の制度を公認していた。これによって、組合に代理されるあらゆる職員は、たとえ組合員でなくとも、在職の条件として、組合費相当額を組合に払わなければならない「エイジェンシー・ショップ」協定（交渉代理協定）が許されていた。デトロイト市教師連合は、デトロイト市教育委員会に雇用された教師の独占的組合であった。組合と教育委員会は団体交渉協約を締結したが、その協約のなかに「エイジェンシー・ショップ」条項があった。

　本件は二件の事件が併合されたものであるが、原告の教師たちは、教育委員会、組合等を相手方として、組合費相当額を払う意思がないこと、公共部門での団体交渉に反対であること、組合は原告たちの賛同しない経済的、政治的、専門的、

科学的、宗教的な種々の活動と事業を行っていること等を理由として、「エイジェンシー・ショップ」条項は連邦憲法修正第1条と修正第14条によって保護される原告たちの結社の自由を侵害するものであると提訴した。

第一審の州地裁は原告の訴えを棄却し、第二審の州控訴裁判所も「エイジェンシー・ショップ」条項を合憲としたが、団体交渉と無関係の「政治的目的」のための組合費相当額の支出は違憲の可能性があると判示した。

連邦最高裁は、組合費相当額が団体交渉、契約運用、苦情調整目的のために組合によって使用される限り、「エイジェンシー・ショップ」条項は有効であるとし、また教育委員会等が、公立学校の教師としての職を保持する条件として、本人が反対するイデオロギー的な主義の支持に貢献するよう教師に要求することを禁止すると判示し、更なる審理のため本件を差し戻した。この法廷意見はステュワート裁判官が執筆し、レーンクィスト、スティーブンス、パウエルの各裁判官が補足意見を執筆した。在職条件としての思想賛同の拒否に関わる部分のみ、次により詳しく紹介する。

〔法廷意見〕 上訴人の教師たちが政治的目的のために貢献をするように強制されるという事実は、他でもなく彼らの憲法上の権利の侵害をもたらす。というのも、「修正第1条の心臓部には、個人は自由に自分の信条をもつべきだという観念、および自由な社会では人の信条は州によって強制されるのでなく、本人の精神と良心によって形成されるべきだという観念が存在する」。信条の自由は、修正第1条の保護の付随的、二次的な側面ではない。バーネット事件連邦最高裁判決が述べたように、「我々の憲法上の星座に不動の星があるとすれば、それは、いかなる当局者も—上の地位で下の地位であれ—、政治、ナショナリズム、宗教において、または見解に関わる他の問題において、何が正統であるかを定めることはできないし、あるいは市民に対してその信条を言葉や行為によって告白するよう強制してはならない、ということである」。

これらの原則は、州が、いかなる個人にも神への信仰を確言するよう強制したり、公職を保持する条件として政党と連係するよう強制したりすることを禁止する。これらの原則は、まさに本件にも適用されるものであり、「被上訴人が、公立学校の教師としての職を保持する条件として、本人が反対するイデオロギー的な主義の支持に貢献するよう教師に要求することを禁止している」。

もっとも、我々は、組合がその政治的見解の表明のために、政治的立候補者のために、団体交渉代理としての職務に関係のないイデオロギー的な主義の推進のために、資金を使うことが憲法的にできない、とは考えない。憲法は、その経費

が、そうした思想・理念の促進に反対しない職員によって、および雇用の喪失という脅しで本人の意思に反してそうするように強制されていない職員によって、支払われるということのみを要求している。

意見書2
精神の自由とアメリカ連邦最高裁
――「精神の自由」の事件をめぐる判例法理――

＊　本意見書は、国歌斉唱義務不存在確認等請求事件（「予防訴訟」）第一審及び再雇用職員・講師地位確認等請求事件（「解雇訴訟」）第一審において、2005年と2006年に裁判所へ提出したものである。

第1章
「精神の自由」に関する連邦最高裁の最新判決

一　「国旗忠誠の誓い」事件控訴審の違憲判決

　アメリカの連邦第九巡回区控訴裁判所は、2002年6月26日、全米の注目を集めた判決を出した。「国旗忠誠の誓い」事件（Newdow v. U.S. Congress）に関する違憲判決である。
　この事件の概要は次の通り。
　マイケル・A・ニューダウの娘が通っていたカリフォルニア州の公立小学校は、州法と学校区の施策に沿って、教師が生徒を指導して国旗忠誠の誓いを斉唱することで学校日を開始していた。州法（カリフォルニア州教育法）は、公立学校は「適切な愛国的な儀式」で各学校日を始めるように要求し、かつアメリカ合衆国の国旗への忠誠の誓いを行うことは、この要求を満たすと規定していた。この州法を実施するために、ニューダウの娘が通う学校区は、「各小学校の学級は一日に一度、国旗への忠誠の誓いを斉唱する」という施策を出していた。
　忠誠の誓いの言葉は、連邦議会が1942年6月22日に制定した当初では、「私は、アメリカ合衆国の国旗に、およびそれが象徴する共和国すなわち全ての人に自由と正義をもたらす、不可分の一つの国家に、忠誠を誓います」というものであったが、連邦議会は1954年6月14日、これを修正して、「不可分の」と「一つの国家」の間に「神の下に（under God）」という言葉を加えた。
　ニューダウは、彼の娘の教師と学校区が忠誠の誓いを斉唱するように娘に強要している、と申し立てたのではなかった。そうではなく、神は存在し、我々の国家は「神の下に一つの国家」であると公言する儀式において、教師が同級生を指導しているのを、娘が見たり聞いたりするのを余儀なくされていることで感情的に傷ついている、と彼は主張したのであった。
　ニューダウは、1954年の連邦法、カリフォルニア州法および学校区の施策は連邦憲法修正第1条（本件では政教分離関係の条項）に違反するとして、宣言的救

済と差止命令による救済を求めて提訴した。第一審の連邦地裁は、この請求を却下した。第二審の連邦第九巡回区控訴裁判所は、2対1で、憲法違反の判決を出し、第一審判決を破棄、差し戻した。違憲の裁判官は、アルフレッド・T・グッドウィン（1971年、ニクソン大統領任命）とステファン・レインハルト（1980年、カーター大統領任命）であり、合憲の裁判官はフェルディナンド・フェルナンデス（1989年、ブッシュ大統領任命）である。

この違憲判決に対する反応はすさまじかった。判決当日、アメリカ大統領報道官のフライシャーは「ばかげた判決だというのが、大統領の反応だ」とコメントし、民主党の上院院内総務のトム・ダシュルは「正気でない」と言い、司法省は裁判やり直しを要求した。判決翌日、大統領のブッシュは「判決はアメリカの伝統と歴史から逸脱している」と非難し、また、連邦議会の上院は99対0、下院は416対3（その他11）で、判決批判の決議を採択した。

過去も現在も、アメリカで最も激しい憲法上の争点は「国家」と「神」に関わる問題である。そして、これが、今回、国旗忠誠の誓いの違憲判決を契機として同時的に噴き出てきた。アメリカでは、特に国家的危機の際に、「国家」と「神」が結びつけられる傾向がある。硬貨に「In God We Trust」の文字が書き込まれたのは「南北戦争」（1861～1865年）の結果であったし、国旗忠誠の誓いに「under God」の言葉が加えられたのは「冷戦」の真っ盛りのとき（1954年）であり、今度の違憲判決への異様ともいえる反応は、2001年の「9・11事件」と「報復戦争」開始からさほど時間が経過していない時期のものである。危機意識が「国家」と「神」の問題の扇情性を極端にまでに増幅させたともいえる。

国旗をめぐる憲法問題は、判例の分類上、大きくは国旗宣誓・敬礼の拒否に関わる問題と国旗侮辱・焼却に関わる問題に分けられる。ニューダウ事件は前者の系譜に属するが、しかし、先述のように、ニューダウは彼の娘が国旗忠誠の誓いの斉唱を「強要」されているので憲法違反だと主張したのでなく、「神の下」の国家を公言する儀式において教師が同級生を指導しているのを、娘が見たり聞いたりするのを余儀なくされていることで感情的に傷ついていると主張したのである。国旗忠誠の誓いの儀式の間、憲法上の権利として、沈黙や着席で拒否の意思表示をすることができるのは既に確立された判例法理である。沈黙や着席で忠誠の誓いを拒否するのでなく、ニューダウが忠誠の誓いの儀式そのものをやめさせるために提起した憲法的根拠は、国家と宗教の結合を禁止する政教分離条項であった。そして、控訴裁判所はこの政教分離条項違反を認定したのである。判決は、連邦最高裁内部でいまだ攻防が続いている政教分離関係事件の審査基準であるレ

モン・テスト、エンドースメント・テスト、強制テストのすべてを適用し、いずれのテストで審査しても政教分離条項違反であるという結論を出した。

ニューダウ事件は、その後、控訴審の違憲判決の効力停止、2003年2月28日の控訴裁判所の違憲判決（学校区の施策の違憲を確認）等を経て、最終的には、連邦最高裁へ持ち上げられた。

二　連邦最高裁の判決

2003年10月14日、サーシオレイライ（裁量上訴）を認めた連邦最高裁は、2004年6月14日に判決を出した（Elk Grove Unified School District v. Newdow, 542 U.S. 1〔2004〕）。

当該判決は、①第一審原告のマイケル・ニューダウは、非監護権者の父親として本件訴訟を提起する当事者適格を有しているかどうか（なお、娘の監護権者は母親）、②もし有しているとすれば、忠誠の誓いの学校区の施策は連邦憲法修正第1条（以下、修正第1条と略す）に違反しているかどうかに争点を絞った上で、①でニューダウは当事者適格が欠けていると判じ、②の忠誠の誓いの違憲性については触れなかった。

法廷意見はスティーヴンズ裁判官が執筆し、これにケネディ、スーター、ギンズバーグ、ブライヤーの各裁判官が加わった。レーンクィスト首席裁判官が分離の補足意見を執筆し、これにオコナー裁判官とトーマス裁判官（第一部のみ）が加わった。オコナーとトーマスの各裁判官がそれぞれ分離の補足意見を執筆した。スカリア裁判官は審査と判決に加わらなかった。

当該判決はいわば肩透かしの判決であるかのようであるが、しかし、連邦最高裁が本件について正面から憲法判断を下した場合、先行判例である公立学校の卒業式での祈りの儀式に関する連邦最高裁の違憲判決（Lee v. Weisman, 505 U.S. 577〔1992〕）を維持するかぎり、本件の国旗忠誠の誓いの儀式についても違憲判決を出す可能性があった。このことを明確に述べたのは、分離の補足意見を執筆したトーマスである。もっとも、トーマスがそう論じたのは、先行判例のリー事件判決を維持する立場からではなく、判例としてリー事件判決を維持するかぎり、国旗忠誠の誓いの儀式を合憲とすることはできないので、リー事件判決を打ち倒さなければならないという立場からであった（なお、トーマスは、修正第1条の政教分離条項は「州」の政教分離問題には適用されないということも併せて主張していた）。

実際に、国旗忠誠の誓いの儀式を違憲とした控訴裁判所も、違憲の論拠の一つとしてリー事件判決を次のように援用していた。
　「本件の学校区の施策と連邦法は、リー事件におけるように、生徒たちをして、宗教的内容をもつ儀式に参加するか、あるいはそれに抵抗するかのどちらかを選択するように、という擁護できない立場に置く」。連邦最高裁がリー事件における卒業式での祈りに関して述べたように、「大多数の信仰者にとっては、非信仰者が信仰者の宗教的行為を尊重すべきという合理的要求にすぎないように思われることは、学校というコンテキストでは、国家の機関を宗教的な正統を強いるために用いる試みであると非信仰者または反対者には見えるかもしれない」。学校の生徒たちの年齢と感受性からして、および学校、教師、同級生たちによって設定された規範に従うように要求されているという生徒たちの理解からして、忠誠の誓いの施策の強制的効果は、学校という環境においてはとりわけ顕著である。さらに、「生徒たちが儀式に参加するように要求されていないという事実は、バーネット事件と本件を区別する何の根拠ともならない。というのも、各生徒に対する斉唱の要求がなくとも、『神の下に一つの国家』という言葉を生徒が毎日聞くよう要求されているという事実は、強制的効果をもつ」。
　控訴裁判所とトーマスが論じるように、リー事件判決を維持するかぎり、なぜ本件ニューダウ事件を違憲とせざるを得ないのか、以下、具体的に検討してみよう。
　（なお、国旗に執着が強いレーンクィストは―後述のジョンソン事件での彼の反対意見参照―、その分離の補足意見で忠誠の誓いの合憲性に論及しているが、彼も、忠誠の誓いの斉唱を「希望する生徒」が行うことは政教分離条項に違反しないとしつつ、「憲法は、学校の生徒たちが忠誠の誓いの儀式に出席したくないならば、そうしない権利があることを要求している」と論じていることに注意する必要がある。）

三　「学校卒業式での祈りの儀式」違憲判決——良心と信仰の間接的強制の禁止

　公立学校の卒業式での祈りの儀式の違憲性が問われたリー事件の概要は次の通りである。
　ロード・アイランド州の州都のプロヴィデンスにおける公立の中等、高等学校の校長は、その学校の卒業式で祈りを捧げる聖職者を招くことが認められてきた。これはプロヴィデンス教育委員会と教育長の施策であった。ネイサン・ビショッ

プ中等学校の校長である上訴人のロバート・リーは、デボラ・ヴァイスマン（14歳）を含む卒業式でこの祈りをするために、ラビ（ユダヤ教の教師）を招き、彼に市のセレモニーでの公的な祈りの構成のためのガイドラインが書かれているパンフレットを与え、かつ祈りは非宗派的な内容であるようにと忠告した。卒業式の少し前、連邦地裁は、デボラの父親である被上訴人のダニエル・ヴァイスマンの、卒業式に祈りを含めることを学校当局に禁じる一方的緊急差止命令（temporary restraining order）を求める申立てを拒否した。

デボラとその家族は、1989年6月29日、学校構内での卒業式に出席し、そこで祈りが朗唱された。その後、ヴァイスマンは、リーおよび他の上訴人（プロヴィデンスの公立学校の当局者）が将来の卒業式で、神への祈りと感謝の祈りを捧げるために聖職者を招くことを禁止する終局的差止命令（permanent injunction）を求めた。そこでの根拠は、修正第1条の政教分離条項である。連邦地裁は、卒業式での祈りは政教分離条項に違反するとして、その行為を続けることを禁じた。その際、判決はレモン・テストのなかの「効果」基準に違反するとした。連邦控訴裁判所は原判決を維持した。判決は2対1。二人のうち一人は地裁の意見を採用したが、もう一人はレモン・テストのすべての部分に違反するとした。

連邦最高裁は卒業式での祈りの儀式は政教分離条項に違反すると判じた。ケネディ裁判官が法廷意見を執筆し、これに、ブラックマン、スティーヴンズ、オコナー、スーターの各裁判官が加わった。ブラックマン、スーターの各裁判官が補足意見を執筆し、それぞれに、スティーヴンズ、オコナーの各裁判官が加わった。スカリア裁判官が反対意見を執筆し、これに、レークィスト首席裁判官、ホワイト、トーマスの各裁判官が加わった。

法廷意見は次のように判じた。

① 連邦憲法の修正第1条の宗教の自由活動条項は「良心（conscience）の自由と崇敬（worship）の自由を含む」。良心と信仰（belief）の不可侵は「自由な人々の標識」である。わが法廷がこれまで述べてきたように、「初等・中等の公立学校において、微妙で強制的なプレッシャーから良心の自由を保護することは高度に配慮される」。

② 1962年のエンゲル事件、1963年のシェンプ事件での「我々の判決は、とりわけ公立学校における祈りの儀式は間接的強制（indirect coercion）という特殊な危険をともなうということを認識している。その強制は学校というコンテキストに限られないかもしれないが、学校では最も明白である」。「大多数の信仰者にとっては、非信仰者が信仰者の宗教的行為を尊重すべきという合理的な要求にすぎ

ないように思われることは、学校というコンテキストでは、国家の機関を宗教的な正統を強いるために用いる試みであると非信仰者または反対者には見え得る」。

③ 「否定できない事実」は、学校による卒業式の監督と管理は、「出席する生徒たちに、神への祈りと感謝の祈りの間、集団として起立するように、もしくは少なくとも、敬意を込めた沈黙を守るようにという公的なプレッシャー——生徒仲間からのプレッシャーとともに——を課するということである。このプレッシャーは微妙で間接的であるけれども、明白な強制（compulsion）と同じくらい現実的なものであり得る」。

④ 「卒業式に出ている生徒たちの多く——大多数でないにしても——にとって、起立するもしくは沈黙を守る行為は、ラビの祈りへの参加の表明であることに疑いはあり得ない。……その場合、反対者にとって起立する行為もしくは沈黙のままでいる行為は、参加というよりむしろ単に敬意を示すにすぎないと言われても、その反対者にはほとんど慰みにならない。重要なのは、我々の社会的慣習からして、この状況における分別ある反対者は、その集団的な儀式がその人自身の儀式への参加またはその承認を示すものであると信じ得る、ということである」。「この状況の下で何の侵害もないと認定すれば」、それは反対者をして「参加する」か「抗議する」かのジレンマに置く。「我々は、影響にさらされる市民がもし十分発達した成人であるならば、その選択が受け入れられるかどうかに焦点を当てない。しかし、政教分離条項に違反しないためには、国家は初等・中等学校の生徒をこの立場においてはならないと我々は考える。心理学における研究は、未成年者はしばしば、順応するように仲間からのプレッシャーを受けやすいという、およびその影響は社会的慣習のことがらにおいてが最も強いという一般的な想定を支持する」。

⑤ 「ティーンエイジの生徒は高等学校の卒業式に出席しないという真の選択の自由をもつと言うことは、極端に形式主義である。確かに、デボラは、卒業証書を放棄することなしに卒業式に出席しないという選択をすることができる。しかし、我々は、本件をこのことに集約させることを許さない。我々の社会と文化においては、高等学校の卒業式は、人生の最も重要な祝典の一つであるということを誰もが知っている。卒業式出席を免除する学校のルールは問題外である。出席が公的な命令によって要求されてはならないが、しかし生徒が『自発的』という言葉の真の意味で自由に卒業式を欠席しているわけでないことは明らかである。なぜならば、欠席は、生徒に青春と高等学校の生活のすべての動機となってきた無形の利益の喪失を要求するからである。卒業式は、生徒の家族と近親者にとっ

て、成功を祝い、感謝と尊敬のお互いの願いを表明する機会である」。生徒が「自分の高等学校の卒業式への出席を犠牲にして」、国家が生徒に順応させるようにすることを「憲法は禁止している」。

先行判例としてのこのリー事件判決を打ち倒すことを主張するトーマスは、当該判決は「生徒たちが卒業式へ出席するように要求されていないという事実」と「生徒たちは、卒業式の宗教的部分へ参加するように、何らかの意味で強制されているわけではないという事実を無視した」と、ある意味で的確に指摘している。しかし、より正確には、当該判決は、上の事実を「無視」したのではなく、そうした事実があろうとなかろうと、卒業式での祈りの儀式は連邦憲法に違反すると意識的に判示したのである。

また、トーマスはリー事件とニューダウ事件を比較して、後者は前者よりも違憲性のレベルが高いと、これまた、ある意味で的確な指摘をしている。トーマスは言う。「リー事件判決に従えば、我々は、多くの点においてリー事件での争点の祈りよりももっと重大な問題を課する本件の忠誠の誓いの政策を違憲としなければならない」。というのも、「卒業式での祈りは一時的な行事であり、卒業生たちは（まだ成人でないにしても）成人に近く、また親たちも通常、出席している。これに対して、本件（＝ニューダウ事件）の大変若い生徒たちは、親の保護から隔離されて、毎日、毎日、忠誠の誓いにさらされている」からである。さらに、トーマスは、リー事件では「生徒たちは卒業式に出席するように『仲間からのプレッシャー』を感じるかもしれないが、本件（＝ニューダウ事件）でのプレッシャーは微妙どころではない。生徒たちは、実際上、学校へ出席するように……強制されている」と論じる。つまり、「学校卒業式での祈りの儀式」でさえ違憲なのに、ましてや「国旗忠誠の誓いの儀式」が違憲とならないわけがない、ということである。

トーマスによるリー事件とニューダウ事件の比較はほぼ的をついている。そうであるがゆえに、トーマスはリー事件判決を打ち倒す（判例変更する）ことを主張する。しかし、判例変更の主張はトーマス一人である。当面、連邦最高裁が先行判例としてのリー事件判決を打ち倒す可能性は皆無に近い。この判決に加わった現職の裁判官は、ケネディ、スティーヴンズ、オコナー（2005年7月に辞職を発表）、スーターであり、リー事件で反対意見に加わっていたレーンクィスト（2005年9月に死去）もニューダウ事件では、リー事件判決の維持を前提（独自の解釈を施しているが）にした補足意見を執筆している。リー事件判決後に就任した現職の裁判官のギンズバーグ、ブライヤーが判例変更に賛成するとは、その

立場からして想像し難い。

第2章

「精神の自由」の事件をめぐる連邦最高裁の判例法理

一 ゴビティス事件判決

　ペンシルヴェニア州の炭鉱町のマイナーズヴィルに住むゴビティス一家は、聖書を最高の権威とする「エホヴァの証人」の信徒であり、彼らは、国旗宣誓・敬礼の行為は聖書の命令によって禁じられていると信じていた。ところが、ゴビティス一家の二人の子どもたちが通う公立小学校は、学校活動の一部として国旗への宣誓と敬礼を教師と生徒に要求していた（この儀式の際の誓いの言葉は「私は私の国旗に、およびそれが象徴する共和国すなわち全ての人に自由と正義をもたらす、不可分の一つの国家に、忠誠を誓います」というものであった）。1936年、子どもたちは、この要求を拒否したことで、学校から退学させられた。ゴビティス一家は、信教の自由を保障する連邦憲法（合衆国憲法）修正第1条等に基づいて訴訟を提起した。

　第一審の連邦地裁のマリス裁判官および第二審の連邦控訴裁判所の三人の裁判官は、ゴビティス一家勝訴の判決を出した。とりわけ、まさに第二次世界大戦が勃発した年の1939年に出された第二審の判決は、ペンシルヴェニア州およびその他の州での国旗宣誓・敬礼の強要政策を、当時のドイツのヒトラーの政策に類似のものだと厳しく批判した。マイナーズヴィル教育委員会は、連邦最高裁に上訴した。これで、この裁判は俄然、全米の注目を集めることになった。

　連邦最高裁は速やかに審理を進め、1940年、8対1でゴビティス一家敗訴の判決を言い渡した（Minersville School District v. Gobitis, 310 U.S. 586）。法廷意見は、フランクファーター裁判官が執筆した。

　法廷意見は、第一に、本件を広く思想・表現の自由の問題としてでなく宗教的信仰の問題として捉え、第二に、宗教的信仰の自由という権利は絶対的なものでなく一定の限界を有し、一般法への服従が要求される場合があるとし、第三に、国民的統一は国家的安全の土台であり、国旗はまさにその国民的統一のシンボル

であると認識し、かつ自由社会の基礎は凝集的で一体的な感情をともなう拘束的つながりであり、こうした感情を喚起することは必要であると論じ、第四に、全ての子どもに公立学校への通学を強制することは憲法上で禁止されているが（私立学校へ通う権利があるということを含意）、公立学校において特定のプログラムや儀式で国家への愛着を助長することは許されると述べ、第五に、アメリカン・デモクラシーの伝統的な理想への忠誠を確保するための適切な方法の選択は、司法ではなく世論や議会に任せられるべきであるとした。

　これは単なる司法消極主義＝司法的自己抑制でなく、国旗忠誠の宣誓・敬礼の儀式に対して肯定的価値判断をした上で、方法の選択面で司法は介入すべきでないというものであり、司法による現状のほぼ全面的な追認であった。こうした問題を世論や議会に任せるということは、マイノリティの信教の自由、思想の自由をマジョリティの判断に従属させるということを意味していた。この点で、唯一の反対意見を執筆したストーン裁判官が、権力による個人的自由の侵害はほとんど正義とか公共善とかの名目で正当化されてきたし、また権利章典上の問題について司法権が判断を控えるのは、マイノリティの自由の憲法上の保護を一般の世俗的意思へ屈服させるようなものだ、と論じたのは正鵠を得ていた。多数者意思にもかかわらず個人の人権は確保されるべきだという視点を欠いた法廷意見には、国旗に象徴される「アメリカン・デモクラシー」に対する盲目的な信仰が伏在していた。そして、この判決は孤立的なものではなく、それまでのアメリカ諸州での国旗に関わる支配的な法実践を、連邦最高裁のレベルで明確に容認したものであった。

　この判決後、ストーン裁判官の言うマジョリティによるマイノリティの抑圧が現実のものとなった。ゴビティス夫妻経営の食料品店はマイナーズヴィルの住民からボイコットされ、町から出ていくように脅迫された。他の地域でも、「エホヴァの証人」の集会所が焼き討ちされたり、集会が襲撃されたり、「エホヴァの証人」側に立った弁護士が殴打されたりした。全米の各州においても、国旗宣誓・敬礼に関する法規が厳格に執行されるようになり、また新たな法規も制定された。この流れの一環として、1941年、ウエスト・ヴァージニア州議会が法規を改正して、国旗宣誓・敬礼を含めて、学校教育で「アメリカニズムの理想、原理、精神」を一層強く養成するための措置を採るように各学校に要求した。この法改正が次のバーネット事件連邦最高裁判決を引き出す契機となった。

二　判例変更——バーネット事件判決の衝撃と射程

　連邦最高裁は、1943年、バーネット事件において、6対3で、衝撃的な判例変更を断行し、ゴビティス事件連邦最高裁判決を覆した（West Virginia State Board of Education v. Barnette, 319 U.S. 624）。法廷意見は新任のジャクソン裁判官が執筆した。バーネット事件判決の衝撃性は、第一に、それが連邦最高裁史上で最短かつ完全な判例変更であったこと、第二に、それが、国旗忠誠が必須的であった第二次大戦中に実行されたこと、第三に、短期間に二人の裁判官が交替し、三人の裁判官が自己の見解を変更したこと等に現れていた。
　ゴビティス判決からバーネット判決までの三年の間に、ゴビティス事件でただ一人、反対意見を執筆していたストーン裁判官が首席裁判官に昇格し、ヒューズ首席裁判官とマックレイノルズ裁判官が引退して、後任にバーンズ裁判官とジャクソン裁判官が就任し、ゴビティスで法廷意見に加わっていたブラック裁判官、ダグラス裁判官、マーフィ裁判官はゴビティス判決に疑問を抱くようになっていた。バーネット事件で法廷意見に加わらなかった三人の裁判官のうち、ロバーツ裁判官とリード裁判官はゴビティス判決が維持されるべきだとだけ述べ、フランクファーター裁判官がただ一人、詳細な反対意見を執筆した。
　バーネット事件においても、主役は「エホヴァの証人」信徒であった。ウエスト・ヴァージニア州教育委員会は、国旗宣誓・敬礼を公立学校の通常の活動プログラムの一部とし、これを拒否する生徒を「不服従」とみなして学校から追放したのみならず、生徒の保護者も訴追を免れなかった。州内の公立小学校に通うバーネット一家の二人の子どもは国旗宣誓・敬礼を拒否して退学処分となった。バーネット親子は、信教の自由と言論の自由を保障した連邦憲法修正第1条および法の適正手続きと平等保護を定めた修正第14条に依拠して提訴した。
　ジャクソン裁判官執筆の法廷意見は、本件は他人の権利と衝突するものでなく、また本件の拒否行動は平穏で秩序正しいものであったことからして、唯一の問題は、州が国旗宣誓・敬礼を法的義務とする権限を有するか否かであると集約し、そうしてこの権限を認めたゴビティス事件判決の論拠を四つにまとめ、それらをこう全面的に批判した。第一に、ゴビティス事件判決は人民の自由のために政府自身が強くなければならないとするが、これは政治的議論であり、もしこうした議論が有効に適用されれば、あらゆる自由権が無視されるようになる。第二に、ゴビティス事件判決は州当局の権限に干渉することは裁判所を教育委員会にして

しまうとするが、州当局の権限は権利章典の枠内でのみ行使され得るものである。第三に、ゴビティス事件判決は本件のような争いの解決を世論や議会に任せるべきだとするが、権利章典の目的は、人の基本的権利を政治的論議とかマジョリティの意思とか選挙結果とかに関係なく、裁判所に審判権を行使させることにある。第四に、ゴビティス事件判決は国民的統一は国家的安全の土台であり、その国民的統一のための強制的手段は合憲であるとするが、本件で採用されている強制的行為は、修正第1条があらゆる公的統制から保護することを目的としている知性と精神の領域を侵害している。

ゴビティス事件判決に対するこれらの全面的批判は権利章典の擁護を土台としているが、この論がまさにゴビティス事件判決のいう「緊急事態」の第二次大戦中に展開されたところに、衝撃的な意義の一つがあった。つまり、バーネット事件判決の射程は、平時のみならず戦時においても有効ということを含意していたのである。この判決は、その後の国旗等に関わる思想・表現の自由の問題に巨大な影響をおよぼすことになったが、次に、当該判決の射程を直接的射程（事件の争点との関係での射程）と理念的射程（判決を基礎づけた理念との関係での射程）とに分けて整理しみよう。

(1) 判決の直接的射程
①国旗宣誓・敬礼またはその拒否は「象徴表現」であり、修正第1条によって保障される。
②国旗宣誓・敬礼の拒否は他人の権利を侵害・否定するものでなく、平穏で秩序あるものである限り、憲法上で保障される。
③国旗宣誓・敬礼の儀式の間、それへの参加を拒否するという意見表明に対する検閲や抑制が憲法上で許容されるのは、その意見表明が、公権力が防止し、処罰する権限を与えられている種類の行為で、かつ「明白かつ現在の危険」（または「重大かつ即時の危険」）を示す場合のみである。
④国旗宣誓・敬礼の拒否の問題は、特定の宗教的見解またはそれが保持されている真摯さが主題ではなく、個人の憲法上の自由すなわち「知性と精神の領域」の自由が主題であり、この領域は修正第1条によって、あらゆる公的統制から保護される。
⑤知性と精神の領域は、公権力や世論が干渉するものであってはならず、また議会の投票や選挙結果に任せられてはならない。知性と精神の自由が侵害される時は裁判所の審判権が発動される。

(2) 判決の理念的射程

①本件では、直接的には、生徒が起立した上で国旗宣誓・敬礼を拒否した行為が争われているが、当該判決は起立か不起立かに焦点を当てずに、強制そのものが禁止されるとしている。つまり、国民的統一、感情と意見の統一のための一定の方法・手段の強制の禁止である。異議の強制的な除去は、異議者を根絶した後の「墓場」で意思統一するようなものだ、とするのである。判決はまた、この強制の禁止は「異議を唱える自由」「他人と異なる自由」を意味するとし、そして、この自由の実体が試されるのは、些細な事柄についてでなく、「現存の秩序の核心に触れる事柄について他人と異なる権利」があるか否かであると言う。これからすると、国旗・国歌のみならず国家体制、国家政策に対して、一定の儀式での不起立およびその他の方法で、または儀式以外の場での一定の方法（例えば黒い腕章の着用）で、個人（生徒だけでなく教師その他も）が異議を唱える自由も憲法上の保障の射程内に入ることになる。「異議を唱える自由」「他人と異なる自由」を行使する多様な方法・手段は、現実に、その後の連邦最高裁の各判決で広く保障されるようになった。

②当該判決は、公教育が政治的議論から距離を置かれるべき理由について、「自由な公教育は、もし世俗的教育と政治的中立性という理想に忠実であるならば、党派的とはならないし、もしくは何らかの階級、信条、政党、党派の敵ともならないであろう。しかし、何らかのイデオロギー的な規律を課すことになれば、それぞれの政党とか宗派とかは教育制度を支配しようとし、またはその支配に失敗すれば、逆に教育制度の影響力を弱めようとするにちがいない」と言う。これからすると、国旗というシンボルが「政治的理念」を伝えるものであるとすれば、その国旗を「政治的中立性」を理想とする公教育の場に、知識教育の対象としてでなく宣誓・敬礼の対象として持ち込むこと自体の正当性が問われることになろう。

③さらに、判決は単に教育の観点からのみでなく、広く思想・信条の自由の観点から次のように論じていた。「我々の憲法上の星座に不動の星（fixed star）があるとすれば、それは、いかなる当局者も—上の地位であれ下の地位であれ—、政治、ナショリズム、宗教において、または見解に関わる他の問題において、何が正統（orthodox）であるかを定めることはできないし、あるいは市民に対してその信条を言葉や行為によって告白するよう強制してはならない、ということである」。このなかの「あるいは」の後の部分は、言葉や行為による信条の告白の強制の禁止すなわち沈黙の自由の保障を指しているが、「あるいは」の前の部分

は、政治、ナショナリズム、宗教その他の見解問題について何が正統であるかを当局者が設定してはならないということ、すなわち思想・信条・信仰上での正統の設定の禁止を指している。強制の有無に関わらないこの正統の設定そのものの禁止はきわめて重要な意義を有している。ただし、判決が、当局者が国民的統一を「説得」と「模範」によって促すことは問題ではないとしている点に一定の曖昧さがあるが、権力・権威を背景としない純然たる説得や模範はともかくとして、権力・権威を背景とする説得や模範は、正統の設定の範疇内のものとなり得るであろう。いずれにしても、正統の設定の禁止という当該判決の理念的射程は、思想・信条・信仰上の問題の本質に関わるものであり、修正第1条の試金石とも言い得るものである。

三　ティンカー事件判決──「学校は全体主義の飛び地ではない」

　学校生徒の言論の自由の権利についての、バーネット判決以来の最も重要な連邦最高裁判決はティンカー事件判決であるとされているが、ティンカー事件判決がその冒頭近くで、「学校という特定の環境に照らして適用される修正第1条は、教師と生徒に利用され得る。生徒か教師のいずれかが、言論ないし表現の自由に対する自分たちの憲法上の権利を校門のところで打ち捨ててくる、と主張することはまずできない」と論じているように、事件そのものは生徒の行為に関わるものであったにしても、判決内容は教師にも適用され得るものであった。
　判決は1969年に出されたが（Tinker v. Des Moines Community School District, 393 U.S. 503）、事件そのものは1965年に起きている。アイオワ州の公立高校の生徒たちは、ヴェトナム戦争への抗議の意思表示のために黒い腕章を着けて登校したことで、学校当局から停学処分を受けた。この処分の差止命令を求めて提訴した生徒側は下級審では敗訴したが、連邦最高裁で勝訴した。フォータス裁判官執筆の法廷意見は、バーネット事件判決を継承しながらも、それを内容的にさらに補填・展開していた。
　ティンカー事件判決は、「沈黙のシンボルたる腕章」の着用は「静かで受動的な意見表明」であり、それは「純粋な言論（pure speech）」に類似のものであって、修正第1条上の直接的で主要な権利に関わるものであるとした。腕章着用は一般社会であれば、特別な場合を除いて問題とはなり得ないが、抗議の意思表示としての黒腕章の着用が、何よりも学校という場で認められるとしたところに重要な意義がある。バーネット事件でのような国旗宣誓・敬礼の拒否は、決められ

た時間かつ決められた場所で行われる儀式においてものであるが、黒腕章の着用は在校時間中かつ学校内全域で可能なものであり、抗議の意思の伝達効果は国旗宣誓・敬礼の拒否よりも明らかに強くかつ広いものであった。これはバーネット事件判決の理念的射程から出てくるものではあるが、それを明示的かつ具体的に認めたことに画期性があった。

　黒腕章着用によるメッセージの伝達効果が強くかつ広いものであったがゆえに、第一審の連邦地裁は、混乱の恐れを理由として学校当局の処分行為を認めたのである。しかし、連邦最高裁は、混乱の恐れのみで表現の自由を抑圧することはできないとしたのみならず、むしろ、この混乱のリスクを引き受けなければならないと憲法は命じている、と判じた。つまり、「絶対的な統制からのいかなる逸脱も、面倒を引き起こす可能性がある。マジョリティの意見からのいかなる変異も、恐れを生ぜしむる可能性がある。他人の見解からはずれた、教室やキャンパスで話されるいかなる言葉も、口論のきっかけとなったり混乱を引き起こしたりする可能性がある。だが、我々の憲法は、我々がこのリスクを引き受けなければならないと語っており」、また我々の歴史は、我々の国民的強さの基盤とアメリカ人の独立心と活力の基盤は「こうした危険を恐れない自由であり開放性であると語っている」としたのである。

　その上、当該判決は、州が特定の意見表明の禁止を正当化するためには、「その禁止が、不人気の見解に常に伴う単なる不快さ、嫌悪以上のものによってもたらされていることを立証できなければならない」と断じた。つまり、禁止行為の正当性の立証責任を当局側に課したのである。具体的には、1966年のバーンサイド事件・連邦第五巡回区控訴裁判所判決を引用しながら、禁止された行為を行うことが「学校運営において適切な紀律の要求に物理的かつ実質的に干渉することになる」という事実認定と立証がない場合には、その禁止は支持されることはできない、とした。

　上述の、混乱のリスクの引き受けおよび禁止正当化の立証責任の明示は、バーネット事件判決の補填・展開と言える内容のものである。これは、学校現場を、当局者の意思の生徒たちへの一方的な伝達の場たる「全体主義の飛び地（enclaves of totalitarianism）」にしてはならないという連邦最高裁の決意の表れであった。つまり、こうである。「我々の制度の下では、州運営の学校が全体主義の飛び地であってはならない。学校当局者は生徒たちに対して絶対的な権力を有していない。生徒たちは、学校の内でも外でも、我々の憲法の下での『人（persons）』である。生徒たちは、州への義務を尊重しなければならないのと同様に、

州が尊重しなければならない基本的権利を所有している。我々の制度の下では、生徒たちは、州が伝えるために選んだことのみを受け取る閉回路の受信人（closed-circuit recipients）と見なされてはならない。生徒たちは、公的に認められた考えの表現のみに限定されてはならない」。学校現場を全体主義の飛び地にしてはならないという理念は、バーネット判決での憲法上の不動の星としての「正統の設定の禁止」という理念的射程を原理的に継承し、展開させたものである。

四　バーネット判決以後の学校での国旗宣誓・敬礼の拒否に関わる諸判決

　国旗宣誓・敬礼の拒否は宗教的見解を理由とするのみならず、広く「知性と精神の領域」を理由として認められることは、既にバーネット判決の直接的射程であったが、実際、その後の諸判決において、「良心上の疑念」（1966年のホウルデン事件・ニュージャージー州最高裁判決〔Holden v. Board of Education of the City of Elizabeth, 216 A.2D 387〕）、「宗教的、政治的信念」（1970年のバンクス事件・フロリダ南部地区連邦地裁判決〔Banks v. Board of Public Instruction of Dade County, 314 F.Supp. 285〕）、「良心」（1971年のランドクィスト事件・メアリーランド州控訴裁判決〔State of Maryland v. Lundquist, 262 Md. 534〕）、「信念・信条」（1972年のラッソー事件・連邦第二巡回区控訴裁判決〔Russo v. Central School District No.1, 469 F.2d 623〕、1973年のゲーツ事件・連邦第二巡回区控訴裁判決〔Goetz v. Ansell, 477 F.2d 636〕、1978年のリップ事件・連邦第三巡回区控訴裁判決〔Lipp v. Morris, 579 F.2d 834〕）を理由とする国旗宣誓・敬礼の拒否が認められてきた。

　また、この拒否権の享有主体は生徒のみならず、教師も含むものであることが明示された（1970年のハノーヴァー事件・コネティカット地区連邦地裁判決〔Hanover v. Northrup, 325 F.Supp. 170〕、ランドクィスト事件・前掲判決、ラッソー事件・前掲判決）。例えば、ラッソー事件判決は、教師の権利を次のように確認した。学校で黒腕章を着用することによって、ヴェトナム戦争へのアメリカの関与に抗議した教師の権利を審理した1972年のジェームズ事件・連邦第二巡回区控訴裁の判決は、生徒のそうした権利を明確に認めたティンカー事件連邦最高裁判決に基づいて出された。このジェームズ判決は、保護される表現を行ったことで教師を免職することはできないと判断した。バーネット事件連邦最高裁判決は、学校の生徒は国旗宣誓・敬礼を強いられるべきでないとしたが、このことは教師

にも妥当する。生徒も教師も「言論または表現の自由への憲法上の権利を校門のところで打ち捨ててくる」ことはしないとしたティンカー判決の教示は、「我々の手引き」である。

抗議方法については、バーネット判決の理念的射程は、抗議の方法として、起立の上で国旗宣誓・敬礼を拒否するという方法以外のものも想定していたが、現実に、不起立の方法での抗議も権利として認められるようになった（1969年のフレイン事件・ニューヨーク東部地区連邦地裁判決〔Frain v. Baron, 307 F.Supp. 27〕、バンクス事件・前掲判決、ゲーツ事件・前掲判決、リップ事件・前掲判決）。例えば、このうちゲーツ事件判決は、起立という行為は、敬礼または誓いの言葉の発声と同様に、受容と敬意の表象行為であり、誓いの一部であったし、また誓いの儀式の時間中は退室しておくという選択肢も処罰と同じ効果をもつもので許されないとして、不起立の権利を容認した。

学校内での黒腕章の着用による抗議を認めたティンカー事件における、校内での表現の制約を正当化する立証責任は学校当局にあるとする法理、および混乱の恐れは表現を制約する根拠とならないとする法理は、国旗宣誓・敬礼の拒否の事件でも適用されるようになった。その一つのフレイン事件判決は、「座ったままでいるという原告に選択された特定の形態の抗議が、物理的に他の生徒の権利を侵害したり混乱を引き起こしたりしたということを学校側が当法廷を説得しなければならない」とし、また「無秩序の恐れは、修正第1条の権利の平和的な行使を制限する根拠から除外されてきた」と判示した。これのみならず、当該判決は、「教育上の観点」または「礼儀に訴えかけること」も「修正第1条の保障内の表現に対する強制的な対応措置の根拠としては不十分である」とし、また他の生徒が同調したという事実は混乱とか無秩序を引き起こしたことにはならず、むしろ「修正第1条は、効果のない抗議（ineffective protests）と同様に、好結果の異議（successful dissent）も保護する」とした。これらは、バーネット判決とティンカー判決の補填・展開と言える重要な内容を有していた。このうち、好結果の異議の憲法上の保護の法理は、ハノーヴァー事件判決において、教師の行為が生徒へ影響を及ぼす場合にも適用された。[注]

> （注）「混乱の恐れ」との関係では、生徒新聞の発行を学校側が他の生徒の反発を理由として禁止しようとした行為について、たとえ他の生徒が反発して現実に学校活動を混乱させたとしても、そのことで新聞発行した生徒側が犠牲にされるべきではないとした判決も出されている（Sullivan v. Houston Independent School District, 307 F. Supp. 1328〔S.D.Tex. 1969〕）。

五　市民による国旗侮蔑・焼却――連邦憲法修正第1条上の「表現的行為」

(1)　ストリート事件判決

　不起立による国旗宣誓・敬礼の拒否にしても、黒腕章の着用によるヴェトナム戦争抗議にしても、それらは基本的には「静かで受動的な意見表明」であったが、国旗侮辱・焼却となると、それが能動的で、場合によっては騒々しい意見表明であることによって、より緊張した憲法解釈が求められてきた。

　連邦最高裁は1969年のストリート事件では、言葉と行動を分離することによって厳しい事例を切り抜けた（Street v. New York, 394 U.S. 576）。ニューヨーク州法下で国旗に対する言葉による侮蔑と国旗焼却によって訴追され、下級審で有罪にされた被告人を、連邦最高裁は、当該州法は国旗に対して侮蔑的な言葉を話すことで処罰しているので、その州法の本件への適用は違憲であるとした。つまり、判決は、国旗焼却という行動でなく侮蔑的な言葉のみに焦点を当てて被告人を無罪としたのである。この判決は五人の裁判官によるものであるが（法廷意見はハーラン裁判官が執筆）、残りの四人の裁判官は国旗焼却という行動で有罪とした（このうちの一人は侮蔑的言葉でも有罪とした）。

　当該判決は、本件で想定される「政府の利益」は、①被告人が他人に不法な行為を言葉でそそのかすのを抑制するという利益、②挑発された他人が治安妨害を引き起こすような扇情的な言葉を被告人が話すのを防止するという利益、③被告人の言葉から通行人の感情を保護するという利益、④被告人が国旗に当然の敬意を示すのを確保するという利益であるが、これらのいずれの利益も被告人の有罪を正当化しないとした。つまり、第一に、被告人は不法な行為を他人にそそのかしたのではなく、アメリカの国旗を捨てるべきだという考えを公共の場で唱導したにすぎない。第二に、一部の人間が被告人の言葉に挑発されるかもしれないが、その言葉は「平均的な人間（the average person）を報復へと挑発し、そのことで治安妨害を引き起こし得る」ような「喧嘩言葉（fighting words）」であるほど本来的に扇情的なものではなかった。第三に、我々の憲法下では、公共の場での思想の表現は、それを聴く者の一部を不快にさせるという理由だけで禁止されることはできない。第四に、バーネット判決が言うように、憲法上の星座の不動の星は「正統」の設定の禁止であり、憲法的に保障された「精神的に多様で、対立さえする自由」および「現存の秩序の核心に触れる事柄について他人と異なる自由」は、挑戦的で侮蔑的な意見を含めて、国旗についての意見を公共の場で表明する

自由を包含している。当該判決におけるこれらの無罪の論拠は、言葉の問題に関する限り、連邦最高裁のそれまでの判例に沿っていた。

(2) ゴーグェン事件判決及びスペンス事件判決

連邦最高裁は1974年に、国旗侮蔑に関連する二つの判決を出した。

一つは、アメリカ国旗を尻のところに縫い付けたズボンを穿いていた被告人がマサチューセッツ州法下で訴追されたゴーグェン事件の判決であるが（Smith v. Goguen,415 U.S. 566）、連邦最高裁は、当該州法の侮蔑条項は過度に広範で漠然としているという理由で違憲と判断した。本件では、より本質的な国旗侮蔑の問題それ自体は争点とはならなかった。

もう一つは、カンボジア侵攻等に抗議して、ピース・シンボルを張り付けたアメリカ国旗を自分のアパートの窓から逆さまに垂らしていたことで、一定の加工をした国旗の展示を禁止したワシントン州法下で訴追されたスペンス事件の判決である（Spence v. Washington, 418 U.S. 405）。この判決は、事件の性質上、ストリート事件判決での四つの「政府の利益」の第一点を除いた三点との関係で判断した。治安妨害については全く問題にならず、また通行人の感情については、ストリート事件判決と同じ趣旨のことが述べられた。さらに、国家の純粋なシンボルとしての国旗を維持するという政府の利益については、判決はこう論じた。国旗は人によって様々な程度で異なった意味をもち、人はシンボルからそれに自ら注ぎ込む意味を受け取る。シンボルは「意味のスペクトル（a spectrum of meanings）」を同時的に伝達する。国旗もそうである。被告人は神聖冒涜法の下で訴追されているわけではなく、また国旗を恒久的に損傷したり破壊したりしたわけでもない。被告人は、国旗が思想を伝えるために常に使用される仕方に類似した方法で国旗を展示したにすぎず、これは修正第1条の保障の範囲内にある。

当該判決が、その直接的射程として、加工した国旗を窓から逆さにつるすという行動による思想表現は修正第1条上の権利であるとしたことは、言葉による思想表現に焦点を当てていたストリート判決をさらに展開したものである。また、当該判決における、国旗は使用の仕方で自由に自分の思想を伝達することができるという「意味のスペクトル」論の内容は、理念的にバーネット判決での「正統」の設定の禁止とも関係する一定の意義を有している。これらの点はともかく、このスペンス事件は、国旗が被告人本人の所有であったこと、加工国旗の展示が本人のアパートの窓であったこと、神聖冒涜法下で訴追されていたのでないこと、国旗を恒久的に損傷・破壊したものでないこと等からして、事案の性質はさほど

深刻な憲法問題を内包してはいなかった。ところが、次のジョンソン事件は異なっていた。

(3) ジョンソン事件判決

　1989年のジョンソン事件では、国旗が他人所有であったこと、行為がダラス市庁舎前で行われたこと、国旗等の冒涜を禁止するテキサス州法下で訴追されたこと、レーガン政権に抗議するため国旗を恒久的に破壊したこと等からして、連邦最高裁は国旗に関わる本質的な憲法問題の審理を避けることができなかった。

　連邦最高裁は5対4で、当該州法の適用は修正第1条違反であるとした（Texas v. Johnson, 491 U.S. 397）。ブレナン裁判官が法廷意見を執筆し（これに、マーシャル、ブラックマン、スカリア、ケネディの各裁判官が加わった）、ケネディ裁判官が補足意見を執筆した。また、レーンクィスト首席裁判官（これに、ホワイト、オコナーの各裁判官が加わった）とスティーヴンズ裁判官がそれぞれ反対意見を執筆した。

>　（注）　この事件のレーンクィスト反対意見は、ジョンソンが国旗を「合法的な所有者から盗んだ」としているが、より正確には、ジョンソンは、デモ参加者の一人によって国旗掲揚ポールから下ろされた国旗を手渡されたのである。また、日本の沖縄国体「日の丸」焼却事件の控訴審判決（福岡高裁那覇支部判・1995年10月26日、判例時報1555号140頁）は、ジョンソン事件が「日の丸」焼却事件と「明らかに異なっている」点として、ジョンソンが「自己所有の旗を公然と燃やしたに等しい」ことをあげているが、これも不正確である。

　当該判決は審査を次のように段階づけた。まず、本件の国旗焼却が修正第1条の発動を許すような「表現的行為」であるか否かを決定しなければならない。次に、国旗焼却が「表現的行為」であるとすれば、州の規制が「自由な表現の抑圧に関わるもの」であるか否かを決定しなければならない。もし表現の抑圧に関わるものでない場合は、オブライエン事件判決での「より厳格でない基準」が適用され、もし表現の抑圧に関わるものである場合は、州の規制は「最も厳格な審査」に服することになる。

　そうして判決は、まず、修正第1条の保護は「言論」のみに及ぶものではなく、このことは、学校で黒腕章を着用したティンカー事件の判決、「白人専用」場所に黒人が座り込みをしたブラウン事件の判決、劇の上演でアメリカ軍服を着用したシャハト事件の判決が、それぞれの表現的性質を認めてきたし、また、国旗に加工したスペンス事件の判決、国旗敬礼を拒否したバーネット事件の判決、赤旗

を展示したストロムバーグ事件の判決は、それぞれ国旗に関係する行為の意思伝達的性質を承認してきたと述べた上で、本件の国旗焼却も「意思伝達の要素が十分に染み込んだ」行為であった、とした。

次に判決は、州の規制が自由な表現の抑圧に関わるものであるか否か、換言すれば、州の利益が表現の抑圧とは関係がないものか否かを、州が主張している利益である①治安妨害の防止、および②国家性と国民的統一のシンボルとしての国旗の維持との関係で判断した。

①の治安妨害の防止については、判決は、本件の国旗焼却を理由としていかなる治安の混乱も起きなかったし、起きる恐れもなかったとしたのみならず、さらに続けて、一部の人々が「ひどい不快感」を覚えたとしても、それを根拠に表現を禁止することは許されず、むしろ「我々の政治制度の下での自由な言論の主な機能は、紛争を招くことである。実際、自由な言論が不安の状況を誘い出したり、現状への不満を生み出したりする時、さらには人々の怒りをかき立てる時に、自由な言論の高い目的が最も満足させられると言ってもよい」(1949年のターミニーロ事件連邦最高裁判決)ということを承認してきた、と判示した。そうして、判決は、本件の表現的行為は「平均的な人を報復へと挑発し、そのことで治安妨害を招きそうな喧嘩言葉」(1942年のチャプリンスキー事件連邦最高裁判決)の範疇に入らないし、「分別ある見物人(reasonable onlooker)」がジョンソンによる連邦政府の政策への不満の一般的表現を、直接的で個人的な侮蔑または乱闘の誘引と見なすこともない、と論じた。

単に「治安妨害の可能性」の立証だけでは表現抑制の根拠となり得ないとした判決のこの部分は重要な意義を有している。ティンカー事件判決が、学校での意見表明の自由の憲法上の保障は「混乱のリスクの引き受け」をも前提としていると明示したが、本件のジョンソン事件判決はターミニーロ事件判決を引用することによって、「混乱のリスクの引き受け」の原理を学校外での一般社会にも適用した。また、当該判決の法理は、「平均的な人」「分別ある見物人」でない一部の者が、国旗焼却に挑発されたふりをして意図的に治安妨害を引き起こした場合、その責任は治安妨害を起こした者にある(つまり、当局の取締り対象は意見表明者ではなく、意見表明者への攻撃者である)ということをも含意していた。

②の国家性と国民的統一のシンボルとしての国旗の維持という州の利益が、本件の国旗焼却という表現に関係しているか否かについては、当該判決は、国旗に反映されているとされている理念は実際には存在せず、他の理念を反映しているという被告人のメッセージの伝達の抑制に本件の州の規制は関係しているとして、

本件には「より厳格でない基準」であるオブライエン・テストは適用されないと判断した。

最後に、当該判決は、国旗の特殊な象徴的性質を維持することへの州の利益を「最も厳格な審査」の下で検討し、次のように結論づけた。

「もし修正第 1 条に基盤的原理があるとすれば、それは、政府は社会が不快だとかまたは賛同できないとか思うだけで、ある考えの表現を禁止することはできないということである」。先行判例は、国旗に関わる場合でさえ、この原理に例外を認めてこなかったし、州が国旗に関係する表現的行為を禁止することによって、国旗についての州の考えを助長してもよいと示していない。「書かれた又は話された言葉」と「非言語的行為」の区別は、本件のように、非言語的行為が表現的である場合には、またその行為の規制が表現に関する場合には、重要でなく、そうした行為も憲法上、保護される。州は、国旗の象徴的役割を危うくしそうである場合には国旗焼却を禁止でき、他方で、国旗の象徴的役割を助長する場合－例えば、汚れた国旗を儀式的に焼却する場合－には国旗焼却を許すことができると、もし当法廷が判断するとすれば、それは、シンボルとしての国旗を「一つの方向においてのみ」使用してもよいと当法廷が言うことになる。それはまた、国家性と国民的統一という国旗の象徴性を危うくしない場合のみ、国旗を焼却することができるとすることで、州が「何が正統であるかを定める」のを当法廷が認めることになる。人種差別否定という神聖な理念の広い普及は「思想の市場（the marketplace of ideas）」に任されるのと同様に、国旗の扱いも「諸原理の間の馬上槍試合（the joust of principles）」に任される。国旗のためにこの例外を作るのは許されない。政府は、純粋なシンボルとしての国旗を維持するために「努力（efforts）」することへの正当な利益をもっているが、このことは、政治的抗議の手段として国旗を焼却することを処罰してもよいということを意味しない。本件判決は「国旗が反映している自由と包摂の原理」の再確認であり、本件のような国旗焼却の許容は「我々の力の表示と源泉であるという信念」の再確認である。

この結論部分は、それまでのバーネット、ストリート、スペンスという国旗に関連する連邦最高裁判決の法理を、国旗焼却という行為に焦点を当てて継承・補填・展開したものである。このうちの「諸原理の間の馬上槍試合」論は、バーネット事件判決での正統の設定の禁止の原理を異なった角度から述べたものとして注目される。ただし、バーネット事件判決での既述の「説得」と「模範」の許容の問題と同様に、本件ジョンソン事件判決が、純粋なシンボルとしての国旗を維持するために努力することへの政府の利益を許容していることには一定の曖昧さ

がある。国旗の扱いが「馬上槍試合」に任されるのであれば、政府も一介の対等な「騎士」にすぎない。もし、政府が権力とか権威を後ろ盾にして試合に出場するとすれば、公正な試合は期待されない。判決のいう「諸原理の馬上槍試合」論を維持するには、政府の「努力」は権力とか権威を背景としない行為に限定されなければならないであろう。

(4) アイクマン事件判決

　ジョンソン事件判決に衝撃を受けた連邦議会の上院と下院は、それぞれ97対3、411対5という圧倒的多数で、当該判決を批判する決議を採択し、あわせて連邦議会は、1989年、「国旗保護法（The Flag Protection Act）」を成立させた（正確には、1968年連邦法の改正）。この法律は、アメリカ国旗を故意に損傷・冒涜・焼却等をした者に刑事罰を課すると規定していたが、「擦り切れた又は汚れた」国旗の処分のための行為は処罰から除外していた。連邦最高裁に対する連邦議会の明白な挑戦であった。国旗保護法の違憲性は意外に早く連邦最高裁の審判の対象となった。市民が国旗保護法に挑戦したアイクマン事件である。二つの国旗焼却事件を併合審理した連邦最高裁は1990年、5対4で国旗保護法の適用は違憲であると判示した（United States v. Eichman, 496 U.S. 310）。違憲（ブレナン、マーシャル、ブラックマン、スカリア、ケネディ）と合憲（スティーヴンズ、レーンクィスト、ホワイト、オコナー）の裁判官の顔触れはジョンソン事件と全く同じであった。

　ブレナン裁判官執筆の法廷意見は、ジョンソン事件判決とほぼ同様の論理で国旗保護法の適用を違憲としたが、今回は特に連邦議会の法律ということで、次のような指摘を行った。国旗焼却の禁止を支持する「国民的合意」を連邦議会が最近確認したことに照らして、当法廷のジョンソン事件判決を再検討するようにという連邦議会の提唱を当法廷は拒否する。このような合意が存在すると仮定しても、「言論を抑圧する政府の利益は、その言論への人民の反発が大きくなるにつれて、より重くなるという示唆は、修正第1条とは全く関係のないものである」。

　要するに、連邦議会が「国民的合意」を背景として、いくら連邦裁判所に圧力をかけようとも、その圧力に全く影響されずに、連邦裁判所は憲法解釈の権限を独立して行使するという、至極まともで当然のメッセージを発信したのである。

六　国歌、州の標語、教師在職条件としての思想賛同等に関わる諸判決

(1)　シェルダン事件判決

　アメリカでは国旗宣誓・敬礼の拒否に関わる事件は多いが、「国歌」斉唱の拒否に関係する事件は少ない。その数少ない例の一つが、小学校での国歌斉唱の際に、宗教上の理由により起立を拒否して停学処分にされたことの違憲性が争われたシェルダン事件である。

　国歌斉唱の拒否に対する処罰を違憲とする判例法理は、国旗宣誓・敬礼の拒否に対する処罰を違憲とする法理とほぼ同じである。シェルダン事件に対する1963年のアリゾナ地区連邦地裁判決も、バーネット事件連邦最高裁判決に依拠して処罰を違憲と判断した（Sheldon v. Fannin, 221 F.Supp. 766）。シェルダン事件での拒否理由は宗教上のものであったが、判決は、バーネット判決は「修正第１条全体に固有の原理、すなわち、統治権力は戦時の『国民的統一』という名目においてさえ、何らかの信条の不本意な表明を直接的に強いることは許されない、という原理に基づいていた」として、宗教信仰以外を理由とする拒否も広く認めた。その上で、判決は、学校側による起立強要の正当化理由は「紀律の維持」ということであるが、これは生徒が有する修正第１条上の権利の「優越的地位（preferred position）」と比較すると、全く薄弱なものであり、実際的にも、起立の拒否の容認は、紀律上の問題を引き起こすというよりむしろ学級全体にとって「アメリカ政治のすばらしい授業」となる、と判示した。

(2)　ウリー事件判決

　ニューハンプシャー州法は、州の標語「自由か、しからずんば死か」の文字を乗用車のナンバープレート上に掲出するよう要求し、違反者は処罰された。同州の市民が、その標語は本人の「道徳的、宗教的、政治的信念」に合わないとして、自分の乗用車のナンバープレート上の標語を覆い隠したことで、逮捕・処罰された。ウリー事件である。連邦地裁は市民側の主張を認めて、将来にわたって州が市民を逮捕・訴追することを禁止した。1977年の連邦最高裁判決も連邦地裁判決を肯定した（Wooly v. Maynard, 430 U.S. 705）。

　バーガー首席裁判官執筆の法廷意見は、標語を覆い隠す行為を「象徴的言論（symbolic speech）」の観点から判断した連邦地裁判決と異なって、本件を思想の自由上の「全く話さない権利」に根拠づけて、次のように論じた。「修正第１条

によって保護される思想の自由の権利（the right of freedom of thought）は、自由に話す権利と全く話さない権利の両方を含む」。「宗教的、政治的、イデオロギー的な主義を広める権利を守る制度はまた、他方で同時に、このような理念を助長するのを拒否する権利も保障する。話す権利と話さない権利は、『個人の精神の自由』の広義の概念の相互補完的な要素である」。本件のような「本人が受け入れ難いと考えているイデオロギー的な観点の遵守を促進する手段となるように個人に強制する州の方策」は、修正第一条が保障する「知性と精神の領域」を侵害する。州民の多数が標語の押しつけに賛成しているという事実によっても本件は合憲とならない。国旗敬礼もアメリカ人の多数が賛成している。「修正第1条は、個人がマジョリティとは異なった見解をもったり、または道徳的に賛成できないと考える理念を、ニューハンプシャーが命じるような方法で促進するのを拒否したりする権利を保護している」。

　この法廷意見のいう「思想の自由の権利」の内容としての「自由に話す権利」と「全く話さない権利」は、実は、バーネット事件で連邦最高裁のマーフィ裁判官の補足意見が明示していたものであるが、その時はマーフィ裁判官は「思想と宗教の自由の権利（the right of freedom of thought and of religion）」の内容として述べていた。この点はともかく、「全く話さない権利」は沈黙の自由を意味しているが、それは単なる内心の自由のみでなく、内心を防衛するための外的な拒否行為をも含んでおり、また、その権利の具体的内容として提示されている「宗教的、政治的、イデオロギー的な理念を助長するのを拒否する権利」および「本人が受け入れ難いと考えているイデオロギー的な観点の遵守を促進する手段となることを拒否する権利」は、本件のような事例のみならず、国旗宣誓・敬礼や国歌斉唱のような場合にも適用され得るものである。また、本件の標語付着にしても国旗敬礼にしても、マジョリティが賛成しているという事実が「知性と精神の領域」の侵害を合憲化しないという法理は、「国民的合意」があるからといって国旗保護法を憲法的に正当化できないとしたアイクマン事件連邦最高裁判決の法理と理念的に通底していた。

(3) アブード事件判決
　ミシガン州のデトロイト市教師連合は、同市教育委員会に雇用された教師の独占的組合であり、この組合と教育委員会は、「エイジェンシー・ショップ」条項（交渉代理条項であり、これはミシガン州法により公認されていた）を含む団体交渉協約を締結していた。当該条項は、たとえ組合員でなくとも、在職の条件と

して組合費相当額を組合に支払うことを要求していた。一部の教師が、組合は本人たちの賛同しない経済的、政治的、宗教的な種々の活動・事業を行っているので、組合費相当額を支払う意思がなく、この支払いを在職条件として強制する「エイジェンシー・ショップ」条項は修正第1条に違反するとして提訴した。アブード事件である。

本件では争点が複数あったが、在職条件としての思想賛同の拒否に関わる部分について、その拒否を認めた連邦最高裁判決は、バーネット事件判決での「正統」の設定の禁止の原則を中核に据えて、1977年、次のように判示した（Abood v. Detroit Board of Education, 431 U.S. 209）。「修正第一条の心臓部には、個人は自由に自分の信条をもつべきだという観念、および自由な社会では人の信条は州によって強制されるのでなく、本人の精神と良心によって形成されるべきだという観念が存在する」。バーネット事件判決での「正統」の設定の禁止の原則は、本件にも適用されるのであり、組合と教育委員会等が「公立学校の教師としての職を保持する条件として、本人が反対するイデオロギー的な主義の支持に貢献するよう教師に要求することを禁止している」。

当該判決は、「エイジェンシー・ショップ」条項そのものを無効としたわけではないが、バーネット事件判決での「正統」の設定の禁止の原則に直接的に依拠して、思想賛同を教師の在職条件とすることを明確に禁止したものとして注目される。

七　連邦最高裁判例に対する抵抗──ゴビティス事件判決の系譜

1940年のゴビティス事件連邦最高裁判決は、国旗忠誠の宣誓・敬礼の儀式に対して肯定的価値判断をした上で、方法の選択面で司法は介入すべきでないという見地を採ることによって、当時の現実を司法的にほぼ全面的に追認した。この判決に関して、本稿は既に、世論や議会の多数者意思にもかかわらず個人の人権は確保されるべきという視点を欠いた法廷意見には、国旗に象徴される「アメリカン・デモクラシー」に対する盲目的な信仰が伏在していた、と論じておいた。ゴビティス事件判決における、「国民的統一は国家的安全の土台である」という信念、世論や議会の多数者意思を尊重するのが「デモクラシーの伝統的理念」とする確信、「一体化感情」を喚起する方法の決定は連邦でなく各州に任されているとする認識、これらは、既述のように、この判決に孤立して出ていたものでなく、「建国」以来の「アメリカン・デモクラシー」の核の部分を集中的に表出してい

たものである。そうであるがゆえに、このゴビティス事件判決の思想は、3年後の劇的なバーネット事件連邦最高裁判決にもかかわらず、かつバーネット判決の法理が連邦最高裁で継承・補填・展開されてきたにもかかわらず、その後も依然として根強く存続したし、現に存在している。

　ゴビティス事件判決の系譜に属する判決は、各州の裁判所または連邦裁判所の下級審において出されており、そのなかの少数が連邦最高裁にまで持ち上げられて審理されるにすぎない。その連邦最高裁においてさえ、本質的にはゴビティス事件判決の系譜に属すると考えられる反対意見が繰り返し提示されている。例えば、1974年のスペンス事件でのレーンクィスト反対意見、1989年のジョンソン事件でのレーンクィスト反対意見、1990年のアイクマン事件でのスティーヴンズ反対意見がそうである。

(1) スペンス事件のレーンクィスト反対意見

　スペンス事件のレーンクィスト反対意見は、わざわざ古い判例集のなかから1907年のハルター事件連邦最高裁判決を抜き出して、自分の見解をこう代弁させた。「問題の州法は、明らかに、ネブラスカ州の人民の間に愛国感情を培養する目的のなかにその起源があるので、我々は、その目的のための立法において、州が職務を誤ったとか、誰かの憲法上の権利を侵害したとかを宣告するのに気が進まない。反対に、州が不可分につながっている合衆国を愛するように人民を奨励するあらゆる法的手段において、それを選ぶ職務は各州に任されているということは、合理的に肯定され得る」。バーガー首席裁判官とホワイト裁判官が加わった当該反対意見は、ゴビティス事件判決の系譜に属しているが、内容上は比較的にさほど刺激的ではない。

(2) ジョンソン事件のレーンクィスト反対意見

　ところが、ジョンソン事件のレーンクィスト反対意見は（これにホワイト、オコナーの各裁判官が加わった）、ゴビティス事件判決の土台にあった「愛国主義」の喚起のための国旗という思考、換言すれば「アメリカの大義」のために自己犠牲の精神を喚起する国旗という思考を臆面もなく出していた。こうである。

　国旗は、アメリカの独立の際、国内では13州の植民地を団結させるのに、対外的には国家主権の承認を獲得するのに役立った。第一次と第二次の二度の世界大戦では、多くのアメリカ人が「アメリカの大義」のために外地で死んだ。第二次大戦中の硫黄島では、アメリカ海兵隊は団結して日本軍と戦った。勝利した海兵

隊は擂鉢（すりばち）山の頂上にアメリカ国旗をはためかしたが、それには約6000のアメリカ人の生命が犠牲となった。アーリントン国立墓地の硫黄島記念碑はその出来事を記録している。朝鮮戦争におけるアメリカ軍の陸海共同の仁川上陸の成功は、作戦の1時間内にアメリカ国旗を掲げることで記録された。「政府は兵士をアメリカ軍へ徴集することができる。軍では兵士は戦闘しなければならないし、ひょっとすると国旗のために死ななければならないかもしれない」。ところが、当法廷判決によれば、「兵士がその下で戦う国旗を、政府は公共の場で燃やすことを禁止してはならない」とされるのである。「私は、テキサス州法が本件に適用されるのを支持する」。

　国旗の最も重要な機能の一つが、戦争時に兵士に自己犠牲の精神を発揮させることであることはつとに知られている。つまり、国旗は「死」と不可分の国家シンボルであるわけである。このことを連邦最高裁の首席裁判官たるレーンクィストが、何の躊躇もなくかつ気分の昂まりを出して、認めているところに一種の異様さがある。

(3) アイクマン事件のスティーヴンズ反対意見

　アイクマン事件のスティーヴンズ反対意見は（これに、レーンクィスト首席裁判官、ホワイト、オコナーの各裁判官が加わった）、上のレーンクィスト反対意見を継承し、かつそれにアメリカの「理想」を引きつけて、次のように言う。アメリカ国旗の「象徴的価値」は少なくとも二つある。第一に、「国家的危機の時期において、国旗は、平均的市民に、圧倒的重要性をもつ社会的目標を獲得するために個人的犠牲を払うように鼓舞し、動機づける」。第二に、「あらゆる時代において、国旗は、我々の社会を特徴づけている諸理想を追求することの卓越した重要性を想起させるものとして奉仕する」。この後者について、当該反対意見はさらに詳しく説明する。「国旗は、アメリカ人が我々の歴史を通して、情熱的に擁護し議論してきた理念すなわち自由、平等、寛容という理念を比類なく象徴している。国旗は、そのような理想への我々の国家的関与の精神を具体化している」。世界に対しては、「アメリカ国旗は、我々がこれらの理想のために奮闘し続けるという約束である」。国内に対しては、「アメリカ国旗は、自由と平等のための闘争は止むものではないということ、および我々の同僚市民のすべてに対する我々の寛容と敬意の義務は、我々に賛同しない人々——実際には、その考えが嫌悪すべきで不快な人々でさえ——をも含み込んでいるということの両方を想起させるものである」。よって、政府は、国旗の「象徴的価値」を保護すべきである。

まさにここには、ゴビティス事件判決と同種の「アメリカン・デモクラシー」に対する盲目的信仰ないし「アメリカン・デモクラシー」の自己中心的な宣揚が出ている。アメリカ国旗が象徴しているとされる「自由、平等、寛容」を、はたしてアメリカ人がアメリカの歴史を通して「情熱的に擁護」してきたものであるかどうか、称賛的な著作（アメリカ内外を問わず多い）を読むことによってでなく、自ら少しでもアメリカ史を点検すれば、そのいかがわしさが透けて見えてくる（この論証は、土屋英雄『自由と忠誠』〔尚学社、2002年〕162頁以下参照）。ゴビティス事件で、抵抗の対象となった国旗忠誠の誓いの言葉は、「私は、私の国旗に、およびそれが象徴する共和国すなわち全ての人に自由と正義をもたらす、不可分の一つの国家に、忠誠を誓います」というものであった。ゴビティス事件では抵抗は宗教的理由によるものであったが、宗教的理由によるもの以外の、その後の国旗宣誓・敬礼拒否の事件の多くは、国旗への忠誠の誓いの言葉のなかの「全ての人に自由と正義をもたらす」国家という部分は「事実を反映していない」とか「偽善である」とかの確信に基づいていた。実は、この確信は決して「奇妙な」見解ではなく、歴史的に十分な根拠があったことに注意する必要がある。

(4) **抵抗と判例尊重**——ジャンセン事件・ウィスコンシン州最高裁判決

ジョンソン事件判決後は、連邦議会は、バーネット判決の法理の換骨奪胎どころか、国旗冒涜等を禁止する憲法修正にさえ着手した。この修正案は、1989年、90年、95年、99年に議会に提出されたが、いずれも下院または上院で三分の二の賛成がとれずに否決されている。例えば、1999年提出の修正案は、下院では305対114により可決されたが、上院で63対37（3分の2に4票の不足）により否決された。これらのことや世論調査の結果からして、アメリカの「多数者意思」は国旗冒涜等を禁止する修正案に賛成であるとみてよい。これを支えているのが、アメリカの「自由、平等、寛容という理念を比類なく象徴している」とされるアメリカ国旗への自己中心的思い入れである。そして、この思い入れは、多数者意思に関係なく個人の人権が保護されることを担保すべき連邦最高裁においてさえ、ゴビティス事件判決からアイクマン事件スティーヴンズ反対意見まで連綿と存続している。

また、ジョンソン事件、アイクマン事件の連邦最高裁判決によって、国旗冒涜関連の各州法（連邦の国旗保護法も）が廃止されたわけではないということにも注意する必要がある。しかも、違憲判決が出される場合でも、州レベルでは「しぶしぶ」という感じである。例えば、ウィスコンシン州法に関係する、1998年の

ジャンセン事件ウィスコンシン州最高裁判決がそうである（State of Wisconsin v. Janssen, 580 N.W.2d 260,〔Wis.1998〕）。これを次にみてみよう。

1996年、ジャンセンとその友人の数人は、ウィスコンシン州のアップルトン市内のゴルフ・コースに掲揚されているアメリカ国旗を三度にわたって盗み、三回目の時には、「ゴルフ・コースの金持ち野郎へ。おまえたち馬鹿者どもはいつになったら分かるようになるのだ？‥‥‥おまえたちが国旗を掲げるかぎり、我々はそれを燃やしてやる。‥‥‥」という趣旨の手書きのメモを現場に残した。ジャンセンは約一ケ月後に逮捕され、「国旗を意図的かつ公然と損壊、冒涜したり又は侮蔑したりする者」を処罰する同州の国旗冒涜禁止法等によって訴追された。第一審（the circuit court for Outagami County）と第二審（the court of appeals）はいずれも、当該州法は「文面上、漠然としていて過度に広範である」という理由で違憲であると判示した。

同州最高裁も下級審判決を支持し、当該州法は文面上、過度に広範であることで違憲であり、またその過度の広範性は、限定解釈することによって、または同法内の違憲条項を切除することによって、治癒されることができない、と判示した。

州最高裁判決は結論的には、連邦最高裁のストリート事件判決（1969年）、ジョンソン事件判決（1989年）、アイクマン事件判決（1990年）等に依拠して違憲の判決を出したが、判旨全体にはゴビティス事件判決の思想が濃厚に浸透していたことに注意が必要である。

州最高裁判決は、まず、その判決文の冒頭近くで、ジョンソン事件でのレーンクィスト反対意見のなかの、「多数のアメリカ人は、いかなる社会的、政治的、思想的な信念をもつかにかかわらず、国旗をほとんど神秘的な崇敬の念（mystical reverence）でもってながめている」という文章を引用した上で、次のように言う。「アメリカ国旗は自由の世界的なシンボル（a world-wide symbol of freedom）である。国旗は、我々がアメリカ人としての生活のなかで果たしてきた犠牲的行為を象徴しており、我々の大部分にとって尊敬と名誉を受ける価値を有している」。また、当該判決はその判決文の最後近くで、ジョンソン事件でのケネディ補足意見のなかの、「辛いことは、時には我々が出したくない判決を出さなければならないことである。我々がそうした判決を出すのは、法体系と憲法がそういう結果を強制しているという意味で、その判決が正しいからである」という文章を引用した上で、次のように言う。「ジャンセンの行為に我々は深く嫌悪感を抱いている。その行為は不快なものであり、いかなる社会的価値も全くない。多くの者に

とって、特にわが国のために戦ってきた者にとって、はずかしめである」。「わが国のシンボルを守るために合衆国憲法を修正するのが、この国の人民の意思であるならば、それは通常の政治的回路を通してなされなければならない」。

これらの論述は、「アメリカン・デモクラシー」を象徴する「国旗」への盲目的信仰を背景として出されたゴビティス事件判決の思想的系譜に属するとみてよい。にもかかわらず、州最高裁は憲法の命令に従うことが「我々の唯一の職務である」として、結論的には違憲判決を出した。これはこれで、裁判所としてのりっぱな見識である。連邦憲法および連邦最高裁のこれまでの判例が（とりわけ後者が）、「国旗」等の問題上でぎりぎりの歯止めとなっていることの意義がここにある。

八　結びにかえて——アメリカと日本の比較の仕方

最後に、アメリカの「国旗・国歌」等の問題と日本の「日の丸・君が代」等の問題と比較して考える場合に注意すべき点を指摘しておく。この両者の問題を比較検討する際に重要なのは、アメリカと日本の各憲法に共通する二つの原理からアプローチするということである。一つは個人の人権保障という原理であり、もう一つは人民主権（国民主権）という原理である。

アメリカの「国旗・国歌」等が強制される場合、それは連邦憲法上の信教の自由、思想の自由、表現の自由を侵害することになるということは、バーネット事件判決後、少なくとも連邦最高裁の判例法理として確立されてきた。つまり、アメリカでは、20世紀中葉から、憲法上の個人の人権保障という原理との関係で、「国旗・国歌」等に関連しての沈黙の自由、強制されない自由、その自由を行使したことで不利益処分を受けない自由等は、政治上と社会上の「多数者意思」との間に鋭い緊張・対抗関係がありながらも、司法上で保障されてきた。また、人民主権の原理との関係では、アメリカの「国旗忠誠の誓いの言葉」「国歌」等は、歴史的に深刻な自家撞着性を内包しているにしても、それらの形式的内容は、少なくとも抽象的にはアメリカ人民の「主権者意識」を養成・高揚させる機能を有していても、「主権者意識」を減退・摩滅させる機能を有していない。つまり、アメリカの「国旗忠誠の誓いの言葉」「国歌」等は形式内容的には憲法上の人民主権の原理と相克するものではない（ただし、アメリカの「国旗・国歌」が、アメリカ人民以外の人々——アメリカ国内と国外——にとっては、「抑圧」「支配」「侵略」の象徴として機能する場合があったことは、日本の「日の丸・君が代」と同

様である）。

　他方、日本の「日の丸・君が代」の強制が、連邦憲法下での「国旗・国歌」の強制と同様に、日本国憲法上の信教の自由、思想の自由、表現の自由を侵害するものであることは明白である。しかし、これに関する日本の最高裁の具体的な判例法理は未確立である。つまり、憲法上の個人の人権保障の原理との関係では、日本の「日の丸・君が代」に関しての沈黙の自由、強制されない自由、その自由を行使したことで不利益処分を受けない自由等は、政治上、行政上、社会上で既に現実に侵害されていながら(注)、これに対する司法上の規制がいまだほとんど及んでいない。また、国民主権の原理との関係では、一体としての「日の丸・君が代」は、その歴史的側面からしても内容的側面からしても、それが浸透すればするほど、国民のなかに「臣民意識」を養成・高揚させる機能を有していても、国民のなかに自立した「主権者意識」を養成・高揚させる機能は有していない。つまり、「日の丸・君が代」は内容的に憲法上の国民主権の原理の基盤を掘り崩すものである。仮に「国旗・国歌」が必要だとすれば、それは、少なくとも、国民主権の原理に沿い「主権者意識」を養成・高揚させるものでなければならない（当然、こうした類の「国旗・国歌」でさえ、その強制は憲法上、許されない）。要するに、「日の丸・君が代」の強制という現実は、憲法上の個人の人権保障の原理と国民主権の原理の両方を侵害しているものである。この二重侵害は、その放置の期間が長くなればなるほど、日本国憲法の土台が確実に溶解していくことになる。

　　（注）　日本でのこの侵害は「多数者意思」に基づくものではないということにも注意すべきである。たとえば、2004年の東京都民の世論調査によれば、「都教育委員会は、卒業式などの式典で、君が代斉唱時に日の丸に向かって起立することを教職員に義務付ける通達を出しました。こうした対応をどう考えますか」という質問に対して、「日の丸、君が代を敬うのは当然で、義務付けも当然だ」の答えが24・9％、「日の丸、君が代を敬うのは当然だが、義務付けは行き過ぎだ」という答えが36・7％、「内心の自由の問題で、義務付けるべきでない」という答えが35・4％で、後二者の義務付けは行き過ぎ・義務付けるべきでないが合わせて72・1％であった（東京新聞2004年7月5日）。2005年の同様の世論調査でも、義務付けは行き過ぎ・義務付けるべきでないが70・7％を占めている（東京新聞2005年6月2日）。

　アメリカ司法界に部分的だが根強く存在する「国旗・国歌」信仰の危険性を認識する必要があると同時に、少なくとも連邦最高裁がバーネット事件判決以後に展開してきた判例法理については、同じく個人の人権保障の原理と国民主権の原理を土台とする日本国憲法を「日の丸・君が代」との関係で解釈する際、最低限

の目安として参考に値する内容を有しているとはいえる。ここでの「最低限」とは、紹介・導入を主としてきた日本の輸入憲法学（広くは輸入法学）を能動的に克服し、輸入源以上に豊かな内容をもつ憲法学を志向すべきことを含意している。

意見書3
ピアノ伴奏事件最高裁判決の考察

＊　本意見書は、以下の各事件において、2007年に各裁判所に提出したものである。
・東京高等裁判所民事第24部平成18年（行コ）第245号
　国歌斉唱義務不存在確認等請求控訴事件
・東京地方裁判所民事第19部平成17年（ワ）第15718号
　ほか　日の丸君が代嘱託不採用損害賠償事件
・東京地方裁判所民事第11部平成16年（ワ）第12896号
　ほか　地位確認等請求事件
・東京地方裁判所民事第19部平成19年（行ウ）第68号
　懲戒処分取消等請求事件

第1章

本件判決が援用する最高裁判例の「趣旨」との比較検討

　最高裁判所第三小法廷は、2007年2月27日、市立小学校の音楽専科の教諭に対して校長がした入学式の国歌斉唱の際に「君が代」のピアノ伴奏を行うことを内容とする職務命令の合憲性について判決を出した。1人の裁判官の補足意見と1人の裁判官の反対意見があった。

　最高裁は、結論として、「本件職務命令は、上告人の思想及び良心の自由を侵すものとして憲法19条に反するとはいえない」と判示し、そして、「以上は、当裁判所大法廷判決（最高裁昭和28年（オ）第1241号同31年7月4日大法廷判決・民集10巻7号785頁、最高裁昭和44年（あ）第1501号同49年11月6日大法廷判決・刑集28巻9号393頁、最高裁昭和43年（あ）第1614号同51年5月21日大法廷判決・刑集30巻5号615頁及び最高裁昭和44年（あ）第1275号同51年5月21日大法廷判決・刑集30巻5号1178頁）の趣旨に徴して明らかである」としている。

　もっとも、ここで援用されている4件の大法廷判決はただ単に列挙されているだけであり、各判決の「趣旨」が特に説明されているわけではない。したがって、これらの判決がいかなる趣旨で本件で援用されているのかは全く不分明である。そこで、「本件職務命令は、上告人の思想及び良心の自由を侵すものとして憲法19条に反するとはいえない」という本件判決の結論が、実際に、「当裁判所大法廷判決」の「趣旨に徴して明らかである」かどうかを確認する作業が必要である。

　本件判決が援用している4件の判決は、順に、謝罪広告事件、猿払事件、旭川学テ事件、岩手教組学テ事件についてのものである。このうち、謝罪広告事件は思想・良心の自由、猿払事件は国家公務員（郵政事務官）の政治的行為の自由、旭川学テ事件は地方公務員（教育公務員）の教授の自由、学習指導要領の位置づけ、子どもの学習権・人格権、岩手教組学テ事件は地方公務員（教育公務員）の労働基本権のそれぞれが争われたものである。これらの事件の判決がはたして、本件ピアノ伴奏職務命令事件の判決を支える「趣旨」のものであったのか、以下に比較検討する。

(1) 謝罪広告事件・最高裁大法廷判決

当該謝罪広告事件は、新聞紙上への本人名義の「謝罪広告」掲載命令が思想・良心の自由を侵害するか否かが争われた事件である。最高裁は、当該謝罪広告が思想・良心の自由を侵害するものと認めなかった（3人の裁判官の補足意見と2人の裁判官の反対意見があった）。この判決は、思想・良心の自由の解釈上で疑義のある点を少なからず含んでいるが、少なくともピアノ伴奏職務命令事件との比較では、謝罪広告判決の内容は、ピアノ伴奏職務命令の合憲性を導き出すことができるような趣旨のものではなかった。

謝罪広告事件では、その広告の内容は、「上告人が判示日時に判示放送、又は新聞紙において公表した客観的事実につき上告人名義を以て被上告人に宛て『右放送及記事は真相に相違しており、貴下の名誉を傷げ御迷惑をおかけいたしました。ここに陳謝の意を表します』なる内容のもの」であった。この内容について、判決は、「結局上告人をして右公表事実が虚偽且つ不当であつたことを広報機関を通じて発表すべきことを求めるに帰する。されば少くともこの種の謝罪広告を新聞紙に掲載すべきことを命ずる原判決は、上告人に屈辱的若くは苦役的労苦を科し、又は上告人の有する倫理的な意思、良心の自由を侵害することを要求するものとは解せられない」とした。つまり、「右公表事実が虚偽且つ不当であつた」という広告は、そもそも思想・良心の範疇内に入らないと認定したのである。この趣旨を、判決は別にこう述べている。「尤も謝罪広告を命ずる判決にもその内容上、これを新聞紙に掲載することが謝罪者の意思決定に委ねるを相当とし、これを命ずる場合の執行も債務者の意思のみに係る不代替作為として民訴734条に基き間接強制によるを相当とするものもあるべく、時にはこれを強制することが債務者の人格を無視し著しくその名誉を毀損し意思決定の自由乃至良心の自由を不当に制限することとなり、いわゆる強制執行に適さない場合に該当することもありうるであろうけれど、単に事態の真相を告白し陳謝の意を表明するに止まる程度のものにあつては、これが強制執行も代替作為として民訴733条の手続によることを得るものといわなければならない」。要するに、当該判決に基づけば、「右公表事実が虚偽且つ不当であつた」という広告は、「単に事態の真相を告白し陳謝の意を表明するに止まる程度のもの」であり、それは、憲法19条で保障される思想・良心に含まれないものであった。

他方、当該判決は、憲法19条で保障され得る内容について、「上告人に屈辱的若くは苦役的労苦を科し、又は上告人の有する倫理的な意思、良心の自由を侵害することを要求するもの」、「これを強制することが債務者の人格を無視し著しく

その名誉を毀損し意思決定の自由乃至良心の自由を不当に制限する」ものを挙げていた。

謝罪広告判決の以上の趣旨を考慮に入れて、ピアノ伴奏判決を検討すると、①謝罪広告判決では、その認定上、謝罪広告は「単に事態の真相を告白し陳謝の意を表明するに止まる程度のもの」であったが、ピアノ伴奏判決では、その認定上、伴奏拒否の「考えは、『君が代』が過去の我が国において果たした役割に係わる上告人自身の歴史観ないし世界観及びこれに由来する社会生活上の信念等」であった。つまり、判決の認定において、ピアノ伴奏拒否は本人の思想・良心に基づくものであった。②謝罪広告事件では、謝罪広告それ自体は上告人が直接的には行わない「代替行為」であり、上告人は単にその広告費用を負担するにすぎなかったが、ピアノ伴奏事件では、職務命令に基づくピアノ伴奏それ自体を上告人が直接に行う「不代替作為」である。事件の性質において、ピアノ伴奏事件では、「君が代」ピアノ伴奏そのものは本人の思想・良心と直接的に関係するものであった。

以上の検討からすると、「君が代」ピアノ伴奏の職務命令は、謝罪広告判決のいう「上告人に屈辱的若しくは苦役的労苦を科し、又は上告人の有する倫理的な意思、良心の自由を侵害することを要求するもの」、「これを強制することが債務者の人格を無視し著しくその名誉を毀損し意思決定の自由乃至良心の自由を不当に制限する」ものに該当する可能性が高く、謝罪広告判決の内容からは、ピアノ伴奏職務命令の違憲性が導き出され得るものではあっても、少なくもピアノ伴奏職務命令の合憲性が導き出され得るような趣旨のものではなかったとするのが謝罪広告判決の無理のない解釈であろう。

(2) 猿払事件・最高裁大法廷判決

猿払事件は、郵政事務官が衆議院議員選挙用のポスターを公営掲示場に掲示した行為等が公務員の政治的行為の禁止規定（国家公務員法110条1項19号〔刑罰による制裁〕）に違反するとして起訴されたものである。

第一審は、非管理職である現業公務員で、その職務内容が機械的労務の提供にとどまるものが、勤務時間外に、国の施設を利用することなく、かつ、職務を利用し、若しくはその公正を害する意図なしで行われた政治的行為にまで、刑事罰が適用される限度において、国家公務員法110条1項19号は違憲となると判示し（旭川地判1968年3月25日・下刑集10巻3号293頁）、控訴審もこの判決を支持した（札幌高判1969年6月24日・判例時報560号30頁）。つまり、第一審判決と控

訴審判決は、憲法15条2項の「全体の奉仕者」規定を制限の一般的根拠として認めつつも、具体的には必要最小限度の制限のみを肯定し、「より制限的でない他の選びうる手段」の基準に基づいて適用違憲としたのである。これは通説に沿うものであったが、最高裁は、第一審と控訴審の判決を破棄した。この最高裁判決に対しては、学説上の批判が強いものの、当該判決でさえ以下で検討するように、ピアノ伴奏職務命令最高裁判決を導き出すことができるような趣旨のものではなかった。

　最高裁は、まず、公務員の政治的行為の禁止について次のように論じる。「国公法102条1項及び規則による政治的行為の禁止は、もとより国民一般に対して向けられているものではなく、公務員のみに対して向けられているものである。ところで、国民の信託による国政が国民全体への奉仕を旨として行われなければならないことは当然の理であるが、『すべて公務員は、全体の奉仕者であって、一部の奉仕者ではない。』とする憲法15条2項の規定からもまた、公務が国民の一部に対する奉仕としてではなく、その全体に対する奉仕として運営されるべきものであることを理解することができる。公務のうちでも行政の分野におけるそれは、憲法の定める統治組織の構造に照らし、議会制民主主義に基づく政治過程を経て決定された政策の忠実な遂行を期し、もっぱら国民全体に対する奉仕を旨とし、政治的偏向を排して運営されなければならないものと解されるのであって、そのためには、個々の公務員が、政治的に、一党一派に偏することなく、厳に中立の立場を堅持して、その職務の遂行にあたることが必要となるのである。すなわち、行政の中立的運営が確保され、これに対する国民の信頼が維持されることは、憲法の要請にかなうものであり、公務員の政治的中立性が維持されることは、国民全体の重要な利益にほかならないというべきである。したがって、公務員の政治的中立性を損うおそれのある公務員の政治的行為を禁止することは、それが合理的で必要やむをえない限度にとどまるものである限り、憲法の許容するところであるといわなければならない」。

　そうして、最高裁は、その審査に関して、「国公法102条1項及び規則による公務員に対する政治的行為の禁止が右の合理的で必要やむをえない限度にとどまるものか否かを判断するにあたっては、禁止の目的、この目的と禁止される政治的行為との関連性、政治的行為を禁止することにより得られる利益と禁止することにより失われる利益との均衡の三点から検討することが必要である」として、この三点をそれぞれ具体的に検討し、結論的に、「以上の観点から本件で問題とされている規則5項3号、6項13号の政治的行為をみると、その行為は、特定の政

党を支持する政治的目的を有する文書を掲示し又は配布する行為であって、政治的偏向の強い行動類型に属するものにほかならず、政治的行為の中でも、公務員の政治的中立性の維持を損うおそれが強いと認められるものであり、政治的行為の禁止目的との間に合理的な関連性をもつものであることは明白である。また、その行為の禁止は、もとよりそれに内包される意見表明そのものの制約をねらいとしたものではなく、行動のもたらす弊害の防止をねらいとしたものであって、国民全体の共同利益を擁護するためのものであるから、その禁止により得られる利益とこれにより失われる利益との間に均衡を失するところがあるものとは、認められない。したがって、国公法102条1項及び規則5項3号、6項13号は、合理的で必要やむをえない限度を超えるものとは認められず、憲法21条に違反するものということはできない」と判示した。

　猿払事件の最高裁判決の以上の趣旨を前提にして、ピアノ伴奏職務命令事件を検討すると、①猿払事件では、選挙用ポスターの掲示行為という公務員の積極的・能動的な外部的行動、すなわち憲法21条の表現の自由の領域が対象となった事件であったが、ピアノ伴奏事件は、ピアノ伴奏職務命令の拒否という公務員の消極的・受動的な行為、すなわち憲法19条の思想・良心の自由の領域が対象となった事件である。そして、表現の自由と思想・良心の自由の保障の内容と強度は異なり、前者は積極的・能動的な外部的行動であるがゆえに比較的に強い制約が課せられるが、後者は消極的・受動的な行為であるがゆえに、その保障は絶対的保障ないし絶対的保障に準ずる保障が認められる。要するに、思想・良心の自由は、経済的自由等と比して優越的地位が与えられるとされる精神的自由のなかでも、最も優越した地位を与えられているのである。②表現の自由の領域に関わる猿払事件においても、最高裁は、「すべて公務員は、全体の奉仕者であって、一部の奉仕者ではない」とする憲法15条2項の規定でもって無基準的に公務員の表現の自由を否定したのではなく、「国公法102条1項及び規則による公務員に対する政治的行為の禁止が右の合理的で必要やむをえない限度にとどまるものか否かを判断するにあたっては、禁止の目的、この目的と禁止される政治的行為との関連性、政治的行為を禁止することにより得られる利益と禁止することにより失われる利益との均衡の三点から検討することが必要である」として、この三点をそれぞれ具体的に検討し、そうして、「合理的で必要やむをえない限度を超えるものとは認められず、憲法21条に違反するものということはできない」と結論づけたのである。他方、思想・良心の自由の領域に関わるピアノ伴奏事件では、その人権の内容・性質からして、表現の自由の領域以上の厳格な審査が要求されるに

もかかわらず、ピアノ事件最高裁判決は、全く審査基準を示さずに、よってまた何ら具体的論証もなく、「本件職務命令は、上告人の思想及び良心の自由を侵すものとして憲法19条に反するとはいえない」と判示しているにすぎない。

これらのことからして、ピアノ伴奏職務命令拒否事件での最高裁判決の合憲の結論が、猿払事件最高裁判決の「趣旨に徴して明らかである」とはおよそいえないであろう。(注)

> (注)　「全体の奉仕者」についての、藤田反対意見の以下の指摘は、内容的には、藤田裁判官独自の見解というより、むしろこれまでの最高裁大法廷の判例の趣旨を要約したものといえる。
> 　「多数意見は、また、本件職務命令が憲法19条に違反するものではないことの理由として、憲法15条2項及び地方公務員法30条、32条等の規定を引き合いに出し、現行法上、公務員には法令及び上司の命令に忠実に従う義務があることを挙げている。ところで、公務員が全体の奉仕者であることから、その基本的人権にそれなりの内在的制約が伴うこと自体は、いうまでもなくこれを否定することができないが、ただ、逆に、『全体の奉仕者』であるということからして当然に、公務員はその基本的人権につき如何なる制限をも甘受すべきである、といったレヴェルの一般論により、具体的なケースにおける権利制限の可否を決めることができないことも、また明らかである。本件の場合にも、ピアノ伴奏を命じる校長の職務命令によって達せられようとしている公共の利益の具体的内容は何かが問われなければならず、そのような利益と上記に見たようなものとしての上告人の『思想及び良心』の保護の必要との間で、慎重な考量がなされなければならないものと考える。」

(3)　旭川学テ事件・最高裁大法廷判決

当該判決は、地方公務員（教育公務員）の教授の自由、学習指導要領の位置づけ、子どもの学習権・人格権について準拠すべき憲法解釈を提示したものである。この旭川学テ最高裁判決の趣旨の詳細な分析は、筆者は、既に「予防訴訟」（国歌斉唱義務不存在確認等請求事件）及び「解雇訴訟」（再雇用職員・講師地位確認等請求事件）において提出した意見書『「国旗・国歌」と思想・良心の自由――日本国憲法の法理――』（本書53頁収録）のなかで行っているので、ここでは再述しない。以下、本件ピアノ伴奏最高裁判決と直接的に関連する部分のみ検討する。

旭川学テ最高裁判決は、いわゆる「日の丸・君が代」訴訟関係においても最も重要な判例の一つであるにもかかわらず、本件ピアノ最高裁判決が旭川学テ最高裁判決の内容に直接的に言及していたのは、ただ一箇所である。しかも原文そのままではない。つまり、本件ピアノ最高裁判決は、「本件職務命令は、……上告

人に対して、……児童に対して一方的な思想や理念を教え込むことを強制するものとみることもできない」と判示しているが、このなかの「児童に対して一方的な思想や理念を教え込むことを強制するものとみることもできない」という箇所は、旭川最高裁判決のなかの「殊に個人の基本的自由を認め、その人格の独立を国政上尊重すべきものとしている憲法の下においては、子どもが自由かつ独立の人格として成長することを妨げるような国家的介入、例えば、誤つた知識や一方的な観念を子どもに植えつけるような内容の教育を施すことを強制するようなことは、憲法26条、13条の規定上からも許されないと解することができる」という判文の一部と重なっている。もっとも、本件ピアノ最高裁判決は、「児童に対して一方的な思想や理念を教え込むことを強制するものとみることもできない」という結論のみを述べているにすぎず、なぜにその結論に至るのかの説明は皆無である。

ところで、ピアノ判決における「児童に対して一方的な思想や理念を教え込むことを強制するものとみることもできない」という文言の趣旨は、旭川学テ最高裁判決で容認された教育公務員の一定の「教授の自由」に関わるものであった。

旭川学テ最高裁判決は、教師の「教授の自由」について、次のように判示していた。「普通教育の場においても、例えば教師が公権力によつて特定の意見のみを教授することを強制されないという意味において、また、子どもの教育が教師と子どもとの間の直接の人格的接触を通じ、その個性に応じて行われなければならないという本質的要請に照らし、教授の具体的内容及び方法につきある程度自由な裁量が認められなければならないという意味においては、一定の範囲における教授の自由が保障されるべき」である（別の箇所でも、最高裁は、「教師の創意工夫の尊重」、「教師の自由な創意と工夫の余地が要請されること」、「教師の教育の自由」等を肯定的に説いている）。

旭川学テ最高裁判決は、ここで「完全な」教授の自由を認めているわけではないが、このことはさほど重要でないし、そもそも普通教育の場において「完全な」教授の自由はあり得ない。重要なのは、当該判決が、教育の「本質的要請に照らし」、教員に一定の「教授の自由」を認めていることとその国内法体系上の根拠法規である。つまり、教育に関わる生徒の憲法上の人権保障と照応する教育公務員のこの「教育者」としての固有の自由は、その専門職としての本質に由来するものであり、かつこの自由は国との関係のものである（当該判決のいう「教師が公権力によつて特定の意見のみを教授することを強制されないという意味」での自由）。そして、この「専門職上の自由」は、当該判決の趣旨に基づくと、わが

国の法体系上、最高法規の憲法23条と26条に根拠づけられ得る。そして、その「専門職上の自由」について、当該判決からは次のような内容が導き出される。

教師は、憲法上の自由として、「公権力によつて特定の意見のみを教授することを強制されない」自由を、換言すれば、生徒の学習権、人格権、思想・良心の自由を侵害する可能性がある「君が代」および「君が代斉唱」に関する一方的、一面的な指導教育を拒否する自由を有する。生徒に対する一方的、一面的な指導教育を拒否する自由は、通常授業での生徒に対する教育の場面においてのみで妥当するものではない。卒業式・入学式等の儀式は学校教育における最も重要な要素の一つであり、とりわけ卒業式は教育の成果の集大成の象徴的な儀式であり、そうした儀式において、「君が代」斉唱のピアノ伴奏を職務命令で強制されて、それに忍従することは、それまで教育現場において行使してきた教師の一定の専門職上の自由を、まさに教育の集大成の象徴的な場面において自ら直接的に否定することになる。これは教師の専門職上の自由の強制的放棄であり、教育上の虚偽でもある。このことは、同時に、生徒が、教育の集大成の象徴的な儀式において、それまでの教育実践に反して教師が「君が代」斉唱の伴奏を強制されて、それに忍従するという場面を通して、一方的、一面的な「君が代」崇敬の実地教育を受けることを意味し（儀式は特に重要で強い教育効果を有する）、これは、「子どもが自由かつ独立の人格として成長することを妨げるような国家的介入、例えば、誤つた知識や一方的な観念を子どもに植えつけるような内容の教育を施すことを強制するような」教育を受けない子どもの学習権、人格権を直接的かつ具体的に侵害するものである。

ピアノ最高裁判決は、旭川学テ最高裁判決で判示された一定の教授の自由すなわち専門職上の自由についての以上の内容を全く考慮せずに、本件職務命令は、上告人に対して、「児童に対して一方的な思想や理念を教え込むことを強制するものとみることもできない」という結論のみを述べている。この一方的な論断は、旭川学テ最高裁判決の趣旨におよそ沿うものではない。(注)

 (注) 旭川学テ最高裁判決での「一定の教授の自由」との関係では、本件ピアノ事件での那須裁判官の論は重大な問題を含んでいた。この論は、ピアノ最高裁判決の立場とは異なるものの、「旭川学テ最高裁判決の趣旨におよそ沿うものではない」というレベルを超えているものとして、若干検討しておく。

  那須裁判官はこういう。「学校の教師は専門的な知識と技能を有し、高い見識を備えた専門性を有するものではあるが、個別具体的な教育活動がすべて教師の専門性に依拠して各教師の裁量にゆだねられるということでは、学校教育は成り立たない面がある」「職業的な思想・良心も、それが内面における信念にとどまる限りは

十二分に尊重されるべきであるが、学校教育の実践の場における問題としては、各教師には教育の専門家として一定の裁量権が認められるにしても、すべてが各教師の選択にゆだねられるものではなく、それぞれの学校という教育組織の中で法令に基づき採択された意思決定に従い、総合的統一的に整然と実施されなければ、教育効果の面で深刻な弊害が生じることも見やすい理である」。

那須裁判官はここで「一定の裁量権」にも言及しつつも、その「一定」の内容について全く触れず、論全体の脈絡からして、強調を、「個別具体的な教育活動がすべて教師の専門性に依拠して各教師の裁量にゆだねられるということでは」と「すべてが各教師の選択にゆだねられるものではなく」に置いている。那須裁判官は、「すべて」をこのように強調することで、翻ってそれでは「学校教育は成り立たない面がある」、「教育効果の面で深刻な弊害が生じる」ということに注意を引きつけ、そうして「学校単位での統一的な意思決定とこれに準拠した整然たる活動」が必要であるという結論へ導こうとしている。

那須裁判官のこの論法は、旭川学テ最高裁判決の趣旨に反している。旭川判決は「完全な教授の自由」を認めているわけではない。那須裁判官は、旭川判決が認めてもいないし、認める必要もない「すべて」をわざわざ持ち出すことによって、逆に「学校単位での統一的な意思決定とこれに準拠した整然たる活動」をまるごと容認し、その結果として、「一定の教授の自由」の具体相を消し去っている。旭川判決が教師の「教授の具体的内容及び方法につきある程度自由な裁量が認められなければならない」としたのは、「普通教育の場においても、例えば教師が公権力によって特定の意見のみを教授することを強制されないという意味において、また、子どもの教育が教師と子どもとの間の直接の人格的接触を通じ、その個性に応じて行われなければならないという本質的要請に照らし」てのものであった。那須裁判官の論は、ピアノ最高裁判決のレベルを超えて、旭川学テ最高裁判決の趣旨と正面から衝突するものである。

(4) 岩手学テ事件・最高裁大法廷判決

岩手学テ事件は、1961年度全国中学校一せい学力調査の実施の阻止のためにとった岩手県教員組合の役員の行為が、地方公務員法37条1項にいう違法な争議行為を「そそのかし」もしくは「あおる」行為にあたるとして同法61条4号違反その他で起訴された事件である。原審は、地方公務員法37条1項、61条4号の規定について合憲的限定解釈をとって地方公務員法違反の成立を否定したが（仙台高判1969年2月19日・判例時報548号39頁）、最高裁はこれを破棄した。

最高裁は、「地公法37条1項、61条4号の各規定は、あえて原判決のいうような限定解釈を施さなくてもその合憲性を肯定することができる」とした上で、地方公務員の争議権の制約について次のように判示した。「地方公務員も憲法28条の勤労者として同条による労働基本権の保障を受けるが、地方公共団体の住民全

体の奉仕者として、実質的にはこれに対して労務提供義務を負うという特殊な地位を有し、かつ、その労務の内容は、公務の遂行すなわち直接公共の利益のための活動の一環をなすという公共的性質を有するものであって、地方公務員が争議行為に及ぶことは、右のようなその地位の特殊性と職務の公共性と相容れず、また、そのために公務の停廃を生じ、地方住民全体ないしは国民全体の共同利益に重大な影響を及ぼすか、又はそのおそれがある点において、国家公務員の場合と選ぶところはない。そして、地方公務員の勤務条件が、法律及び地方公共団体の議会の制定する条例によって定められ、また、その給与が地方公共団体の税収等の財源によってまかなわれるところから、専ら当該地方公共団体における政治的、財政的、社会的その他諸般の合理的な配慮によって決定されるべきものである点においても、地方公務員は国家公務員と同様の立場に置かれており、したがってこの場合には、私企業における労働者の場合のように団体交渉による労働条件の決定という方式が当然には妥当せず、争議権も、団体交渉の裏づけとしての本来の機能を発揮する余地に乏しく、かえって議会における民主的な手続によってされるべき勤務条件の決定に対して不当な圧力を加え、これをゆがめるおそれがあることも、前記大法廷判決が国家公務員の場合について指摘するとおりである。それ故、地方公務員の労働基本権は、地方公務員を含む地方住民全体ないしは国民全体の共同利益のために、これと調和するように制限されることも、やむをえないところといわなければならない」。

　そうして、最高裁は、当該事件での争議行為が地方公務員法に違反するかどうかについて具体的に審査し、こう判示していた。「前記争議行為は、その目的が文部大臣の文教政策に対する反対という政治的性格のものであり、また、市町村教委の管理運営に関する事項に属する学力調査の実施に対する反対の主張の貫徹をはかるためのものである点において、あるいはまた、その手段、態様が、市町村教委の管理意思を排除して、テスト実施場所である教室を占拠し、テスト対象者である生徒を掌握して、テストの実施を事実上不可能ならしめるという積極的な妨害を行うものである点において、それ自体としても、正当な争議権の行使として憲法上保障される限りではなく、たとえ右行動が主観的には被告人らをはじめとする組合員の教育をまもるという信念から発したものであるとしても、その故に原判決のいうように被告人らの行為が法的に正当化されるものではない。この点に関する原判決の上記見解は、不当というほかはない。そして、前記認定事実によれば、被告人らが前記第一の一の指令、指示を発出伝達してその趣旨の実行方を慫慂した行為は、地公法37条1項違反の争議行為を実行させる目的をもっ

て、多数の職員に対し、その行為を実行する決意を生じさせるような、又はすでに生じている決意を助長させるような勢いのある刺戟を与えたものであって、地公法61条4号にいう『あおり』行為に該当するものというべく、この点において、被告人らは、その余の前記中央執行委員らとともに共同正犯として同条同号による罪責を免れず、また、被告人千葉直、同熊谷、同岩淵が、オルグとして組合員である各中学校長に対し前記指令、指示の実行方を慫慂した各行為は、公訴事実記載のごとき区別に従い、前同様『あおり』行為に、又は違法な争議行為を実行する決意を新たに生じさせるに足りるような慫慂行為をしたものとして同条同号の『そそのかし』行為に、それぞれ該当するものといわなければならない」。

　岩手学テ事件の最高裁判決の以上の趣旨は、ピアノ伴奏職務命令拒否事件の最高裁判決を支える法的論拠となり得るものであるのかどうか。

　①岩手学テ事件では、通常、外部との摩擦が想定される争議権が対象であったが、ピアノ事件では、通常は外部との摩擦が想定されないか又は摩擦が極小の静かな人権たる思想・良心の自由が対象である。②上述のような争議権に対してさえ、最高裁は、「地方公務員も憲法28条の勤労者として同条による労働基本権の保障を受ける」とし、そして、その争議権を制約する場合、「地方公務員を含む地方住民全体ないしは国民全体の共同利益のために、これと調和するように制限される」という条件を付していた。ところが、ピアノ最高裁判決は、法令の条文を引用するのみで、かつ「南平小学校では従来から入学式等において音楽専科の教諭によるピアノ伴奏で『君が代』の斉唱が行われてきた」という法的でない事実的行為を挙げて、本件職務命令は思想・良心の自由を侵すものではないとしている。ここでは、思想・良心の自由の制約は、法的に無条件に近くなっている。③岩手学テ事件での争議行為は、最高裁の認定によれば、「その手段、態様が、市町村教委の管理意思を排除して、テスト実施場所である教室を占拠し、テスト対象者である生徒を掌握して、テストの実施を事実上不可能ならしめるという積極的な妨害を行うものである」が、他方、ピアノ事件でのピアノ伴奏職命令の拒否行為は、本人自身の思想・良心を侵害から防衛するための消極的・受動的な行為であるにすぎず、およそ「積極的な妨害」の行為とはいえない。

　以上の諸点からして、岩手学テ事件の最高裁判決の「趣旨」でもって、ピアノ伴奏職務命令拒否事件の最高裁判決を正当化するのは筋違いというものである。

　なお、岩手教組学テ事件の最高裁判決の判例史上の位置について若干付言しておく。公務員の労働基本権については、初期の最高裁判例は、「公共の福祉」と「全体の奉仕者」を一般的根拠にして、労働基本権の一律禁止を合憲としていた

（たとえば、政令201号事件最大判1953年4月8日・刑集7巻4号775頁）。しかし、その後、最高裁は、全逓東京中郵事件（最大判1966年10月26日・刑集20巻8号901頁）において、労働基本権の制限の具体的な判断基準として、労働基本権を尊重確保する必要と国民生活全体の利益を維持増進する必要とを比較衡量して、両者が適正な均衡を保つことを目標として決定すべきであるが、制限は合理性の認められる必要最小限度にとどめること、国民生活に重大な障害をもたらすおそれのあるものを避けるため必要やむを得ない場合に限ること、制限違反に対して課せられる不利益は必要な限度をこえず、とくに刑事制裁は必要やむを得ない場合に限ること、代償措置が講ぜられるべきこと、という4条件をあげ、それらに照らして、公共企業体等労働関係法17条を合憲としつつも、正当な争議行為には労働組合法1条2項の適用があり、刑事免責されるとして被告人を無罪とした。この趣旨は、争議行為を禁止し、そのあおり行為を処罰の対象としている地方公務員法（37条1項、61条4号）の合憲性が争われた都教組事件（最大判1969年4月2日・刑集23巻5号305頁）においてもとられた。その事件で、最高裁は、現行の争議行為禁止規定は文字通りに解釈すれば違憲の疑いがあるので、それを合憲とするには合憲的限定解釈の手法をとることが必要であるとし、処罰の対象となる行為は争議行為・あおり行為とも違法性の強いものに限られるといういわゆる「二重のしぼり」の限定を加えて、被告人を無罪とした。（同趣旨、国家公務員法に関する全司法仙台事件判決・最大判1969年4月2日・刑集23巻5号685頁）。しかし数年後、最高裁は、国家公務員法の争議行為の禁止が問題となった全農林警職法事件（最大判1973年4月25日・刑集27巻4号547頁）において、公務員の労働基本権に関する見地を変更し、合憲的限定解釈を否定した。この系譜の一つが岩手教組学テ事件の最高裁判決であった。しかし、この岩手教組学テ最高裁判決の趣旨でさえも、上述のように、ピアノ伴奏職務命令拒否事件の最高裁判決を支える根拠とはなり得ないものであったことに注意する必要がある。

　裁判所法10条3号は、最高裁の「小法廷では裁判をすることができない」場合として、「憲法その他の法令の解釈適用について、意見が前に最高裁判所のした裁判に反するとき」と定めている。つまり、最高裁「小法廷」は過去の最高裁判例を変更できないのである。今回のピアノ最高裁第三小法廷判決は、その判決が援用する判例との以上の比較検討からして、裁判所法10条33号の規定に違反している可能性が高い。

　また、本件ピアノ最高裁判決の大きな特徴の一つとして、本件判決の結論に至

る論旨の筋道の不分明さが挙げられ得る。この不分明さは、判旨の意味を曖昧化させて、あるいは判旨に解釈の幅をもたせて、それまでの最高裁判例に反しているとの批判を回避するために採った手法とも考えられなくもない。しかし、その不分明な判旨を一つ一つ解きほぐして、判旨の意味内容を慎重に分析してみても、以下で明らかにするように、上述の4件の最高裁大法廷判決の趣旨のみならず、それら4件以外の判例の趣旨にも沿っていないといわざるを得ない。

　さらに、裁判所法10条1号は、「当事者の主張に基づいて、法律、命令、規則又は処分が憲法に適合するかしないかを判断するとき」にも、小法廷では裁判をすることができないと定めている。もっとも、これには、「意見が前に大法廷でした、その法律、命令、規則又は処分が憲法に適合するとの裁判と同じであるときを除く」という但し書きが付されているが、この場合、本件ピアノ最高裁小法廷判決が、それまでの最高裁大法廷の裁判の意見と「同じである」かどうかが問題となる。この点においても、本件ピアノ最高裁判決は、以上の第一章で述べたように、及び以下の第二章で解明するように、本件に関係する「法律、命令、規則又は処分が憲法に適合するかしないか」についての過去の最高裁大法廷の裁判の意見と「同じである」とはいえない内容のものであった。

第2章
本件判決の内容分析

(1) 判決文A
　「上告人は、『君が代』が過去の日本のアジア侵略と結び付いており、これを公然と歌ったり、伴奏することはできない、また、子どもに『君が代』がアジア侵略で果たしてきた役割等の正確な歴史的事実を教えず、子どもの思想及び良心の自由を実質的に保障する措置を執らないまま『君が代』を歌わせるという人権侵害に加担することはできないなどの思想及び良心を有すると主張するところ、このような考えは、『君が代』が過去の我が国において果たした役割に係わる上告人自身の歴史観ないし世界観及びこれに由来する社会生活上の信念等ということができる。しかしながら、学校の儀式的行事において『君が代』のピアノ伴奏をすべきでないとして本件入学式の国歌斉唱の際のピアノ伴奏を拒否することは、上告人にとっては、上記の歴史観ないし世界観に基づく一つの選択ではあろうが、一般的には、これと不可分に結び付くものということはできず、上告人に対して本件入学式の国歌斉唱の際にピアノ伴奏を求めることを内容とする本件職務命令が、直ちに上告人の有する上記の歴史観ないし世界観それ自体を否定するものと認めることはできないというべきである。」

〔分析〕
　①　本件判決は、ピアノ伴奏拒否が「上告人にとっては、上記の歴史観ないし世界観に基づく一つの選択ではあろう」と認めつつ、「一般的には、これと不可分に結び付くものということはできず」と述べている。一般的には不可分に結び付くものということはできないかどうかはともかく、本件の焦点は、「一般的には」ではなく、あくまでも「上告人」の思想・良心の問題であり、ピアノ伴奏拒否が「上告人にとっては、上記の歴史観ないし世界観に基づく一つの選択ではあろう」と認める限りは、ピアノ伴奏拒否は「直ちに上告人の有する上記の歴史観ないし世界観それ自体」に関係するものであり、だとすれば、「ピアノ伴奏を求めることを内容とする本件職務命令が、直ちに上告人の有する上記の歴史観ない

し世界観それ自体を否定するものと認めることはできない」とはおよそいえない。^(注)上告人と「直ちに」関係がないのは、「一般的には」のほうである。

　本件の判文を論理的に矛盾なく筋道立てるとすれば、次のようになるのではないか。

　「本件入学式の国歌斉唱の際のピアノ伴奏を拒否することは、上告人にとっては、上記の歴史観ないし世界観に基づく一つの選択ではあろう」。「一般的には、これと不可分に結び付くもの」であるかどうかはともかくとして、少なくとも本件の場合は、「上告人に対して本件入学式の国歌斉唱の際にピアノ伴奏を求めることを内容とする本件職務命令が、直ちに上告人の有する上記の歴史観ないし世界観それ自体を否定するものと認めることはでき」るというべきである。

　　（注）　藤田反対意見は、判決文Aの趣旨を次のようにまとめている。「これはすなわち、憲法19条によって保障される上告人の『思想及び良心』として、その中核に、『君が代』に対する否定的評価という『歴史観ないし世界観』自体を据えるとともに、入学式における『君が代』のピアノ伴奏の拒否は、その派生的ないし付随的行為であるものとしてとらえ、しかも、両者の間には（例えば、キリスト教の信仰と踏み絵とのように）後者を強いることが直ちに前者を否定することとなるような密接な関係は認められない、という考え方に立つものということができよう」。
　　　　しかし、これは判決文の読み替えとしてやや無理があるのではないだろうか。判決文は、「伴奏することはできない」というような「考えは、『君が代』が過去の我が国において果たした役割に係わる上告人自身の歴史観ないし世界観及びこれに由来する社会生活上の信念等ということができる」としており、この構文上、ピアノ伴奏の拒否の考えは、上告人自身の歴史観ないし世界観及びこれに由来する社会生活上の信念等の内容を構成している。よって、判決文から導き出されるのは、上告人がピアノ伴奏を拒否した行為は、上告人自身の「伴奏することはできない」という「考え」の直接的な結果であり、単なる「その派生的ないし付随的行為」ではない、ということになるのではなかろうか。

②　「君が代」ピアノ伴奏を拒否することのみが「歴史観ないし世界観に基づく一つの選択」であるわけではなく、そのピアノ伴奏を肯定することも、その人の「歴史観ないし世界観に基づく一つの選択」であり得る。「君が代」問題はメディア等を通して国民の間で広く知れ渡っている。ピアノ伴奏を含めて「君が代」に否定的であれ肯定的であれ、そのことは、多くの場合、その人の「歴史観ないし世界観に基づく一つの選択」であろうとみるのが自然であり（大勢順応的に「君が代」に肯定的であるのもその人の思想・良心に基づく一つの状況判断である）、仮にあり得るとしても無自覚的に「君が代」に否定的又は肯定的であるのはむしろ少数であろう。

要するに、一般的には、「君が代」ピアノ伴奏を拒否したり肯定したりすることは、「君が代」に否定的な「歴史観ないし世界観に基づく一つの選択」か、「君が代」に肯定的な「歴史観ないし世界観に基づく一つの選択」か、（仮にあり得るとして）「君が代」に無自覚的な選択か、のいずれかと「結び付くもの」であり、よって、このうちの「君が代」に否定的な「歴史観ないし世界観に基づく一つの選択」としてピアノ伴奏を拒否する教諭に対してピアノ伴奏を求める職務命令が、その教諭の「歴史観ないし世界観それ自体を否定するもの」となり得ることはごく自然な理解である。このことからして、判文における「ピアノ伴奏を拒否することは、上告人にとっては、上記の歴史観ないし世界観に基づく一つの選択ではあろうが、一般的には、これと不可分に結び付くものということはできず、上告人に対して本件入学式の国歌斉唱の際にピアノ伴奏を求めることを内容とする本件職務命令が、直ちに上告人の有する上記の歴史観ないし世界観それ自体を否定するものと認めることはできないというべきである」という言辞は、文理的に無理がある。

　③　「一般的には」以下の判文を、仮に多数者と少数者の関係と読み替えるとすれば、つまり、上告人の考えは「上告人自身の歴史観ないし世界観及びこれに由来する社会生活上の信念等」であるとしても、上告人以外の「一般的には、これと不可分に結び付くものということはできず」、よって「本件職務命令が、直ちに上告人の有する上記の歴史観ないし世界観それ自体を否定するものと認めることはできない」と読み替えるとすれば、この論理は、人権は多数者の人権であれ少数者の人権であれ、等しく平等に保障されるという人権保障の原理と正面から衝突する。とりわけ精神的人権の領域ではそういえる。少数者ないし個人の思想・良心は、その思想・良心を多数者ないし一般人が共有していない場合には、保障され得ないとすれば、人権保障の原理は根底から崩れ去ることになる。
　思想・良心の自由の分野での少数者の人権保障と直接に関連する最高裁判例がある。南九州税理士会政治献金徴収拒否事件・最高裁判決である（1996年3月19日民集50巻3号615頁）。
　この事件は、税理士法改正運動資金として関係政治団体への寄付目的で会員から特別会費（一人あたり5000円）を徴収する旨の税理士会決議に反して、その会費納入を拒否した会員が会則に基づく役員選任規則によって役員選挙の選挙権・被選挙権を停止されたことは、思想・良心の自由等を侵すか否かが争われた事件である。この事件は、直接的に「公務員」の思想・良心の自由に関わるものでは

ないが、税理士会という公益性・公共性を有する団体における会員各個人の思想・良心の自由が争われたものとして、公務員各個人の思想・良心の自由の問題との関係でも援用が可能である。特に、最高裁が、公的な税理士会という組織の多数決の決定よりも、それを構成する会員各個人の思想・良心の自由を優先させた第一審判決を支持して、「会員の思想・信条の自由との関係で」、組織から会員に要求される協力義務にも「限界」があると判じていることは、人権保障における多数者と少数者の関係の問題を理解する上で極めて重要である。

以下、各判決の内容を検討する。

第一審判決は要旨次のように述べた（熊本地判1986年2月13日・判例時報1181号37頁）。

(イ)税理士会が政党、政治団体に寄付することは税理士会の目的（権利能力の範囲内）に含まれない。(ロ)会員の協力義務も無制限でなく、税理士会の目的達成に必要な団体活動の範囲に限られる。(ハ)税理士会は間接とはいえ強制加入団体の公益法人であり、会員の脱退の自由も事実上確保されていないので、その運営にあたって、「会員の思想、良心の自由に格別の注意を払うべきことが要請されている」。(ニ)「政治的信条の点においては政治的に中立であるべき税理士会」が会員の政治的信条の多様性を無視して、特定の政治団体に寄付することは、その「団体の政治的信条に反対する者の政治的信条をふみにじる行為」である。(ホ)本件での協力は、税理士法改正の方向に反対した会員にとっては、その思想・良心に反することへの金の拠出という意味で、思想・良心の自由に「積極的に違反する」ものと言えるし、内容が明確になっていないため反対しようがない会員にとっては、その思想・良心に反することになるかもしれないことへの金の拠出という意味で、思想・良心の自由に「消極的に違反する」ものと言える。「事は金額の多寡という量の問題ではなく、思想・良心の自由に違反するかどうか、という質の問題なのである」。(ヘ)税理士法改正に賛成するか否かは、「各税理士が国民の一人として個人的、かつ、自主的な思想、見解、判断等に基づいて決定すべき事であるから、それについて多数決でもって会員を拘束し、反対の意思表示をした会員に対しその協力を強制することは許されず」、また運動資金のために政治団体への寄付のための特別会費納付を強制することは、「反対の意思表示をした会員に対し一定の政治的立場に対する支持の表明を強制することに等しく、この面からもやはり許されないものというべきである」。

この判決と対照的なのが控訴審判決である（福岡高判1992年4月24日・判例時報1421号3頁）。こうである。

(イ)税理士に関わる法の制定・改正について関係団体・組織にはたらきかける活動等は税理士会の目的の範囲内である。(ロ)「多数決制度は、それにより団体の意思決定がされた場合、原則として、少数意見者は自己の思想、信条に反しても多数意見による意思決定に従わなければならないことを前提として存在するものであるから」、本件での多数決による決議は反対会員の思想、信条を侵害するとして公序良俗に反し無効とすることはできない。(ハ)もっとも、「多数意見が一般通念に照らし明白に反社会的な内容のものであるとか、多数意見による意思決定に従わざるを得なくなる少数意見者の立場が、社会通念に照らして是認することができないほど過酷であるような場合には、右意思決定を、公序良俗に反するとして無効とする余地」がある。(ニ)寄付した政治団体を通しての特定の政治家への経済的後援は、「その政治家の一般的な政治的立場ないし主義、主張をも支援する活動をしたという結果を多少とも生じる」が、これは「あくまで付随的なものであることは明らかであり、本件特別会費の拠出が特定政治家の一般的な政治的立場の支援となるという関係はうえんかつ希薄である」から、会員への拠出義務の肯認がその政治的思想、信条の自由を侵害するもので許されないとするまでの事情には該当しない。

他方、最高裁判決は、大筋として第一審判決の趣旨でもって控訴審判決を破棄した（損害賠償請求についてはさらなる審理のため原審に差し戻した）。

思想・良心の自由の適用の問題について、最高裁判決は、税理士会の目的と活動内容が税理士法によって定められていること、税理士会は間接的にしても強制加入団体であること、税理士会は大蔵大臣の監督に服する法人であること等からして、「会社とはその法的性格を異にする法人」であるので、「会員の思想・信条の自由との関係で、次のような考慮が必要である」とする。つまり、税理士会の会員には、「様々な思想・信条及び主義・主張を有する者が存在することが当然に予定されて」おり、よって、税理士会の「活動にも、そのために会員に要請される協力義務にも、おのずから限界がある。特に、政党など規制法上の政治団体に対して金員の寄付をするかどうかは、選挙における投票の自由と表裏を成すものとして、会員各人が市民としての個人的な政治的思想、見解、判断等に基づいて自主的に決定すべき事柄であ」り、「公的な性格を有する税理士会が、このような事柄を多数決原理によって団体の意思として決定し、構成員にその協力を義務付けることはできない」。

この最高裁判決は、税理士会の目的と活動内容の税理士会法上の設定、強制加入団体性、国の監督からする税理士会の性格上、「会員の思想・信条の自由」と

の関係で、会員に要請される協力義務に「限界」があるとしている。

以上の当該税理士会事件での最高裁判決及び第一審判決は、(イ)公的性格を有する組織、団体の決議ないし決定によるものであっても、その組織の構成員の憲法上の人権である思想・良心の自由との関係で、決議・決定の執行には限界があるとしたこと、(ロ)多数決という多数者の意思であっても、少数者各個人の思想・良心に反してまで多数者意思たる決議・決定を強制できないと示したこと、(ハ)公務員そのものではないが、公的な特別の法律関係の範疇内にある会員各個人の思想・良心の自由を、その法律関係内部において明示的に優先させたこと等からして、第一審判決と最高裁判決の法理は、本件ピアノ伴奏事件での公務員の思想・良心の自由の問題にも適用が可能である。

ピアノ伴奏最高裁判決での「一般的には」の論理が、仮に多数者と少数者の関係のものであるとすれば、これは上述の税理士会事件での最高裁判決及び第一審判決の法理に反することになる。(注)

> (注) 以上は、ピアノ最高裁判決についての仮定上の議論であるが、仮定的でなかったのが那須補足意見である。那須裁判官は、「南平小学校において、入学式における国歌斉唱を行うことが組織として決定された後は、上記のような思想・良心を有する上告人もこれに協力する義務を負うに至ったというべきであり、本件職務命令はこの義務を更に明確に表明した措置であって、これを違憲、違法とする理由は見いだし難い」と明言していた。この論は、組織の決定（実質的には校長の決定）を思想・良心より無条件で優位に置くものであり、これは、税理士会事件の最高裁判決によって破棄された控訴審判決の趣旨の範疇内のものである。要するに、この那須補足意見は、税理士会最高裁判決の趣旨に明らかに反しているものであった。

また、思想・良心の自由の分野ではないが、同じ精神的自由の領域に属する信教の自由の分野において、愛媛玉串料訴訟・最高裁大法廷判決（1997年4月2日・民集51巻4号1673頁）は、愛媛県知事による靖国神社への公金での玉串料支出との関連で、こう判示していた。靖国神社での戦没者の慰霊を望む遺族等の「希望にこたえるという側面においては、本件の玉串料等の奉納に儀礼的な意味合いがあることも否定できない」が、しかし、明治維新以降の「種々の弊害」にかんがみて政教分離規定を設けるに至った経緯に照らせば、「たとえ相当数の者がそれを望んでいるとしても、そのことのゆえに、地方公共団体と特定の宗教とのかかわり合いが、相当とされる限度を超えないものとして憲法上許されることになるとはいえない」。また、たとえ玉串料等の奉納が戦没者慰霊と遺族慰謝を「直接の目的としてされたものであったとしても、世俗的目的で行われた社会的

儀礼にすぎないものとして憲法に違反しないということはできない」。

　ここでの「相当数の者」は多数者の概念に通じる表現であるが、「たとえその相当数の者がそれを望んでいるとしても」、また「社会的儀礼」の意味合いの戦没者慰霊と遺族慰謝を直接の目的としていても、憲法上許されないと明言している当該判決は、多数者と少数者の間の関係及び社会的儀礼との関係での人権保障の原理を理解する上での最も重要な最高裁大法廷判例の一つである。

(2) 判決文B

「本件職務命令当時、公立小学校における入学式や卒業式において、国歌斉唱として『君が代』が斉唱されることが広く行われていたことは周知の事実であり、客観的に見て、入学式の国歌斉唱の際に『君が代』のピアノ伴奏をするという行為自体は、音楽専科の教諭等にとって通常想定され期待されるものであって、上記伴奏を行う教諭等が特定の思想を有するということを外部に表明する行為であると評価することは困難なものであり、特に、職務上の命令に従ってこのような行為が行われる場合には、上記のように評価することは一層困難であるといわざるを得ない。本件職務命令は、上記のように、公立小学校における儀式的行事において広く行われ、A小学校でも従前から入学式等において行われていた国歌斉唱に際し、音楽専科の教諭にそのピアノ伴奏を命ずるものであって、上告人に対して、特定の思想を持つことを強制したり、あるいはこれを禁止したりするものではなく、特定の思想の有無について告白することを強要するものでもなく、児童に対して一方的な思想や理念を教え込むことを強制するものとみることもできない。」

〔分析〕

①　この判文において、「客観的に見て、入学式の国歌斉唱の際に『君が代』のピアノ伴奏をするという行為自体は、音楽専科の教諭等にとって通常想定され期待されるものであって、上記伴奏を行う教諭等が特定の思想を有するということを外部に表明する行為であると評価することは困難なものであり」という判断（この判断は、本件職務命令は憲法19条違反でないという結論につながっている）を支えている論拠はただ一つである。つまり、「本件職務命令当時、公立小学校における入学式や卒業式において、国歌斉唱として『君が代』が斉唱されることが広く行われていたこと」である。しかし、「君が代」斉唱が広く行われていたということは事実上の行為であり、その事実上の行為でもって職務命令という法

的行為を正当化することはできない。職務命令という法的行為が正当化されるかどうかの判断基準は、事実上の行為ではなく、「憲法及び法律」等の法令である。このことを、憲法76条3項が「すべて裁判官は、その良心に従ひ独立してその職権を行ひ、この憲法及び法律にのみ拘束される」と明示しており、また最高法規たる憲法の条規に反すれば、「法律、命令、詔勅及び国務に関するその他の行為の全部又は一部は、その効力を有しない」(憲法98条1項)のである。要するに、本件での職務命令の違憲性・違法性を判断する際に司法機関が依拠すべき客観的な基準は、「君が代」斉唱という事実上の行為ではなく、「憲法及び法律」でなければならないのである。

たとえ過去に広く行われていたことであっても、その事実自体は、決してその事実に関係する一定の行為を合法化しないとした判例がある。自治会神社費拒否訴訟判決である(佐賀地判2002年4月12日・判例時報1789号113頁〔確定判決〕)。

この訴訟において、佐賀地裁は、自治会による神社関係費の一括徴収は、神社神道を信仰しない原告らにとっては、事実上、宗教上の行為への参加を強制するものであり、憲法20条1項前段、2項、地方自治法260条の2第7項、8項等の趣旨に反し、違法であったと判示した。他方で、慰藉料請求については、次のように述べて認容しなかった。「明治政府は神社神道を国家統合の軸とする政策をとっていたが、その中で、町内会、部落会等は市町村の補助的下部機関となり(その時期には全員加入制が採られていた。甲46)、大きな負の役割を果たした。戦後になり、その反省から、文部省通達により町内会と神社の結びつきが禁止されたりもしたが(甲70)、現在に至るまで伝統的な自治会と神社の関係は曖昧なまま、明確な分離がなされずに推移している。被告町区でも、平成10年度までは氏子費、社格割を一般会計予算として支出していたし、同13年に至っても、自治会の組織を使って『神宮大麻』の購入を薦めるなどしている(甲94)。やっと最近になって、憲法の趣旨に従い、自治会と神社との分離を進める動きが各地で起こり始めている」。こうした「長い間本件のような徴収方法をとってきた被告町区」の事情等を考慮に入れると、本件徴収は違法ではあるが、被告町区側には「故意・過失」はなかったので、慰藉料請求は認められない。

要するに、伝統的な自治会と神社のそれまで広範囲な長年の未分離という事実は、その未分離という事実に関係する自治会による神社関係費の一括徴収という行為の「故意・過失」の認定の際の考慮要素であり得ても、その行為の「違憲性・違法性」の成立に影響を及ぼすものではないということである。本件ピアノ訴訟においても、たとえ「君が代」斉唱が広く行われていたことは周知の事実で

あっても、その事実は、ピアノ伴奏の職務命令の合法・違法の法的判断の問題とは直接には関係なく、両者は別次元のものである。単なる「広く行われていた」という事実（「君が代」斉唱）にのみ依拠して、その事実に関係する一定の行為（ピアノ伴奏の職務命令）の法的判断を導き出すことはできない。

② また、判文における「客観的に見て」という文言は、君が代のピアノ伴奏の行為が「音楽専科の教諭等にとって通常想定され期待されるもの」という判断につながり、そしてその判断は「上記伴奏を行う教諭等が特定の思想を有するということを外部に表明する行為であると評価することは困難」という認定を導き出している。この論旨も説得力はほとんどない。

既述のように、判決における「客観的に見て」の論拠は、「本件職務命令当時、公立小学校における入学式や卒業式において、国歌斉唱として『君が代』が斉唱されることが広く行われていた」ということのみであるが、しかし君が代「斉唱」は君が代「ピアノ伴奏」を必須とするものではなく、ピアノ伴奏以外にもテープ伴奏等の代替手段によって君が代「斉唱」は可能であるし、実際、この代替手段が採られてきた場合もある。本件ピアノ訴訟の第一審でさえも「『君が代』斉唱の指導を円滑に行うためには斉唱の際にピアノ伴奏をすることが一定程度有効である」と認識しているにすぎない。最高裁判決が必須という文言ではなく、「通常想定され期待されるもの」という曖昧な文言を用いているのは、最高裁も、ピアノ伴奏を必ずしも必須のものとは考えていないことの表れであろう。

一定の行為が必須のものでない場合、精神的人権の侵害を防止する方法としての代替手段の採用は、既に最高裁の判例となっている。「エホバの証人」信徒剣道拒否事件最高裁判決（1996年3月8日・民集50巻3号469頁）である。つまり、最高裁は、(イ)剣道実技の履修は「必須のものとまではいい難く」、体育科目の目的は「代替的方法」によって達成可能であり、(ロ)生徒の剣道実技拒否理由はその「信仰の核心部分に密接に関連する真しなもの」であり、(ハ)代替措置の採用で、当該校の教育秩序が維持できなくなるとか学校運営に重大な支障が生ずるとかのおそれはないとして、生徒に対する学校長による進級拒否処分等を「裁量権の範囲を超える違法なもの」と判じ、同趣旨の控訴審判決を「正当として是認」した。当該事件の原告は生徒であったが、この剣道拒否事件の最高裁判決の法理は、原則的に人権が保障される公務員にも適用される。原則に対する例外を主張するのであれば、本件ピアノ事件の場合にその例外的制約が要求される厳格な根拠が必要である。前述の猿払事件最高裁大法廷判決でさえ、公務員の政治的行為の制約

について、「合理的で必要やむをえない限度にとどまるか否かを判断」していた。ところが、本件では最高裁は、「通常想定され期待されるもの」と述べているにすぎない。人権を制約する根拠としてはあまりに薄弱である。

こころみに、本件ピアノ事件を剣道拒否事件最高裁判決の趣旨に徴して解釈するとすれば、(イ)ピアノ伴奏は「必須のものとまではいい難く」、「君が代」斉唱の目的は「代替的方法」によって達成可能であり、(ロ)教諭のピアノ伴奏職務命令の拒否理由はその「上告人自身の歴史観ないし世界観及びこれに由来する社会生活上の信念」であり、(ハ)代替措置たるテープ伴奏の採用で、当該校の教育秩序が維持できなくなるとか学校運営に重大な支障が生ずるとかのおそれはない、ということになる。

(注1) 藤田裁判官は、その反対意見のなかで、本件では、①「入学式進行における秩序・紀律」と②「校長の指揮権の確保」という具体的な目的との関係において考量されることが必要だとして、次のようにいう。「上記①については、本件の場合、上告人は、当日になって突如ピアノ伴奏を拒否したわけではなく、また実力をもって式進行を阻止しようとしていたものでもなく、ただ、以前から繰り返し述べていた希望のとおりの不作為を行おうとしていたものにすぎなかった。従って、校長は、このような不作為を充分に予測できたのであり、現にそのような事態に備えて用意しておいたテープによる伴奏が行われることによって、基本的には問題無く式は進行している。ただ、確かに、それ以外の曲については伴奏をする上告人が、『君が代』に限って伴奏しないということが、参列者に一種の違和感を与えるかもしれないことは、想定できないではないが、問題は、仮に、上記1において見たように、本件のピアノ伴奏拒否が、上告人の思想・良心の直接的な表現であるとして位置付けられるとしたとき、このような『違和感』が、これを制約するのに充分な公共の福祉ないし公共の利益であるといえるか否かにある（なお、仮にテープを用いた伴奏が吹奏楽等によるものであった場合、生のピアノ伴奏と比して、どちらがより厳粛・荘厳な印象を与えるものであるかには、にわかには判断できないものがあるように思われる）。また、上記②については、仮にこういった目的のために校長が発した職務命令が、公務員の基本的人権を制限するような内容のものであるとき、人権の重みよりもなおこの意味での校長の指揮権行使の方が重要なのか、が問われなければならないことになる。」「入学式におけるピアノ伴奏が、音楽担当の教諭の職務にとって少なくとも付随的な業務であることは否定できないにしても、他者をもって代えることのできない職務の中枢を成すものであるといえるか否かには、なお疑問が残るところであり（付随的な業務であるからこそ、本件の場合テープによる代替が可能であったのではないか、ともいえよう。ちなみに、上告人は、本来的な職務である音楽の授業においては、『君が代』を適切に教えていたことを主張している）、多数意見等の上記の思考は、余りにも観念的・抽象的に過ぎるもののように思われる。」

藤田裁判官のこれらの言は、剣道拒否事件最高裁判決の趣旨を、必ずしもそのま

まではないが、本件ピアノ事件でできるだけ生かそうとしていると考えられ、判例尊重の志向として評価されよう。
 (注２)　ピアノ伴奏の必須性と代替手段の可能性を検討しないで合憲の結論を出している本件ピアノ最高裁判決は不作為の判例違反といい得るが、那須補足意見は作為の判例違反といい得るものであった。つまり、那須裁判官は、テープ伴奏についても言及の上で、「学校が組織として国歌斉唱を行うことを決めたからには、これを効果的に実施するために音楽専科の教諭に伴奏させることは極めて合理的な選択であり、その反面として、これに代わる措置としてのテープ演奏では、伴奏の必要性を十分に満たすものとはいえないことから、指示を受けた教諭が任意に伴奏を行わない場合に職務命令によって職務上の義務としてこれを行わせる形を採ることも、必要な措置として憲法上許される」とする。ここで那須裁判官がピアノ伴奏の選択の理由として挙げているのは、組織上の決定、国歌斉唱の効果的な実施、テープ伴奏では伴奏の必要性を十分に満たすものでないこと、の三つである。いずれも、行政上・技術上の都合であり、ピアノ伴奏の必須性を証するものではない。人権保障が極度に軽く扱われている（なお、「組織上の決定」の問題については、先に税理士会政治献金最高裁判決を検討した際に論及している）。

③　判決は、「本件職務命令当時、公立小学校における入学式や卒業式において、国歌斉唱として『君が代』が斉唱されることが広く行われていたことは周知の事実であり」というが、しかし、たとえ「君が代」が斉唱されることが広く行われていたことは周知の事実であっても、このことは、ピアノ伴奏までが「広く行われていた」ことを意味しない。当時は、テープ伴奏による小学校も少なくなく、ピアノ伴奏が「広く行われていた」かどうかは相対的な認識にすぎない。しかも、ピアノ伴奏は「長年の」行為ではなかった。本件訴訟の第一審判決は次のように事実認定している。「乙山小学校では、平成７年３月の卒業式から『君が代』斉唱の際に音楽専科の教諭によるピアノ伴奏が行われるようになり、以後各年度の入学式・卒業式も同様にピアノ伴奏が行われていた。なお、それまでは『君が代』斉唱はテープ伴奏で行われていた」。つまり、ピアノ伴奏が行われていたのは平成６年度～10年度のほんの５年間にすぎないのである。これらのことからすれば、「客観的に見て、入学式の国歌斉唱の際に『君が代』のピアノ伴奏をするという行為自体は、音楽専科の教諭等にとって通常想定され期待されるもの」であるとまではおよそいえない。

④　判決は、君が代のピアノ伴奏は「音楽専科の教諭等にとって通常想定され期待されるもの」としているが、しかし「通常」の概念は、既述の「一般的」と同様に、「すべての場合に」ということを意味しない。しかも、人権保障は個人

性を前提とする。「すべて国民は、個人として尊重される」(憲法13条)という規定はこのことを表示している。

　平成6年度〜10年の過去5年間、本件訴訟の原告とは別の音楽専科の教諭によってピアノ伴奏が行われてきたことについては、それは過去5年間の当時の教諭個人の思想・良心の自由の問題であって、そのことと「本件」の教諭個人の思想・良心の自由の問題は全く別のことがらであり、前者の事例でもって後者の自由の制約を当然とすることはできない。これは人権保障の個人性からして当然のことである。仮に君が代のピアノ伴奏が「音楽専科の教諭等にとって通常想定され期待されるもの」であるとしても、原告個人の思想・良心に基づいてピアノ伴奏をできないと主張している本件において、個人の人権を「通常想定され期待されるもの」という根拠で制約できるとするならば、個人の人権の保障が極端に脆弱なものとなる。

　⑤　判決における「通常想定され期待されるもの」の文言について、「誰に」想定され期待されているのか、不分明である。仮にこの主体を校長だとすれば、想定し期待するのは校長の自由であるが、しかし「想定」「期待」と法的強制力とは別次元のものである。「想定」「期待」の実現が強制力によって担保されるには、その強制の法的根拠が必要である。ところが、判決はこの法的根拠を示していない。逆に、判決は強制力(職務命令)の根拠を「通常想定され期待されるもの」に置いている。これは逆立ちした論理であり、法解釈として成り立ち得ない。

　たとえ校長が「想定」「期待」の実現のための一定の管理権、校務掌理権を有しているにしても、その権限は、憲法を頂点とする法体系の枠組の範囲内で行使されなければならない。学校現場で、校長は独裁的権限を有するものではない。校長の権限行使がその裁量権を逸脱ないし濫用しているか否かの審査は、とりわけ人権制約に関わる事項については厳格な審査基準が要求される。それにもかかわらず、本件判決では、「本件職務命令当時、公立小学校における入学式や卒業式において、国歌斉唱として『君が代』が斉唱されることが広く行われていた」→「客観的に見て、入学式の国歌斉唱の際に「君が代」のピアノ伴奏をするという行為自体は、音楽専科の教諭等にとって通常想定され期待されるものであって、上記伴奏を行う教諭等が特定の思想を有するということを外部に表明する行為であると評価することは困難」→「本件職務命令は、その目的及び内容において不合理であるということはできない」という流れになっており、司法審査としておよそ厳格でないのみならず、むしろ杜撰といえるものである。

他方、仮に「想定」「期待」の主体が生徒の保護者等の入学式・卒業式の出席者だとすれば、本件での出席者がピアノ伴奏を「想定」「期待」していたとする立証は全くなされておらず、判決の法的論拠とすることはできない。また、たとえこの立証があったとしても、多数者の「想定」「期待」によって個人の精神的人権の制約が正当化され得るものではない。人権の保障は、多数者の意思か否かに関係のない別次元のものである。

　　（注）　「多数者の意思」との関係での個人の精神的人権の保障については、「知性と精神の領域は、公権力や世論が干渉するものであってはならず、また議会の投票や選挙結果に任されてはならない。知性と精神の自由が侵害される時は裁判所の審判権が発動される」というバーネット判決以来のアメリカ連邦最高裁の判例法理は十分、参考に値する。この判例法理の詳細は、前記「予防訴訟」、「解雇訴訟」で提出した筆者の意見書2「精神の自由とアメリカ連邦最高裁──『精神の自由』の事件をめぐる判例法理──」を参照。

　⑥　判決は、「君が代」ピアノ伴奏行為自体は「伴奏を行う教諭等が特定の思想を有するということを外部に表明する行為であると評価することは困難なものであり、特に、職務上の命令に従ってこのような行為が行われる場合には、上記のように評価することは一層困難である」と述べているが、まず、本件第一審は、ピアノ伴奏拒否が原告の「思想・良心から」できないということを校長は認識していたと認定していたし、最高裁自身も本件での原告の「考えは、『君が代』が過去の我が国において果たした役割に係わる上告人自身の歴史観ないし世界観及びこれに由来する社会生活上の信念等ということができる」としている。とすれば、原告の伴奏拒否の意思表示にもかからず、職務命令に従ってピアノ伴奏をする行為は、原告の思想に反する一定の「君が代」思想を拒否しないこと、さらにはその思想に加担していることを外部に表明する行為とならざるを得ない。これは、自己の思想に反する行為を命令によって強制することであり、まさに思想・良心の自由の核心を構成する沈黙の自由を直接に侵害するものである。
　次に、メディア等を通じて「日の丸・君が代」をめぐる対立状況は社会で広く知れ渡っており、このことを前提にすると、「君が代」のピアノ伴奏をするという行為自体は、少なくとも客観的には、伴奏を行う教諭が「君が代」に賛同する又は拒否しないという思想ないし考えを有するということを外部に表明する行為であると評価することも可能である。また、「職務上の命令に従ってこのような行為が行われる場合には」、そのピアノ伴奏行為は、本人の思想・良心に反してそうしている（そうでなければ職務命令が出される必要がない）という評価を外

部に表明する行為となる。また、このように職務命令が出されてピアノ伴奏をする場合、その教諭がもともと「君が代」に反対する又は拒否する思想を有しているから職務命令が出されたのだというメッセージを外部的に伝えるものとなる。これは、思想・良心の自由の一内容たる「各人に対して、いかなる思想・良心を有しているか、または有していないかを告白または表現するように強制することは禁止される」という原則に抵触する。そうして、この職務命令に基づくピアノ伴奏を拒否すれば処分されることなり、本件では現実に処分された。これは、思想・良心の自由の一内容たる「思想・良心の自由の行使に対する不利益な取扱いの禁止」原則に抵触するものであった。

(3)　判決文C

「憲法15条2項は、『すべて公務員は、全体の奉仕者であって、一部の奉仕者ではない。』と定めており、地方公務員も、地方公共団体の住民全体の奉仕者としての地位を有するものである。こうした地位の特殊性及び職務の公共性にかんがみ、地方公務員法30条は、地方公務員は、全体の奉仕者として公共の利益のために勤務し、かつ、職務の遂行に当たっては全力を挙げてこれに専念しなければならない旨規定し、同法32条は、上記の地方公務員がその職務を遂行するに当たって、法令等に従い、かつ、上司の職務上の命令に忠実に従わなければならない旨規定するところ、上告人は、A小学校の音楽専科の教諭であって、法令等や職務上の命令に従わなければならない立場にあり、校長から同校の学校行事である入学式に関して本件職務命令を受けたものである。そして、学校教育法18条2号は、小学校教育の目標として『郷土及び国家の現状と伝統について、正しい理解に導き、進んで国際協調の精神を養うこと。』を規定し、学校教育法（平成11年法律第87号による改正前のもの）20条、学校教育法施行規則（平成12年文部省令第53号による改正前のもの）25条に基づいて定められた小学校学習指導要領（平成元年文部省告示第24号）第4章第22D(1)は、学校行事のうち儀式的行事について、『学校生活に有意義な変化や折り目を付け、厳粛で清新な気分を味わい、新しい生活の展開への動機付けとなるような活動を行うこと。』と定めるところ、同章第3の3は、『入学式や卒業式などにおいては、その意義を踏まえ、国旗を掲揚するとともに、国歌を斉唱するよう指導するものとする。』と定めている。入学式等において音楽専科の教諭によるピアノ伴奏で国歌斉唱を行うことは、これらの規定の趣旨にかなうものであり、南平小学校では従来から入学式等において音楽専科の教諭によるピアノ伴奏で『君が代』の斉唱が行われてきたことに照らし

ても、本件職務命令は、その目的及び内容において不合理であるということはできないというべきである。」

〔分析〕
　上記は、判決における「公務員」論である。その大部分は法令等の解釈抜きの一般的な羅列であり、判決自身の表現は、「上告人は、A小学校の音楽専科の教諭であって、法令等や職務上の命令に従わなければならない立場にあり、校長から同校の学校行事である入学式に関して本件職務命令を受けたものである。」、及び「入学式等において音楽専科の教諭によるピアノ伴奏で国歌斉唱を行うことは、これらの規定の趣旨にかなうものであり、南平小学校では従来から入学式等において音楽専科の教諭によるピアノ伴奏で『君が代』の斉唱が行われてきたことに照らしても、本件職務命令は、その目的及び内容において不合理であるということはできないというべきである。」である。
　このうち、「上告人は、A小学校の音楽専科の教諭であって、法令等や職務上の命令に従わなければならない立場にあり、校長から同校の学校行事である入学式に関して本件職務命令を受けたものである。」の判文は、本件教諭の形式的な客観的立場を説明したものにすぎず、それ以上の意味をもたない。
　また、「入学式等において音楽専科の教諭によるピアノ伴奏で国歌斉唱を行うことは、これらの規定の趣旨にかなうものであり」という判文は、職務命令によるピアノ伴奏の当否に焦点を当てたものでなく、この判文からは、たとえ入学式等において音楽専科の教諭によるピアノ伴奏で国歌斉唱を行うことは、「これらの規定の趣旨にかなうもの」であっても、職務命令を出してまで、ピアノ伴奏を強制することは妥当でないという解釈を導き出すことも可能である。
　結局、判文の最後の「南平小学校では従来から入学式等において音楽専科の教諭によるピアノ伴奏で『君が代』の斉唱が行われてきたことに照らしても、本件職務命令は、その目的及び内容において不合理であるということはできないというべきである。」という部分のみが、本件の判断に直接的に関係している。そして、本件職務命令が不合理でない具体的な根拠としては、「南平小学校では従来から入学式等において音楽専科の教諭によるピアノ伴奏で『君が代』の斉唱が行われてきたこと」が挙げられているにすぎない。この事実上の行為が、しかも過去5年間にすぎない行為が、本件職務命令を憲法19条違反でないとする「法的」根拠とはなり得ないことは既にみた。

第3章
本件判決の射程

　以上、本件最高裁判決は、これまでの最高裁判例の趣旨との比較検討（第1章）及び内容分析（第2章）の結果、裁判所法10条1号及び3号に違反している可能性が高いと同時に、法論理的にも説得力がほとんどないと判断せざるを得ないが、小法廷とはいえ最高裁判決であることを考慮して、以下に本件判決の当面の有効射程を確認しておく。

(1) 「内心にとどまる限り」保障の論理か否か
　本件判決は、「伴奏することはできない」とする上告人の「考え」は「『君が代』が過去の我が国において果たした役割に係わる上告人自身の歴史観ないし世界観及びこれに由来する社会生活上の信念等ということができる」とした上で、「学校の儀式的行事において『君が代』のピアノ伴奏をすべきでないとして本件入学式の国歌斉唱の際のピアノ伴奏を拒否することは、上告人にとっては、上記の歴史観ないし世界観に基づく一つの選択」であることを認めた。これは、少なくとも上告人の考えとそれに「基づく」拒否行為を一体的・連続的にとらえている。そうして、本件判決は、「一般的には、これ（＝上記の歴史観ないし世界観：筆者注）と不可分に結び付くものということはできず、上告人に対して本件入学式の国歌斉唱の際にピアノ伴奏を求めることを内容とする本件職務命令が、直ちに上告人の有する上記の歴史観ないし世界観それ自体を否定するものと認めることはできない」、「本件職務命令当時、公立小学校における入学式や卒業式において、国歌斉唱として『君が代』が斉唱されることが広く行われていたことは周知の事実であり、客観的に見て、入学式の国歌斉唱の際に『君が代』のピアノ伴奏をするという行為自体は、音楽専科の教諭等にとって通常想定され期待されるものであって、上記伴奏を行う教諭等が特定の思想を有するということを外部に表明する行為であると評価することは困難なもの」である、という判断につなげている。
　上記の「一般的には〜認めることはできない」、「『君が代』が斉唱されることが広く行われていた」、「客観的に見て〜困難なもの」等の論旨からして（これら

208　第2部　「日の丸・君が代裁判」意見書

の論旨が説得力のないことは既に検討した)、本件判決は、上告人の行為をその内心と外的行為を一体的・連続的にとらえた上で、少なくとも本件の事例は、一般的、客観的には思想・良心の自由とは関係のないものとみなしていると思われる。つまり、本件判決は、内心と外的行為を区別した上で、憲法19条は内心のみを保障するものであるという論理をとっていないと判断される。当該論理は、東京都「10・23」通達関係の訴訟において都教委側が主張しているものである。

> (注) 本件最高裁判決が「内心にとどまる限り」保障の論理をとらなかったがゆえに、那須裁判官はわざわざこの論理を明言していた。こうである。「入学式において『君が代』の斉唱を行うことに対する上告人の消極的な意見は、これが内面の信念にとどまる限り思想・良心の自由の観点から十分に保障されるべきものではあるが、この意見を他に押しつけたり、学校が組織として決定した斉唱を困難にさせたり、あるいは学校が定めた入学式の円滑な実施に支障を生じさせたりすることまでが認められるものではない」。
> 　　この論は、「内面の信念にとどまる限り」保障の論理それ自体に問題がある以外に、そもそも「この意見を他に押しつけたり、学校が組織として決定した斉唱を困難にさせたり、あるいは学校が定めた入学式の円滑な実施に支障を生じさせたりする」という事実が本件で存在していたことを判決が認定しているわけではなく、また藤田反対意見は積極的にそうした事実を否定している。

「内心にとどまる限り」保障の論理の問題について、筆者は、「解雇訴訟」(再雇用職員・講師地位確認等請求事件)での法廷証言において、次のように述べていた(東京地裁『速記録』2006年10月4日、第14回口頭弁論、事件番号・平成16年(ワ)第12896号)。

「心の中で何を考えても自由ですよと、外に表れなければ自由ですよとそう言われましても、それはやはり生物学的な事実上の自由ではないかと思われます。だから法的な権利とはその点においてはやはり違うだろうということであります。つまり、法的な権利として保障するには、その内心の保護、防衛に不可欠な一定の外部的な表れまで内心と一体的に保障しないと19条の存在理由というか、存在価値といいますか、それが大きく減殺されるというふうに考えます」。「実は公権力にとりましても、最も公権力が気にしているのは外部的な表れなんです。内部の内心に関しては変えたくても事実上変えることはほとんどできないのです。したがいまして公権力にとりまして外部的な表れを規制することによって、一定の自己の政策を貫徹すると、つまり外部的な規制を通しまして一定の思想・良心を外側から統制すると、それで公権力の政策の目的が達成されるということを考えないといけないと思います。それで、その点を外しますと、その憲法19条の意味

というのが余り持たなくなるのではないかと思われます」。「いわゆる踏み絵ということは、江戸幕府の時代にキリスト教禁止政策の貫徹のために出されたものでありますが、具体的には1626年に当時の長崎奉行でありました、たしか水野守信だと思いますけれども、水野長崎奉行がそのキリスト教禁止政策を徹底するために考案したものとされています。その踏み絵におきましても、外部的な行為を命じたにすぎないものであります。飽くまでも江戸幕府にとってはそのキリスト教禁止政策というのを貫徹するために踏み絵をさせたのでありまして、飽くまでも重点は外面的な服従であります。この点との関係で、作家の遠藤周作の有名な『沈黙』という小説がありますけれども、これは現実にモデルがあったんですけれども、その中に、踏み絵を強制する幕府の役人が、形だけ踏めばいいんだよと、そのちゅうちょするキリスト教の司祭に対して言う場面があります。つまり形だけでも踏み絵の政策は貫徹、あるいは目的が達成されたのであります。その点も考えないと踏み絵の趣旨が理解できなくなるというふうに考えられます」。「明治憲法下での、いわゆる内村鑑三不敬事件というのがありました。これは1890年教育勅語が発布されるわけでありますけれども、その翌年に第一高等中学校におきまして、教育勅語の奉戴式が行われております。その奉戴式におきまして、嘱託教員である内村鑑三はその教育勅語への拝礼を拒否したということで解職になっております。その実は、内村鑑三自身は教育勅語に反対ではなくて、教育勅語の拝礼を強制すること、それに反対であったわけであります。また明治政府、当局側におきましても、別に内村のキリスト教を変えろ、あるいは放棄しろということは全く要求しておりません。要求したのは単に教育勅語の拝礼という外面的な行為を命じたにすぎません」。「踏み絵の禁止ということは、踏み絵を命令してはならないということであります。にもかかわらず、そうした禁止ということを無視しまして、公権力側が処分を予告して踏み絵を命令する場合があります。そうした場合、そうした命令を拒否できないということになれば、その踏み絵の意味というのが言わば有名無実ということになるかと思います。したがいまして、踏み絵の禁止ということは、踏み絵を最低限拒否する行為を必然的に含むものでなければならないと、そのように考えられます」。

  （注） 速記録では、法的は「公的」と誤記されている（2箇所、速記録5頁）。その他、受動的が「自動的」と（同7頁）、審査が「検査」と（同7頁）誤記されている。

 以上の法廷証言から理解されるように、「内心にとどまる限り」保障の論理は

思想・良心の自由の意義を没却するものである。この点で、本件ピアノ最高裁判決がこの論理をとっていないことに注意すべきである。もっとも、本件判決は、当該論理をとっていないにとどまり、それ以上、論を展開しているわけではない。

（注）　他方、「内心にとどまる限り」保障の論理の対極に位置する思想・良心の「あらゆる外部的行為」を思想・良心の自由の保障対象とする説については、それは、表現の自由との関係で問題がある。「内心にとどまる限り」保障の論理と「あらゆる外部的行為」の保障の論理のいずれもとり得ないとすれば、憲法19条の保障対象をどのように考えるべきであろうか。これについては、筆者は、既に「予防訴訟」と「解雇訴訟」での意見書及び「解雇訴訟」での法廷証言において詳しく論述しているが、ここで簡潔にまとめれば、次のようになる。

　一つの統一的で体系的な人権としての思想・良心の自由は、その内容の保障に不可欠なかぎりにおいて、思想・良心の一定の外部的表出をもその保障対象として含む。その場合、思想・良心のあらゆる外部的表出が19条の保障対象となるものではなく、たとえば、自己の思想・良心を自発的、能動的に外部に表現化する行動は19条よりむしろ21条の保障対象とされるべきである。他方、こうした自発的、能動的な表現行動ではなく、外部からの一定の作用、働きかけ（命令、要求、勧誘、推奨など）によって、自己の思想・良心の領域が侵害されようとしている場合に、その思想・良心を保衛するため、外部からのそうした作用、働きかけに対して消極的、受動的にとる拒否の外的行為は、内心の思想・良心と一体的な外部的表出として19条の保障対象となるとするのが妥当である。つまり、思想・良心の自由は、内心の思想・良心の保護・防衛のために不可欠な限り、思想・良心の消極的、受動的な外部的表出をも一体的にその保障対象に含むものである。仮に思想・良心に関わる内心そのものとその外部的表出の間に形式的差異があり得るにしても、それは本質的な差異ではなく、思想・良心の消極的、受動的な外部的表出は、憲法21条の表現の自由の保障と異なって、絶対的保障ないしそれに準ずる保障が与えられる。ここでの「それに準ずる保障」とは、消極的、受動的な外部的表出に対する極小の制約を含意している。

　そして、自己の思想・良心を保護・防衛するための消極的、受動的な拒否行為（外部的行為）が憲法19条の保障対象となるか否かについての憲法上の審査基準は、第一に、拒否行為の理由の審査、第二に、拒否の方法、手段の審査である。

　まず、拒否行為の理由の審査については、第一次的には、拒否行為を引き起こした本人に対する外部からの命令・要求そのものが実質上、思想・良心と関係するものであるかどうかを審査することになる。この審査で関係あるということになれば、そうした命令・要求に対する拒否行為の理由について、本人は、拒否行為が自己の思想・良心に基づくものであるという陳述以上の具体的な弁明は必要がないということになる。第二次的には、本人に対する外部からの命令・要求が実質上で、思想・良心と関係することが必ずしも明確でない場合には、命令・要求の拒否行為そのものと本人の思想・良心の間に「合理的関連性」があるかどうかが外形的事情の調査によって客観的に審査されることになる。本件訴訟は、職務命令が実質的に思想・良心と関係するものであるので、いま述べた第一次的審査で、拒否の正当な理

由が成り立つと考えられる。仮に第一次的審査で職務命令と思想・良心との関係が必ずしも明確とならない場合でも、第二次的審査で、職務命令の拒否行為と思想・良心の間に「合理的関連性」があれば（本件ピアノ最高裁判決は、少なくとも教諭本人におけるこの関連性を認定していた）、その拒否の理由は憲法上の保障の範疇内のものと考えられる。

次に、拒否の方法・手段の審査が必要である。これに関しては、①拒否の方法・手段が他人の人権を侵害するような態様のものであるかどうか、②方法・手段が消極的、受動的な拒否の行為の領域を超えていないかどうか、③方法・手段が儀式を物理的に妨害するものであるかどうか、④儀式運営に重大な支障をもたらすものであるのかどうか、が審査される必要がある。本件訴訟では、教諭の拒否の方法・手段はこれらに該当するものでなく、よって、憲法上の保障の範疇内のものであると判断される。

(2) 原審の「公務員」論との異同

本件職務命令は憲法19条違反でないとする本件判決の論拠の一つは、その「公務員」論であるが、既に指摘したように、その「公務員」論の大部分は法令等の解釈抜きの一般的な羅列にすぎず、そして憲法違反でないことの唯一の具体的な根拠は、「南平小学校では従来から入学式等において音楽専科の教諭によるピアノ伴奏で『君が代』の斉唱が行われてきたこと」という5年間の事実上の行為であった。また、本件判決は、法令等を引用していながらも、それらの規定からして、本件公務員の思想・良心の自由を制約できるという表現もしていない。要するに、本件判決は、ここでの「公務員」論において、公務員であるがゆえにその思想・良心の自由を当然に制約できるという論理を必ずしもとっておらず（繰り返すが、憲法違反でないことの唯一の具体的な根拠は、「南平小学校では従来から入学式等において音楽専科の教諭によるピアノ伴奏で『君が代』の斉唱が行われてきたこと」である）、よって制約の「基準」も示していない。

この点は、原審の控訴審判決と比較するとより一層理解できる。控訴審判決の「公務員」論はこうであった。「地方公務員は、全体の奉仕者であって（憲法15条2項）、公共の利益のために勤務し、かつ、職務の遂行に当たっては、全力を挙げて専念する義務があるのであり（地方公務員法30条）、思想・良心の自由も、公共の福祉の見地から、公務員の職務の公共性に由来する内在的制約を受けるものと解される（憲法12条、13条）。そして、控訴人のように公教育に携わる公務員は、学校教育法等の法規の定めるところによって教育を行うことが義務付けられているというべきであるから、その限りでは自ずから思想・良心の自由も制約されることがあり得る。例えば、法規によりあることを教えることとされている

場合に、公教育に携わる公務員がその個人的な思想や良心に反するからといってそのことを教えないというわけにはいかないのである。このような意味での思想・良心の自由の制約は、公共の福祉にかなうものとしてやむを得ないものであって、公教育に携わる公務員として受忍せざるを得ず、このような受忍を強いられたからといって憲法19条に違反するとはいえない」。

控訴審判決のこの「公務員」論は、明確に制約の論理である。しかも、その論旨は、明治憲法下の特別権力関係論を髣髴させるものである。とりわけ、当該判決が「法規によりあることを教えることとされている場合に、公教育に携わる公務員がその個人的な思想や良心に反するからといってそのことを教えないというわけにはいかないのである」と断じている部分は、特別権力関係論そのものである。

本件最高裁判決が控訴審判決での特別権力関係論的な制約の論理を採用していないことは明らかである。最高裁判決は、「所論の点に関する原審の判断は、以上の趣旨をいうものとして、是認することができる」と述べているが、この「以上の趣旨をいうものとして」という文言は、最高裁判決の「趣旨」でもって「原審の判断」に限定を加えたものと解することができる(注)。

> (注) 他方、「校長の裁量による統一的な意思決定に服させることも『思想及び良心の自由』との関係で許される」とする那須補足意見での「公務員」論の趣旨は、控訴審判決のそれとほぼ重なる。最高裁判決が控訴審判決での「公務員」論を採用しなかったがゆえに、那須裁判官の「公務員」論は判決のなかには組み入れられなかったものと考えられる。逆からいえば、組み入れられなかったことによって、那須裁判官は判決の立場とは異なる独自の「公務員」論を書かざるを得なかったのであろう。

(3) 学習指導要領の法的位置づけ

本件最高裁判決は、小学校学習指導要領を引用しているが、単にそれだけにとどまり、学習指導要領の法的位置づけについては全く論じていない。この点も、控訴審判決と異なる。控訴審判決は、「控訴人は、その個人的な思想や好悪の感情いかんにかかわらず、職業人としてこの学習指導要領による教育を行う立場にあるといわざるを得ない。そして、この学習指導要領においては国歌を斉唱するよう指導するものとされていることは前記のとおりである。したがって、控訴人は、『君が代』に対する個人的な思想や好悪の感情を理由に本件職務命令を拒否し得ないものというべきである」と述べて、学習指導要領を思想・良心に反しても裁量の余地なく絶対的に従うべき基準であるかのように位置づけている。これ

は、明らかに旭川学テ最高裁大法廷判決及び伝習館最高裁小法廷判決が是認した伝習館控訴審判決の趣旨に反していた。

他方、本件ピアノ最高裁判決は、小学校学習指導要領のなかの「入学式や卒業式などにおいては、その意義を踏まえ、国旗を掲揚するとともに、国歌を斉唱するよう指導するものとする。」等の規定について、「入学式等において音楽専科の教諭によるピアノ伴奏で国歌斉唱を行うことは、これらの規定の趣旨にかなうものであり」と述べているにすぎず、学習指導要領を裁量の余地なく従うべき絶対的な基準とは捉えていない。

学習指導要領の法的位置づけについての本件ピアノ事件の最高裁判決と控訴審判決の以上の差異を看過すべきではない。

(4) 「10・23」通達関係の判断

本件でのピアノ伴奏職務命令は、1999年4月の入学式との関係で、校長自身の判断に基づいて出されたものである。つまりは、本件職務命令は、2003年のいわゆる東京都「10・23通達」（都教委「入学式、卒業式等における国旗掲揚及び国歌斉唱の実施について」）以前のものであり、「10・23通達」とは関係がない。今回の最高裁判決は、校長自身の判断で出されたピアノ伴奏の職務命令についてのものであり、「10・23通達」に基づく職務命令（ピアノ伴奏の職務命令を含む）及び「10・23通達」そのものについての憲法判断をしているわけではない。後二者は本件最高裁判決の射程外のものである。

第3部
●
「日の丸・君が代裁判」証言録

　＊　本証言録は、2006年10月4日、東京地裁103号法廷で行われた再雇用職員・講師地位確認等請求事件（「解雇訴訟」）第一審における証言の速記録である。

速記録（平成18年10月4日　第14回口頭弁論）

事件番号　平成16年（ワ）第12896号等
証人氏名　土屋英雄
原告代理人（白井）
　　証人は現在、筑波大学大学院人文社会科学研究科の教授ですね。
　　　　そうです。
　　専門分野は憲法学と比較人権法学ですね。
　　　　はい。
甲第141号証の2を示す
　　これは、証人の経歴と研究業績を明らかにするために証人御自身が作成なさったものですね。
　　　　はい、そうです。
　　証人は1980年代の早い時期から、これまで20年以上にわたって憲法学、その中でも特に精神の自由に関する研究を積み重ねてこられたのではありませんか。
　　　　はい、そうです。
　　2001年からは精神の自由、つまり思想・良心の自由、信教の自由、学問の自由、表現の自由等に関して有力な憲法学者とともに本格的な共同研究を進めてきておられると聞いていますが、そのとおりですか。
　　　　はい、そのとおりです。その共同研究の成果ですけれども、近いうちに発表する予定でおります。
　　精神の自由に関する証人の研究との関係で1つのエピソードをお伺いしたいと思います。下級審判決を批判する証人の論文の内容が上級審の判決に取り入れられたということがあったのではないでしょうか。具体的には、エホバの証人剣道拒否事件のことです。地裁判決が1993年2月22日に出されたわけですが、この判決、これは原告敗訴の判決でしたが、この判決を分析した証人の論文がその翌年94年1月のジュリストに記載されています。同様にその後、憲法判例100選にも証人の判例評釈が掲載されています。地裁判決は94年12月の高裁判決によって覆り、1996年3月最高裁も高裁の判断を支持するわけですが、証人のジュリスト論文と高裁判決、あるいは判例百選と最高裁判決とを対比してみると、証人の地裁判決批判が上級審判決に取り入れられ

ているように思われます。これについてはどうでしょうか。

　高裁判決と最高裁判決の内容からすれば、そう推定されます。例えば私は論文の中で、剣道を必修とすることの必要性は高くないこと、それから代替行為をとることが可能であること、それから代替行為をとることによって他人の人権を侵害するということはないこと、それから、校長側が主張しておりました行政側の都合と、その行政側のよりも人権を優先させることが重要であること、それから、生徒側の主張ですけれども、それは剣道拒否というのが、その信仰の中核から来ているというものであるということを書いておりますけれども、高裁判決と最高裁判決、ほぼその判決の中に入っているものと考えられます。

お手元の業績目録によれば、証人は中国法の研究の分野でも様々な業績を残されています。この分野の証人の研究が行政に影響を与えた事例があったのではないでしょうか。つまり天安門事件の関係者の政治亡命に関して証人が執筆した意見書のおかげで強制送還を免れたという事例があったのではありませんか。時間の関係で余り詳しくは聞きませんが、具体的には中国天安門事件の関係者が95年に日本へ政治亡命を求めた事件のことです。難民不認定処分に対する異議申立てが却下され、その後、中国への強制送還の可能性が高まっていました。証人はアムネスティ・インターナショナルの依頼により法務大臣に対する意見書を執筆なさった、意見書は中国の法制度と法運用を詳細に分析し、強制送還されれば中国で厳罰に処せられることはほぼ確実であることを述べたものでした。法務大臣はこの意見書を検討した結果、97年1月、第三国であるデンマークへの出国を条件に政治亡命を事実上認めた、そういう経過があったのではありませんか。

　はい、ありました。後で、そのアムネスティ関係者からこういった事例は日本の入管行政上極めてまれな例だという説明を受けました。

甲第141号証の1を示す

　証人が執筆なさった日本国憲法に関する意見書です。11ページを見てください。今御覧のページの下から2行目以下のところにこう書かれています。「精神の自由の中枢に位置している思想・良心の自由は絶対的に保障される。憲法19条の『これを侵してはならない』という規定はこの意味である。」これは通説ですね。（筆者注：速記録では「規程」と誤記）

　はい、通説です。ただし、私の場合は絶対的保障ないしそれに準ずる保障という表現を用いております。

通説・判例では精神の自由は経済的自由に比べて優越的地位にあると考えられていますね。

はい。

それでは同じ精神の自由であれば、その自由の内容が違っても保障の強さの程度は同じなのでしょうか。つまり精神の自由には、憲法19条の思想・良心の自由、20条の信教の自由、21条の表現の自由、23条の学問の自由が含まれますが、いずれも保障の強さの程度は同じですか。

異なります。

どのように異なるのですか。

やはり19条の思想・良心の自由というのは、精神の自由の中でも取り分け優越的な地位を持っているものと判断されます。その理由としましては、各人権の性質と内容を考えれば理解しやすいと思いますけれども、例えば21条の表現の自由、これにつきまして考えてみました場合、それの行使の仕方によっては、例えばプライバシーの侵害とかあるいは名誉毀損とか、あるいは侮辱とか、あるいは治安紊乱とか、そういった可能性があります。更には信教の自由につきましても、それが無制約に許されますと、例えば霊感霊視商法とかあるいはオウム事件とかに見られますように、他人の人権を侵害したり、あるいは刑法事件につながるような可能性もあります。また学問の自由につきましても、それが無制限に行われますと、例えば核開発とかクローン研究とか、あるいは遺伝子組換え実験とか、それらが無制約、あるいは無制限に行われますと、やはり人類の将来に悪影響を与えかねないという可能性がつきまとっています。それに対しまして、思想・良心の自由におきましてはそういったマイナス要素がほとんど見られないと、そういったことから、優越的地位を持つとされる精神の自由の中でも優越的地位を特に思想・良心の自由が持つというふうに考えられます。

次に、憲法19条の保障が思想・良心の一定の外部的な表れ、意見書では外部的表出という表現になっていますが、この外部的な表れにまで及ぶかどうかについて伺います。学説は3つの説に分かれます。1つ目は包含説、つまり憲法19条の保障は外部的な表れのすべてに及ぶという説です。2つ目は非包含説、つまり外部的な表れには一切及ばないとする説です。3つ目はそのいずれでもなく外部的な表れの一定部分に及ぶとする一部包含説です。証人は意見書にも書いておられますが、一部包含説が妥当だとお考えですね。

はい、そうです。
　それでは包含説の問題は何ですか。
　　　包含説につきましては、思想・良心自由のあらゆる外部的表現行為まで19条の強い保障の対象となりますので、その場合19条と21条の表現の自由、これとの整合性が問われるということになっています。
　非包含説、つまり外部的な表れには一切及ばないという説の問題は何ですか。まず結論だけ端的にお答えください。
　　　簡潔に言いますと、包含説とは逆に非包含説は、思想・良心の保護あるいは防衛のために不可欠な一定の外部的表出まで21条のほうで議論されることになりまして、その19条の強い保障の対象とならなくなるという問題が出てきます。
　要するに、19条が外部的に表れない、純粋な内心のみを保障していると解すると、思想・良心の保護、防衛が不十分になるということですか。
　　　はい、そのとおりです。この問題を考えます場合、心の中で何を考えても自由ですよと、外に表れなければ自由ですよとそう言われましても、それはやはり生物学的な事実上の自由ではないかと思われます。だから法的な権利とはその点においてはやはり違うだろうということであります。つまり、法的な権利として保障するには、その内心の保護、防衛に不可欠な一定の外部的な表れまで内心と一体的に保障しないと19条の存在理由というか、存在価値といいますか、それが大きく減殺されるというふうに考えます。（筆者注：速記録では「公的」と誤記）
　そのことは公権力の規制との関係ではどういうことになりますか。
　　　実は公権力にとりましても、最も公権力が気にしているのは外部的な表れなんです。内部の内心に関しては変えたくても事実上変えることはほとんどできないです。したがいまして公権力にとりまして外部的な表れを規制することによって、一定の自己の政策を貫徹すると、つまり外部的な規制を通しまして一定の思想・良心を外側から統制すると、それで公権力の政策の目的が達成されるということを考えないといけないと思います。それで、その点を外しますと、その憲法19条の意味というのが余り持たなくなるのではないかと思われます。
　今の点につきましては、また後でもう一度お伺いすることになります。外部的な表れの一定部分を19条の保障の対象とする一部包含説が通説ないし多数説ですね。

はい、そのとおりです。
判例はどうですか。
　　判例も一部包含説をとっているものと考えられます。
思想・良心の自由の保障は、その外部的表出つまり外部的な表れのどの範囲に及ぶのかについて、証人は意見書の11ページでこう述べておられます。重要ですので読み上げさせていただきます。「一つの統一的で体系的な人権としての思想・良心の自由は、その内容の保障に不可欠なかぎりにおいて、思想・良心の一定の外部的表出をもその保障対象として含む。その場合、思想・良心のあらゆる外部的表出が19条の保障対象となるものではなく、例えば、自己の思想・良心を自発的、能動的に外部に表現化する行動は19条よりむしろ21条の保障対象とされるべきである。他方、こうした自発的、能動的な表現行為ではなく、外部からの一定の作用、働きかけ、例えば命令、要求などによって自己の思想・良心の領域が侵害されようとしている場合に、その思想・良心を保衛つまり保護、保衛するため、外部からのそうした作用、働きかけに対して防衛的、受動的にとる拒否の外的行為は、自己の思想・良心の自由の保障に不可欠な、思想・良心の外部的表出として19条の保障対象となるとするのが妥当である。」これで間違いないですね。
　　はい、間違いありません。
甲第159号証を示す
意見書の記載を補足する趣旨で、証人御自身が作成なさったメモですね。
　　はい、そのとおりです。
自己の思想・良心を保護、防衛するための、受動的(注)、消極的な拒否行為は憲法19条の保障対象となるか否かについての憲法上の審査基準をこのメモに基づいて御説明いただけないかと思います。まず大きく言って2つの審査が必要になるのですか。（筆者注：速記録では「自動的」と誤記）
　　はい、そのとおりです。まず第一に拒否行為の理由の審査(注)、第二に拒否の方法、手段の審査、この2つが必要になるかと思います。（筆者注：速記録では「検査」と誤記）
では、拒否行為の理由の審査から説明していただきますが、これは第一次審査と第二次審査とに分かれるのですか。
　　はい、そのとおりです。
拒否行為の理由の審査のうち、まず第一次審査について御説明ください。
　　この第一次審査、第一次的審査と書いてありますけれども、これにつき

ましては拒否行為を引き起こした本人に対する外部からの命令、要求そのもの、だから、命令、要求そのものが、思想・良心と関係するものであるかどうかを審査するということになります。この審査で、両者の間、つまり外部からの命令、要求と一定の思想・良心との間に関係があるということになれば、そうした命令、要求に対する拒否行為の理由について、本人は、拒否行為は自分の思想・良心に基づくものであるという陳述以上の具体的な弁明は必要ないということになります。

拒否行為の理由の審査の第二次的審査について御説明ください。

　これは本人に対する、今述べました外部からの命令、要求が表面的には一定の思想・良心と関係することが必ずしも明確でない場合があります。そうした場合には命令、要求に対する拒否行為、そのものと本人の思想・良心との間に合理的関連性があるかどうかを客観的に審査するということになります。例えば、エホバの証人の事件の剣道受講拒否につきまして、剣道拒否の生徒に対する校長の処分を合法とした第1審判決は、剣道それ自体は宗教と全く関係がないとしていましたが、控訴審判決と最高裁判決はそこにとどまらずに本人の陳述やあるいはその宗教の教義などの外形的事情の調査、これは最高裁が言っていますけれども、外形的事情の調査によって剣道拒否と本人の信仰の間に合理的関連性があると認定しております。

国旗起立、国歌斉唱に関する本件の場合には、拒否行為の理由についての審査は今の第一次的審査と第二次的審査の場合のいずれの審査によることになりますか。

　それは日の丸・君が代の問題ですので、第一次的審査で拒否の正当な理由が成り立つのではないかと思われます。その日の丸・君が代の問題の思想性が極めて濃厚であるということにつきましては意見書の中で詳しく分析しております。

もし仮に、第二次的審査で考えるとしたらどういうことになりますか。

　仮の話ですけれども、そうした場合は、その日の丸・君が代に関連する命令に対する拒否行為、その拒否行為と本人の思想・良心との間の合理的関連性が外形的事情の調査によって審査されるということになります。

つい最近9月21日に国歌斉唱義務不存在等確認請求事件について出された東京地裁民事36部の判決の場合は、拒否行為の理由について、今の第一次的審査あるいは第二次的審査のいずれで判断していると考えられますか。

その判決につきましては、まだ詳しくは分析していないんですけれども、一通り読んだことからすれば、第一次的審査で認定しているのではないかと思われます。

次に拒否の方法、手段の審査について御説明ください。

拒否の方法、手段の審査につきましては、4点から考える必要があるだろうと、まず第一点、拒否の方法、手段が他人の人権を侵害するような態様のものであるかどうか、第二に拒否の方法、手段が受動的、消極的な行為の領域のものかどうか、第三に拒否の方法、手段が儀式を物理的に妨害するものであるかどうか、第四に儀式運営に重大な支障をもたらすものであるかどうか、この4点から審査する必要があるかと思います。例えば、エホバの証人の最高裁判決は、剣道拒否の代替行為が学校運営に重大な支障をもたらすかどうかということを審査し、もたらさないと認定しております。

それでは次に、思想・良心の自由の保障対象、及び今おっしゃった審査基準との関係で幾つか具体的な事例を挙げて伺います。なお、思想・良心の自由の保障対象に入らなくても、例えば憲法21条の表現の自由との関係で検討されるべきものもあるかと思われますが、21条に関することはお答えいただく必要はありません。1つ目です、例えばの事例を申し上げるわけですが、例えば卒業式の最中に司会者のマイクを取り上げて抗議の発言をした場合、憲法19条思想・良心の自由の保障対象に入りますか。

入らないと思います。

2つ目、日の丸を引きずり下ろしたり、君が代伴奏のテープを持ち去ったりする場合は、憲法19条の保障対象に入りますか。

入らないと思います。

3つ目、日の丸・君が代強制反対という文字を染め抜いた衣服を着用する場合はどうですか、憲法19条の保障対象の問題ですか。

それも憲法19条の保障対象には入らないと思われます。

4つ目です、国歌斉唱のとき、起立はしたけれども大声で反対だと叫んだ場合はどうでしょうか。

それも入らないと思います。

5つ目です。国歌斉唱時に起立はしたけれども、君が代反対と書かれたゼッケンやプレートリボン等を着用していたという場合はどうですか、19条の保障対象に入りますか。

それも入らないと思います。
6つ目です、拒否の意思表示として拒否者が集団で静かに退場する行為は拒否の方法、手段として受動的、消極的な行為の領域のものに当たりますか。
　　それは微妙なケースですけれども、その行為は拒否行為の一形態ではありますけれども、拒否の方法、手段の面におきまして、受動的、消極的な行為というふうには考えられないのではないかと考えられます。したがいまして、憲法19条の保障対象に入らないのではないかと思われます。
それでは、起立、国歌斉唱の職務命令を拒否して、国歌斉唱の数十秒の間、静かに着席しているという場合は、憲法19条思想・良心の保障対象になりますか。
　　それは拒否行為の一形態で、しかも方法、手段におきまして静かで受動的、消極的な行為でありますので、保障対象に入ると思われます。
不起立者がいた場合、式典の厳粛さを乱すということになりませんか。
　　まあ、静かに着席している限りは式典の厳粛さを乱すということにはならないと思います。例えば、厳粛さを維持するために全員起立ということが命令されるとすれば、その場合は教職員のみならず、生徒及び保護者までが全員起立を命令されることになります。そうした全員起立の命令というのは、やはり反対者がいなければ別ですけれども、反対者がいてそういうことになれば、そういった儀式というのは反対者を根絶した後で、その後での墓場での儀式のような厳粛さ、そういった種類の厳粛さになるのではないかと思われます。それはいわば、全体主義的な厳粛さであろうと思われます。やはり民主主義社会におきましては、人権に配慮しつつ厳粛さを維持するということが重要ではないかと思われます。
君が代のピアノ伴奏の職務命令を拒否して、ピアノを伴奏しないという行為は憲法19条、思想・良心の自由の保障対象に入りますか。
　　入ると思います。
例えば、こういう意見についてどういうふうに考えればよいのかを2つほど伺います。不起立、不斉唱について自らの意思で起立し斉唱しない以上、それは自発的、能動的な行為ではないかという意見もあり得ると思いますが、これはどのように考えればよいのでしょうか。
　　受動的、消極的な拒否行為というのは、飽くまでも外部からの一定の命令、要求に対する拒否反応であります。そうした外部からの要求、命令つまり直接的な命令、要求がなければ、そうした拒否反応も出てこない

ということでありますので、そうした拒否行為は飽くまでも他発的な行為であって、自発的な行為ではない、飽くまでも受動的な行為であって能動的な行為ではないというふうに考えられます。

　本件原告の中には日の丸・君が代にではなく、強制、それ自体に反対だから職務命令を拒否するという方もいらっしゃいます。すなわち、自分は日の丸・君が代自体については違和感を持っていないし、これまで卒業式などの場面でも歌ってきたが、10.23通達のような日の丸・君が代を卒業式などで一律に強制することについては、どうしても従うわけにはいかないという方です。このような方の不起立も思想・良心の自由の保障の及ぶ範囲内と見ることができるのでしょうか。

　　そうした場合は、やはり強制そのものに自分の、本人の主義、信条それに基づいて反対だということでありますので、そうした場合も憲法19条の保障対象に入ると思われます。

　さて、思想・良心の自由の保障が外部的な表れに及ぶかどうかについて、通説だけではなく判例もまた一部包含説をとっていると判断される、先ほど、そう証言なさいましたね。

　　はい。

甲第141号証の1を示す

　幾つかの裁判例を例にとって御指摘いただこうと思います。この意見書の56ページを御覧ください。上から5行目以下で言及されている判例は、一般に大阪市矢田事件とか、矢田中事件と呼ばれている事件です。教育委員会から出された転任命令、研修命令が違法であると裁判所に判断されたケースです。教職員組合役員選挙に際して配布された挨拶状をめぐって、挨拶状を出した本人は差別文書ではないと考えていたが、教育委員会は差別文書に当たると決めつけた。そして同和教育推進校に転任を命ぜられ、更に研修を命じられたという事案です。地裁はいずれの処分も違法とし、高裁と最高裁もこれを是認しました。特に地裁判決の次の部分は高裁と最高裁も内容的に踏襲したと証人は述べています。第一に「市教委の人事異動、命令研修には『一定の制約』があり、その制約根拠には『教職員の思想、信条の自由、内心の自由』が含まれるとしたこと」、第二に「本件各処分を通して『原告らの意識を変革させ』ようとすることも、『『教職員の思想、信条の自由、内心の自由』の侵害にあたるとしたこと」、第三に「本件各処分の違法性を、『処分事由書あるいは発令事由書に記載されている事由』などの『形式』でなく、本件各処

分の『真の目的』で認定したこと」ですと。これは一部包含説とどう関係があるのですか。

　それにつきましては、転任命令、研修命令等が思想・良心との関係で、この場合は思想、信条となっていますけれども、思想、信条との関係で違法ということでありますので、そうした命令を拒否できるということになります。また、この判決は形式の目的ではなく、真の目的で認定しているという点でも重要ではないかと思われます。特に最高裁ですので。それで形式の目的といいますのは、例えば、転任命令に関しては教職員の適正配置とか、あるいは研修命令につきましては、その教職員の水準の維持向上という理由、そうした形式的な目的ではなくて真の目的、すなわちこの場合は教職員の意識を変革しようとした、それが真の目的なんだということを述べている点でも、極めて重要であると思われます。

2つ目の判例です。同じ意見書の49ページ以下を御覧ください。南九州税理士会政治献金徴収拒否事件の判決です。この事件は税理士会の決議に反して、特別会費の納入を拒否した会員が、会の規則違反として役員選挙の選挙権、被選挙権を停止されたという事件でした。税理士会の決議は、政治献金目的で会員から特別会費を徴収するという決議をしたものです。地裁判決は反対の意思表示をした会員の思想・良心の自由を主な理由にして、会費納入の拒否を合憲、合法としました。逆に税理士会の処分を違法としました。ところが高裁判決は少数意見者は自己の思想・信条に反しても、多数意見による意思決定に従わなければならないとして、税理士会の処分を有効としました。最高裁はこの高裁判決を破棄しました。最高裁判決はこう言っています。「会員の思想・信条の自由との関係で、次のような考慮が必要である」と、「『様々な思想・信条及び主義・主張を有する者が存在することが当然に予定されて』おり」、「税理士会の『活動にも、そのために会員に要請される協力義務にも、おのずから限界がある。特に、政党など規制法上の政治団体に対して金員の寄付をするかどうかは、選挙における投票の自由と表裏をなすものとして、会員各人が市民としての個人的な政治的思想、見解、判断等に基づいて自主的に決定すべき事柄であ』り、『公的な性格を有する税理士会が、このような事柄を多数決原理によって団体の意思として決定し、構成員にその協力を義務付けることはできない』。」この判決は一部包含説だと言えるのでしょうか。

　まあ、それにつきましては会費納入の拒否を思想・信条との関係で、認

めていますので、明白に一部包含説であろうと考えられます。それにその判決、最高裁もそうですけれども、組織の多数決の決定よりも個人の思想・良心、思想・信条の自由というのを優先させたという点におきまして、行政上の組織、上部の組織の決定との関係で、今回、思想・良心の自由が争われておりますけれども、本件訴訟との関係におきましても、その判決というのは極めて参考に値するであろうと考えられます。

　3つ目の判例です。同じく甲第141号証の1の意見書です。52ページ以下を見てください。国歌斉唱時の不起立に関する再発防止研修の一般研修や専門研修を巡って、東京地方裁判所の決定が、これまで幾つも出ています。例えば2005年、昨年ですね、平成17年の7月15日の民事第19部の決定はこう述べています。「研修の意義、目的、内容等を理解し、職務命令に従う義務があること自体は認めつつ、自己の思想、信条に反することはできないと表明する者に対して、なおも職務命令や研修自体について、その見解を表明させ、自己の非を認めさせようとするなど、その内心の自由に踏み込み、著しい精神的苦痛を与える程度に至るものであるならば、これは教職員の水準の維持向上のために実施される研修の本質を逸脱するものとして、教職員の権利を不当に侵害するものと判断される余地はある」と。同様に2005年9月5日の民事第11部の決定もこう述べています。「その方法、内容、態様等において、当該教職員の思想・信条に反する見解を表明するよう強要し、あるいは、思想・信条の転向を強いるなど、その内心の自由に踏み込み、当該教職員に著しい精神的苦痛を与えるようなものであるときには、そのような研修を命じる職務命令は、受講者に対し重大な損害を生じさせるものであって」、行政事件訴訟法「25条2項により効力等が停止されるべき『処分』に当たると判断される」と、ほかの部の各決定も同様な判断をしているわけですが、これらの決定が一部包含説だと言える理由は何でしょうか。

　　それにつきましては本人の思想・良心に反するような見解の表明を強要するということにおきましては、場合によっては本人の権利を侵害する可能性があるという指摘でありますので、そうした強要に対しては拒否できるという可能性も指摘しているものと考えられます。

　4つ目の判例です。同じ意見書の70ページを見てください。いわゆるブラウス判決です。これも東京地方裁判所民事第11部の判決です。この事件では2つの職務命令違反により懲戒処分がなされています。一つは上着着用の職務命令1、もう一つは上着を着用しなかった行為の事情聴取のために校長室に

来るようにという職務命令2です。上着着用の職務命令を職務命令1、校長室に来いという職務命令を職務命令2と言っています。判決はこの2つの職務命令違反のうち、職務命令2に従わなかった行為に関する処分は裁量権逸脱であると認めています。上着を着用しなかったことが甲行為、校長室に行かなかったことが乙行為と呼ばれています。判決はこう述べています。「原告が本件甲行為に及んだ意図等については説明する意思のないことを表明する行為として捉えるべきものである。そして、非違行為を起こした者がいかに公務員の地位にあるからといって、当然に自己に不利益な事柄の供述を強制されるべきものでないことを考慮すると、本件乙行為は公務員としてふさわしくない非行と直ちにいい得るものではなく、したがって本件甲行為とは別に、本件乙行為をことさら取り上げてこれを懲戒の対象とすることは、社会通念上著しく妥当性を欠き、裁量権を逸脱するものというべきである」、この判決が一部包含説といえる理由はどういう点でしょうか。

　　それにつきましては、説明する意思がないということに関しまして、その説明をするように強制されないということを認めておりますので、その前提としまして、説明の強制を拒否できるということになるかと思います。そうした意味で一部包含説であろうと考えられます。

話が変わりますが、いわゆる踏み絵の禁止について伺います。踏み絵は憲法19条の思想・良心の自由にかかわる典型例であり、これは絶対的に禁止されるというのが憲法学の定説ですね。

　　はい、そのとおりです。

この踏み絵の絶対的禁止の保障は教職員であっても、あるいは公務員であっても当然に及ぶと考えてよいでしょうか。

　　はい、そのとおりです。

都教委の前教育長横山洋吉氏は2005年10月12日の本件訴訟での証言でこう言っています。「教職員は、公教育を担うものとして、当然学習指導要領に従って教育をする責務がございますし、今回の職務命令は、そうした教員に対する職務命令ですが、飽くまでも国歌斉唱の外部的な行為を命じたに過ぎないわけで、個々の教員が、国旗・国歌に対してどういう気持ちを持っているか、それをも変えようという趣旨では全くございませんので、教職員の内心の自由を侵すことにはならないと考えております。」踏み絵の禁止という観点から見て、この証言は問題ないでしょうか。

　　問題かなりあると思います。

どういうふうに問題があるということになりますか。

　いわゆる踏み絵ということは、江戸幕府の時代にキリスト教禁止政策の貫徹のために出されたものでありますが、具体的には1626年に当時の長崎奉行でありました、たしか水野守信だと思いますけれども、水野長崎奉行がそのキリスト教禁止政策を徹底するために考案したものとされております。その踏み絵におきましても、外部的な行為を命じたにすぎないものであります。飽くまでも江戸幕府にとってはそのキリスト教禁止政策というのを貫徹するために踏み絵をさせたのでありまして、飽くまでも重点は外面的な服従であります。この点との関係で、作家の遠藤周作の有名な「沈黙」という小説がありますけれども、これは現実にモデルがあったんですけれども、その中に、踏み絵を強制する幕府の役人が、形だけ踏めばいいんだよと、そのちゅうちょするキリスト教の司祭に対して言う場面があります。つまり形だけでも踏み絵の政策は貫徹、あるいは目的が達成されたのであります。その点も考えないと踏み絵の趣旨が理解できなくなるというふうに考えられます。

江戸時代のいわゆる隠れキリシタンはどうですか。

　隠れキリシタンにつきましては、別に踏まずに隠れていたのではなくて、踏んだ上で内心を変えずにキリスト教をひそかに信仰していたということであります。その隠れキリシタンにつきましても、寺の檀家でさえもなっております。つまり江戸幕府の政策に従順であったわけであります。江戸幕府にとっても内心はほとんど関心がないわけでありまして、外面的な服従、これが一番重要でありましたので、そうした隠れキリシタンにつきましても江戸幕府にとってはほとんど問題にはしておりません。

踏み絵の絶対的禁止の保障は、特に本件では重要な問題ですので、更に伺いますが、踏み絵と同様に政策を貫徹するために外部的行為を命じた理由として参考にすべきものがほかに何かありますか。

　例えば、明治憲法下での、いわゆる内村鑑三不敬事件というのがありました。これは1890年教育勅語が発付されるわけでありますけれども、その翌年に第一高等中学校におきまして、教育勅語の奉戴式が行われております。その奉戴式におきまして、嘱託教員である内村鑑三はその教育勅語への拝礼を拒否したということで解職になっております。その実は、内村鑑三自身は教育勅語に反対ではなくて、教育勅語の拝礼を強制すること、それに反対であったわけであります。また明治政府、当局側にお

きましても、別に内村のキリスト教信仰を変えろ、あるいは放棄しろということは全く要求しておりません。要求したのは教育勅語の拝礼という外面的な行為を命じたにすぎません。

(以上　廣瀬照美)

今の場合も、外面的な服従だけで明治政府の目的は貫徹されたと、そういうことになるわけですね。

はい。

そうしますと、先ほど申し上げた横山前教育長の証言は、江戸幕府の政策や明治政府の政策と同じことを言っているということになりませんか。

実質的には同じだと思います。つまり、ポイントはどこかと申しますと、外部からの命令要求に対する服従であります。これは言わば面従ですけれども、その面従がその時代の特定の政策の目的であったと、それが踏み絵政策の本質であります。

先ほどの横山証言のような考え方、つまり、外部的行為を命じたにすぎないので思想・良心の自由の侵害に当たらないという解釈は、憲法解釈として正しいと言えるのでしょうか。

かなり問題だと思います。私個人の判断では、明確に誤った憲法解釈であると思われます。それは踏み絵の趣旨に反しております。つまり、踏み絵におきましては、面従であればいいんであって、場合によっては面従腹背であっても構いません。つまり、腹背の面が外に出なければいいんであって、腹の中で何を考えていようが本人の自由です。公権力にとって一番重要なのは外面です。

甲141号証の1、意見書を再び示します。その25ページを御覧ください。証人は意見書の25ページで次のように述べておられます。ちょっと読み上げます。「踏み絵の禁止とは、絵を踏むという外部的な行為を処分の脅しによって強いる命令を拒否して、絵を踏まないという行為を選択することが保障されるということを含意する。つまり、踏み絵の禁止は、必然的に拒否行為の保障を含むものである。本件訴訟との関係では、起立して国歌を斉唱するという外部的な行為を処分の予告によって強いる職務命令を拒否して、起立して国歌を斉唱しないという行為を選択することが保障されるということになる。」このように意見書で述べておられるわけですが、踏み絵の禁止と拒否行為の保障の関連をもう少し説明していただけませんか。

踏み絵の禁止ということは、踏み絵を命令してはならないということで

あります。にもかかわらず、そうした禁止ということを無視しまして、公権力側が処分を予告して踏み絵を命令する場合があります。そうした場合、そうした命令を拒否できないということになれば、その踏み絵の意味というのが言わば有名無実ということになるかと思います。したがいまして、踏み絵の禁止ということは、踏み絵を最低限拒否する行為を必然的に含むものでなければならないと、そのように考えられます。

では、こういう意見についてはどう考えればいいんでしょうか。踏み絵は特定の信条の者を発見摘発する目的で行われるのに対し、国旗敬礼・国歌斉唱は飽くまでも教育課程の適正実施が目的であって、特定の思想・信条の者を発見することが目的ではないという意見については、どのように考えればよいでしょうか。

踏み絵につきましても、その時代の特定の政策の貫徹のために行われるものでありまして、例えば江戸幕府のキリスト教禁止政策、明治政府の教育勅語拝礼政策、こういう政策の貫徹のために行われるのが大目的なんです。したがいまして、結果として特定の者の発見摘発ということは、飽くまでもその政策の貫徹に付随するものでしかないんです。飽くまでもその時代の当局者の政策の貫徹が大目的であったということであります。

よく都教委は教育課程の適正実施という言葉を使うんですが、何のことか分からないんですけど、教育課程の適正実施ということについてはどうですか。

教育課程の適正実施ということにつきましては、飽くまでも公権力ですので、その場合は憲法の枠組み内での実施であれば適正実施ですけれども、その枠外、憲法の枠外の実施であれば不適正実施です。これは、憲法99条、公務員には憲法尊重擁護義務があるというふうに書かれてあります。この規定からしても当然そういうことになるかと思います。あるいは、地方公務員法の32条でしたか、そこには法令等及び職務命令に従う義務という書き方になっておると思いますけれども、職務命令よりも上位の法令にまず従わなければならない。で、その法令の最も最上位に憲法が位置するものであるということは、法の段階構造からすれば当然のことであります。

別の角度からお聞きします。国旗・国歌、日の丸・君が代に反対する思想を持つ者が卒業式等で起立しても、それ以外の機会に反対の意思表明をする自由があり、それによって自分の思想は保たれるわけだから、思想の自由を侵

害されることにはならない、そういう意見についてはどうですか。

　　その場合におきましても、本人の思想に反して強制されているということであり、19条違反になるであろうと思われます。で、ある場面で強制が許されて、ある場面では強制が許されないというようなことになれば、人権の普遍的な保障という点からしても大きな問題であると考えられます。

原告ら代理人（秋山）

　　都教委は、学習指導要領が法的拘束力を有するとの解釈を前提にして、10.23通達についても学習指導要領に基づいて発したというふうに強調しております。そこで、学習指導要領の法的意義に関する判例理論について伺っていきたいと思います。まず、最も重要と思われます1976年の旭川学テ最高裁大法廷判決ですが、この判決は学習指導要領を法的にどのように位置づけているのでしょうか。

　　その判決は、飽くまでも法的な見地からして、学習指導要領を必要かつ合理的な基準の設定として認めております。その場合におきましても無条件ではありません。第1に、法的見地という概念、これは法規あるいは法的拘束力という概念とはやはり違うであろうと、緩やかな表現になっております。それから、第2に、その当時の学習指導要領の内容につきましても、飽くまでも一方的な一定の理論や観念を生徒に教え込むことを教師に強制するというようなものが入ってないということを明言した上で認めております。逆からすれば、そういった強制的なものが入っておれば、法的見地からしても認められない可能性が出てきます。

それでは、1990年の伝習館高校事件最高裁第一小法廷判決についてはどうでしょうか。この判決は次のように述べております。高等学校学習指導要領は法規としての性質を有するとした原審の判断は正当として是認することができ、右学習指導要領の性質をそのように解することが憲法23条、26条に違反するものでないことは、最高裁大法廷判決の趣旨とするところであると述べておりますが、いかがでしょうか。

　　その点につきまして、私は伝習館判決はやはり旭川判決とはその点で違うだろうと。つまり、法的見地と法規はやはり違うだろうというふうに考えております。ただ、本件訴訟との関係で最も重要なのは、その伝習館最高裁判決が正当として是認した控訴審判決の内容です。だから、その控訴審判決の内容を点検しないと、旭川の判決との異同が明らかにな

らないと考えております。したがいまして、その控訴審判決がどうであったかということであります。で、控訴審判決が法規として学習指導要領の法的拘束力を認めたのは無条件ではありません。飽くまでも学習指導要領の大綱的基準性というのを前提にしております。その大綱的基準性につきましては、4つほどの要件を挙げておりますけれども、その1つとして、専門職である教師の自主性を十分に尊重することを挙げております。更には、その控訴審判決におきましては4点挙げておりますけれども。

価値観の多様性について何か述べていませんでしょうか。

その点につきまして、判決は、多様な価値観を認めなければならないということからして、不必要な画一化を避けるべきだということも要件の中に入れております。まあ、あと2つの要件も重要なんですけれども、特に政治的中立性の基準ではないとかいう基準も非常に重要なんですけれども、その中で、政治的教養教育ということも重要なんだと。特にその政治的教養教育に関しましては、幅広い教育が可能であると。なんでそういうことなのかと。それは、戦前における国家主義的な教育に対する反省があるんだということで、やはり民主的な社会においては、多様な見解、多様な意見を教育の場で教えてもいいと、教えなきゃいけないんだということを述べております。で、この趣旨は実は旭川大法廷判決にも出ております。国家主義的な教育に対する反省であるということは出ております。こういう点を考えますと、伝習館の最高裁と控訴審判決は、旭川大法廷判決の趣旨とその点においては十分合致しているというふうに考えられます。

では、続いて、今御説明いただきました旭川と伝習館の判例理論を前提にした場合に、現行の学習指導要領の中の国旗・国歌にかかわる条項はどのように解釈されることになるかについてお伺いいたします。前提として、小学校の学習指導要領には、社会科や音楽科の中で国旗・国歌についてその意義を理解させ尊重する態度を育てるといった条項がありますが、本件では原告はすべて高校の教員でありまして、高校の学習指導要領には、社会科や音楽科には国旗・国歌について特段の条項はなく、特別活動のところで、入学式や卒業式などにおいては国旗を掲揚するとともに国歌を斉唱するよう指導するものとするという条項、以下、国旗・国歌指導条項と言いますけれども、これがあるのみですので、以下、この国旗・国歌指導条項に絞って、その法的

意義がどのように解釈されることになるかについてお伺いいたします。まず旭川学テ最高裁大法廷判決や伝習館判決が判断の対象としました当時の学習指導要領と、現行の指導要領との違いについて、まあ、国旗・国歌指導条項についてですが、何か注意すべきことはありますでしょうか。

　旭川と伝習館が対象としたのは、国旗掲揚・国歌斉唱が望ましいという時期の学習指導要領です。ところが、その後改定されました学習指導要領は、国旗掲揚・国歌斉唱を指導するものとするという表現になっております。現行のものははるかに縛りのある文言になっております。

では、現行の国旗・国歌指導条項を法的にどのように解釈すべきかという問題ですが、証人の意見書の33ページから34ページをメモにしましたので示します。

甲第158号証を示す

　解釈の方法は4通り考えられるということが書いてございます。私のほうで読み上げますと、第1に、国旗・国歌指導条項の存在は容認するが、法的見地からして何らの拘束力も持たない、単なる助言あるいは一般的指針であるというふうに位置づける解釈。第2に、国旗・国歌指導条項は内容的に裁量の余地がある、創造的・弾力的な教育の余地があるとの解釈を前提に、その法的拘束力を認めるという解釈。第3に、国旗・国歌指導条項が法的拘束力を有するとするのであれば、そうした条項の制定は文部大臣の権限の逸脱濫用であり違法であるとするという解釈の方法。第4に、国旗・国歌指導条項は法的拘束力を有するものであり、国旗掲揚・国歌斉唱を裁量の余地なく義務づけても違法ではないとする解釈の方法。こういうふうに4通り考えられるということですが、旭川学テあるいは伝習館事件の判例理論からしますと、現行の国旗・国歌指導条項について、以上のうち、どの解釈をとるのが自然ということになりますでしょうか。

　その当時と現行の内容が先ほど述べましたように変わっておりますことからすれば、やはり自然な解釈としては、この1番目の助言ないし一般的指針と位置づけるのが現行の学習指導要領の位置づけじゃないかと思われます。ただし、2番目と3番目も、旭川と伝習館の判決から、ぎりぎり出てこない可能性がないことはないというふうに考えております。しかし、この4番目の位置づけはあり得ないだろうというふうに考えております。

最近の下級審の裁判例が現行の学習指導要領の国旗・国歌指導条項について

どう判断しているかという問題ですが、まず、例えば2005年のいわゆる北九州君が代訴訟福岡地裁判決、これについてはどうでしょうか。

　それは1番目の一般的指針としております。

今年のブラウス訴訟東京地裁判決、これはどうでしょうか。

　それは2番目の位置づけだと考えられます。つまり、現行の学習指導要領につきまして、飽くまでも裁量の余地があるという判断で判決を出しているように考えられます。ただし、その場合に注意しなきゃいけないのは、その前提としまして、判決の前提ですけれども、飽くまでも10.23通達以前の学習指導要領の運営状況、つまり裁量の余地のあるような運営状況、それを前提にして判決を下しているということを注意しないと、その判決の重要性が見えてこないと思われます。

そうしますと、ブラウス判決からすると、現行の学習指導要領の国旗・国歌指導条項を裁量の余地があるというように解釈しなければならないということになるんでしょうか。

　はい、そのとおりです。

具体的には、指導するものとするという文言がありますが、これについてはどのような解釈になるでしょうか。

　例えば裁量の余地があるという解釈を前提にしますと、その指導するものとすると、それに関しましては、一方的、一面的な指導ではなく、飽くまでも客観的な指導でなければならないということになります。

客観的な指導というのは何でしょうか。

　その客観的な指導というのは、飽くまでも、例えば日の丸・君が代、あるいは国旗・国歌でもいいんですけれども、それについては様々な意見があると。で、行政上はその国旗掲揚・国歌斉唱が望まれているけれども、思想・良心の自由という憲法上の権利の観点からして、必ずしもそれに絶対的に従わなければいけないということにはならないといったことを客観的に指導すると。だから、飽くまでも一つの指導の仕方だけにはならないだろうと、それは裁量の余地がないと判断されるのではないかというふうに考えられます。

裁判例に戻りますが、1998年の鯰江中学日の丸訴訟、甲147号証で出しておりますが、これの大阪高裁判決、これは確定判決ですが、この判決はどうでしょうか。

　それもブラウス判決の趣旨かと思われます。ただし、その鯰江の判決で

重要なのは、学習指導要領の中で一方的な一定の理論や観念を生徒に教え込むようなことを教師に強制するようなことが含まれていれば、そういう条項に関しては、裁量の余地がないものとして、法的効力という表現を使っていると思いますけれども、それが否定されるというふうに明言しております。その点は非常に重要だと思います。

2001年の大津日の丸訴訟の大津地裁判決、そして2002年の大阪高裁判決、この高裁は確定しておりますが、これは意見書の36ページに引用されてますが、この裁判例については学習指導要領についてどういう解釈をとっていますでしょうか。

　その両方とも鯰江判決の趣旨かと思われます。

ごく最近の9月21日の、先ほども出ました東京地裁の国歌斉唱義務不存在等確認事件の判決、これは学習指導要領の国旗・国歌指導条項についてはどのような解釈をとっているでしょうか。

　それも鯰江判決の趣旨かと思われます。

それでは、2003年のいわゆる君が代ピアノ伴奏職務命令拒否訴訟の東京地裁判決、それからその控訴審の2004年の東京高裁判決、これについてはどうでしょうか。

　このピアノ判決、この2つの判決に限って言えば、それは学習指導要領と職務命令に従って教育をしなければならないと、無条件でそうしなきゃならないという位置づけでありますので、それはやはり旭川と伝習館の判例からすれば反しているだろうと。したがいまして、判例違反というふうに考えられます。

それでは、更に具体的に、本件で問題となっております10.23通達及びそれに基づく校長の職務命令についてお伺いします。まず、旭川及び伝習館の判例を前提にすれば、10.23通達はどう考えるべきかという問題ですが、10.23通達は具体的には指定された席で国旗に向かって起立し国歌を斉唱することを中心としまして、国旗の舞台壇上正面掲揚、国歌斉唱のピアノ伴奏、式典会場の座席を児童生徒が正面を向いて着席するように設営するなどを具体的に校長に指示命令し、更に、従前は認められていた三脚での国旗掲揚、フロア形式や対面形式の会場設営、司会による内心の自由の説明などは認めていないということが明らかになっております。このように職務命令としての性格を有する通達の中で具体的に式の内容を指示命令している場合に、それでも裁量の余地が残されたものと解することができるでしょうか。

今お聞きしている限りでは、裁量の余地がないものと考えられます。
次に、10.23通達以後の校長の職務命令、これが校長の裁量で出されたものと考えられるかどうかという点ですが、通達の中ではこう書かれています。10.23通達自体、乙20号証の3ですが、順に、まず2として、今読み上げますが、「入学式、卒業式等の実施に当たっては、別紙『入学式、卒業式等における国旗掲揚及び国歌斉唱に関する実施指針』のとおり行うものとすること。」となっております。
　まあ、実施指針のとおりですから、裁量の余地はないものと考えられます。
それでは、3として「国旗掲揚及び国歌斉唱の実施に当たり、教職員が本通達に基づく校長の職務命令に従わない場合は、服務上の責任を問われることを、教職員に周知すること。」、これはどうでしょうか。
　それにつきましては、職務命令が出された場合というような文言であればまだ裁量の余地があったんでしょうけれども、それは通達に基づく職務命令に違反した場合という表現になっておりますので、その通達に基づいて職務命令が出されるというのが前提になっているような文言かと考えられます。それに、その職務命令が、つまり教育委員会の通達が校長に対する職務命令であるというふうに言っているようですので、校長側にしましても処分を恐れずに職務命令を出さないという構図にはなっていないということであります。更には、校長に対する説明会等の資料を読みましても、その説明会におきましては、飽くまでも職務命令が出されることを前提にした説明会で、つまり、職務命令を出すか出さないかという次元のものではなくて、出すのを前提にした説明会であったろうというふうに考えられます。
次に、校長の職務命令が問題になっているんですが、そもそも校長は国旗・国歌指導条項に関して職務命令を出すことができるのでしょうか。学校教育法は28条3号で「校長は、校務をつかさどり、所属教職員を監督する。」と定めておりますが、その関係でいかがでしょうか。
　その点につきましては、教員の教育活動ということにつきましては、指導助言であればできるかと思いますけれども、職務命令ということであれば別に考える必要があるかと思います。
旭川最高裁判決は、教師に一定の教授の自由を認めており、また、一方的な一定の理論や観念を生徒に教え込むことを教師に強制してはならないともし

ております。伝習館最高裁判決が是認した控訴審判決も、専門職である教師の自主性を十分に尊重することと述べております。これらとの関係でいかがでしょうか。

　そこで注意しなければいけないのは、主体が何なのかと。つまり、そこで述べられているのは、校長の教授の自由ではなくて、飽くまでも教師の教授の自由であります。あるいは、校長の自主性ではなくて、教師の自主性という表現になっております。これは判決で明言してるわけであります。そうしますと、教師の教育活動におきまして、校長が裁量の余地のないような職務命令を仮に出せるとしましても、その職務命令の内容が裁量の余地のないような命令だと、やはり判例違反になるのではないかと考えられます。

今言われたこととの関連で、参考になる裁判例としまして、1972年の阿倍野高校日の丸事件大阪地裁判決、これは確定しておりますが、これがございます。これは先生の意見書の47ページに引用されております。この判決は、国旗掲揚の問題は、学校の管理運営の問題という側面と、教育的な側面を有しているとした上で、教育的な側面を抜きにしてこの問題を論ずることはできず、こういうすぐれて教育的な性格を有する問題、教育内容に関する問題は、校長が教職員とよく話し合って、納得の上で実施することが望ましいと判示しております。証人が言われたのは、このような趣旨のことでしょうか。

　はい、そうです。実際、教育現場では、職務命令というような形での教育というのは、特に教育活動につきましてはやはり異様であろうと。やはり話合いの上で行われるというのが教育活動の本来の趣旨であろうというふうに考えられます。

職務命令と憲法の関係についてですが、先ほどの9月21日の東京地裁のいわゆる予防訴訟判決は、憲法19条に違反する校長の職務命令というのは重大かつ明白な瑕疵があるとして、従う義務はないと判示しております。これについてはどうでしょうか。

　そう考えられると思います。

そうしますと、10.23通達及び校長の職務命令については結論的にはどのように考えられるでしょうか。

　その通達と職務命令につきましては、それらに対する拒否行為の合憲性については既に述べましたので繰り返しません。で、法的拘束力ということにつきましては、飽くまでも最高裁の判例の趣旨からすれば、そ

の2つは裁量の余地のないものとなっておりますので、法的拘束力はな
　　　いものと考えられます。
次に、教師のいわゆる教授の自由、証人が意見書で述べておられます専門職
上の自由について伺いますが、旭川学テ最高裁判決はこのように述べており
ます。普通教育の場においても、例えば教育教師が公権力によって特定の意
見のみを教授することを強制されないという意味において、また、子供の教
育が教師と子供との間の直接の人格的接触を通じ、その個性に応じて行われ
なければならないという本質的要請に照らし、教授の具体的内容及び方法に
つきある程度自由な裁量が認められなければならないという意味においては、
一定の範囲における教授の自由が保障されるべきである。また、伝習館最高
裁判決が是認した控訴審判決も、学習指導要領の適用上の要件として、専門
職である教師の自主性を十分に尊重することというものを挙げております。
これらが証人の言われる教師の専門職上の自由ということでしょうか。
　　　はい、そうです。
旭川判決は、その憲法上の根拠規定としては何条というふうにとらえている
でしょうか。
　　　直接的には23条です。それに、趣旨としましては、26条も根拠規定に入
　　　れていいかと思います。
そのような教師の教授の自由、つまり専門職上の自由に対しては、何らかの
制約というものは考えられるんでしょうか。
　　　あります。やはり教授の自由ということに関して、完全な教授の自由と
　　　いうのは判例も認めておりません。私の考えでも認める必要はないと思
　　　われます。
それでは、その制約というのはどのようなものでしょうか。
　　　その制約につきましては、客観的な教師の良心に基づいてその教授の自
　　　由が行使されるということであります。で、飽くまでも恣意的であって
　　　はならないということであります。
その専門職上の自由の制約としての、客観的な教師としての良心とおっしゃ
る意味ですが、証人の意見書の40ページの中で、旭川学テ判決の判旨を活用
する形で概略次のように書いておられます。教師が公権力によって特定の意
見のみを教授することを強制されないという意味において、また、子供の教
育が教師と子供との間の直接の人格的接触を通じ、その個性に応じて行われ
なければならないという本質的要請に照らし、教師が子供の学習をする権利

　　　　　の充足を図るため、子供が自由かつ独立の人格として成長することを妨げるような介入、例えば誤った知識や一方的な観念を子供に植えつけるような内容を強制するような教育をしないという良心であると、概略このように書かれていると思いますが、これがその客観的な教師としての良心ということの意味でしょうか。
　　　　　　　はい。それは旭川大法廷判決の趣旨を私がまとめたものであります。で、飽くまでも客観的な教師としての良心ということにつきましては、やはり教授の自由というのは恣意的であってはならないと、やはり一定の枠組みがあるということであります。
　　　　　教育基本法６条の２項に、教員は自己の使命を自覚し、その職責の遂行に努めなければならないと、まあ、一部省略しましたが、というふうに規定されておりますが、この使命というのは、客観的な教師としての良心と証人がおっしゃっていることと関係がありますでしょうか。
　　　　　　　ほぼ重なると思われます。その使命につきましても、やはり枠組みがありまして、恣意的なものであってはならないというふうに考えます。
原告ら代理人（新村）
　　　　　私のほうからは、いわゆる職務の公共性についてお聞きします。原告らが公務員であるということを理由に、職務の公共性という観点から、原告らの思想・良心が一定の制約を受けるという考え方があります。例えばピアノ判決第一審においても、地方公務員の思想・良心の自由も、公共の福祉の見地から、公務員の職務の公共性に由来する内在的制約を受けると判示されています。この考えについて証人はどのようにお考えになりますか。
　　　　　　　内在的制約論そのものは別に不当でも何でもありません。学説でも通説であります。問題なのは、その判決が内在的制約論、学説上はその内在的制約論は飽くまでも一般的な人権の制約根拠ではあるけれども、公務員にしても具体的に人権を制約する場合は、その制約の具体的根拠が必要であるというのが通説であるし、また判例でもあろうかと思われます。その点につきまして、その判決は内在的制約論という一般的制約で公務員の人権の制約を正当化しているという点で、通説と判例に反しているであろうと思われます。
　　　　　今お聞きしましたピアノ訴訟の控訴審判決のほうは、公務員の人権の制約についてこのように述べております。読み上げますと、「法規によりあることを教えることとされている場合に、公教育に携わる公務員がその個人的な思

想や良心に反するからといってそのことを教えないというわけにはいかないのである。このような意味での思想・良心の自由の制約は、公共の福祉にかなうものとしてやむを得ないものであって、公教育に携わる公務員として受忍せざるを得ず、このような受忍を強いられたからといって憲法19条に違反するとはいえない。」、そして、続けて、「控訴人は、その個人的な思想や好悪の感情いかんにかかわらず、職業人としてこの学習指導要領による教育を行う立場にあるといわざるを得ない。そして、この学習指導要領においては国歌を斉唱するよう指導するものとされている」、「したがって、控訴人は、『君が代』に対する個人的な思想や好悪の感情を理由に本件職務命令を拒否し得ないものというべきである」、このようにこの控訴審判決が言っていることについて証人はどうお考えになりますか。

　その判決は、法規というのを挙げながら、具体的に教育公務員の人権を制約する根拠としては学習指導要領と職務命令を挙げているのみであります。その点につきましては、明治憲法下の特別権力関係論に極めて類似したものになっているのではないかと思われます。その点で、第1審判決よりもより問題は深いと思われる判決であります。

今、特別権力関係論に類似しているとおっしゃいましたけれども、その特別権力関係論について、先生は、意見書の42ページですが、その中でこう説明なさってます。「特別権力関係論とは、公務員など特別の法律上の原因に基づいて、一般の統治関係とは異なった特別な関係が成立し、そこにおいては、まず第1に公権力は個々の場合に法律の根拠なくして特別な権力関係に属する個人を包括的に支配できる、第2に公権力は法律の根拠なくして公務員の人権を制約することができる、第3に公権力の行為は原則として司法審査に服さないことという、こういう原理が適用される。この理論は天皇主権の明治憲法に適合していたが、国民主権、人権尊重主義、法の支配の原理を土台とする日本国憲法の下では到底通用し得ないものとなった。」先生はこのように特別権力関係論について御説明なさっているわけですけれども、それでは、ピアノ判決の控訴審判決は、この特別権力関係論とどこが似ている、どこが類似しているのでしょうか。

　まず第1につきまして、いわゆる包括支配権ですけれども、その判決が述べている制約の根拠は学習指導要領と職務命令であります。したがいまして、法律による根拠というのを挙げておりません。その包括支配権というのは、具体的には懲戒権とか命令権とかが含まれます。第2に、

人権の制約についてですけれども、それにつきましてもその判決が挙げてるのは学習指導要領と職務命令であります。したがいまして、それにつきましても、法律の根拠なくして公務員の人権を制約するということになっているのではないかと思われます。それに第3点ですけれども、司法審査の排除ということにつきまして、形式的には審査しているんですけれども、その判決を見ますと、法規により教えることとされていることに関しては教えざるを得ないんだということを、まあ、職業人としてですけれども、述べておりますけれども、法規として決まっていることはもう無条件でそれに従わざるを得ないということですので、現憲法下ではその法規そのものが合憲か違憲かということの審査が要求されるものですけれども、その審査を全くしていないということで、実質的に司法審査を行ってないじゃないかというふうに思われます。以上3点で、類似しているのではないかというふうに考えられます。

今、学習指導要領と職務命令は行政上の規則命令であるというようなことが出てきましたけれども、それらに基づいて教育が行われなければならないということについて、そのほかに注意すべきことはありますか。

　若干敷衍させてもらいますと、実は明治憲法下におきましても、教育制度というのは実は勅令以下の命令の形式で行われていたものであります。つまり、行政命令で行われていたと、議会には関与させなかったということであります。それで、先ほどの判決を見ますと、学習指導要領と職務命令、これは行政命令ですけれども、それに従わざるを得ないというふうに述べておりますので、そのまま解釈しますと、それは教育そのものが行政命令に基づいて行われるということになるのではないかと。したがいまして、明治憲法下の教育制度の運用、在り方と、今のその判決の趣旨というのは極めて類似してくるんではないかと思われます。

ピアノ裁判の控訴審判決の論理は現憲法下では到底とり得ない考えであるということはよく分かりました。ところで、特別権力関係論とは別に、現憲法下においても、公務員に対して何らかの理由による制約を認めるという考え方はあるのでしょうか。憲法15条には、「すべて公務員は、全体の奉仕者であって、一部の奉仕者ではない。」と定めていますが、この点についていかがお考えですか。

　制約はあります。で、学説上でも、例えば職務の性質説とか、あるいは、職務上の地位、職務の内容説、あるいは憲法秩序構成要素説というのが

あります。しかし、注意しなければならないのは、それらいずれの説も、公務員の人権を制約する場合には、一般的根拠のみではなく、人権ごとの具体的な制約の根拠が必要であるというふうにいずれの説も述べております。特に憲法秩序構成要素説、これは芦部教授の説でありますけれども、その説におきましては、憲法15条の全体の奉仕者、これにつきましては、明治憲法下の天皇主権から日本国憲法下の国民主権へ移ったと、移行したということを示したものにすぎないのであると。したがって、全体の奉仕者というのは飽くまでも公務員が職務の遂行上の指導理念であるということであるので、逆に公務員の人権を制約できる根拠とし得ないというふうに述べております。この芦部説、これは今回のいわゆる予防訴訟の判決でも、全体の奉仕者というのが公務員の人権の制約の根拠として引用されておりません。

では、最高裁の判例についてはどうでしょうか。最高裁は、労働基本権関係では、全逓東京中郵事件最高裁大法廷判決、都教組事件最高裁大法廷判決、全農林警職法事件最高裁大法廷判決などを出しておりまして、また、政治活動の自由については猿払事件最高裁大法廷判決などを出していますよね。これらの判決を証人はどのように評価なさいますか。

それらの判決のうち、特に全農林判決及び猿払判決につきましては学説上批判が強いんですけれども、その判決を読みましても、原則的には公務員の人権も保障されると、制約する場合には合理的で必要やむを得ない限度にとどまると、そのやむを得ない限度の範囲がその判決ごとに違うんですけれども、少なくとも判文上はそう言っているということであります。それに、1998年だったと思いますけれども、寺西裁判官の最高裁大法廷判決、これは裁判官の表現の自由にかかわるものでありますけれども、その判決の中で、まあ、これは10対5に分かれたんですけれども、その判決は、表現の自由というのは基本的人権の中でも取り分け重要であるということをまず述べております。で、裁判官も一市民としてその表現の自由を享有するのは当然であると、しかし、その保障も絶対的ではないという表現をしております。つまり、裁判官といえども表現の自由というのは当然有していると、言わば当然の法理でありますけれども、この当然の法理ということは、事実上、実質上、先ほどの猿払最高裁の判決を変えたんじゃないかというふうにも考えられないことはないというふうに思っています。

(以上　横山　美裕記)

　今証言なさった最高裁の判例を基準とすれば、本件訴訟にかかわる思想・良心の自由の制約についてはどのように考えるべきでしょうか。

　　その思想・良心の自由は前にも述べましたように優越的地位を持つ精神的人権、精神的自由の中でも取り分け優越的地位を持つというふうに考えられますけれども、その寺西裁判官の大法廷判決は表現の自由につきまして、当然の法理を取っております。その表現の自由よりもその思想・良心の自由というのは保障の強度が強いということでありますので、今回の本件訴訟にかかわる思想・良心の自由につきましては、言わば、絶対的保障ないしそれに準ずる保障ということは今言ったような筋道から出てくるのではないかと思われます。それは絶対無制約ではありませんけれども、その制約の場合には理由等方法手段の審査というのは必要であるということはもう既に述べましたのでここでは繰り返しません。

原告ら代理人（白井）

　アメリカの憲法判例に関係して最後に私のほうからお伺いします。精神の自由の保障に関して、日本国憲法とアメリカ合衆国連邦憲法との違いを簡単に述べてください。

　　日本国憲法では19条、20条、21条、23条が精神の自由に関係する人権の保障でありますけれども、アメリカ憲法では連邦憲法修正第1条において、その中において信教の自由と表現の自由、この表現の自由には具体的には言論の自由、出版の自由、集会の自由というのが書かれております。したがいまして、アメリカの連邦憲法のほうは相当に簡潔であります。ただし思想・良心の自由に関しましては、その表現の自由の枠組み内で保障されてきたということが判例です。その思想・良心の自由が表現の自由の枠組み内で消極的表現の自由、沈黙の自由、あるいは思想の自由という形で保障されてきたということであります。

甲第141号証の1を示す

　　これの82ページを御覧ください。今証言なさった表現の自由の枠組み内で保障された思想・良心の自由の判例が証人がここで紹介しておられる2つのアメリカ憲法判例だと思います。1つはラッソー事件判決、これは「忠誠の誓い」の拒否による公立学校教師の解雇は憲法違反とした連邦控訴審判決です。もう一つはアブード事件判決、これは公立学校教師の在職条件として一定の思想賛同を教師へ要求することは憲法違反とした連邦最高裁判決、この2つ

の判例が証人が意見書の中で紹介しておられる表現の自由の枠組み内で保障された思想・良心の自由の判例ということになりますか。
　　はい、そのとおりです。
甲第86号証を示す
　アメリカ憲法判例の法理を分析なさった証人の意見書です。この22ページで、ウリー事件、1977年の連邦最高裁判決ですが紹介されています。「自由か、しからずんば死か」という標語を乗用車のナンバープレートに掲出することを要求するニューハンプシャー州の法律を拒否し、自分の乗用車のナンバープレート上の標語を覆い隠して処罰された事件の連邦最高裁の判決です。これも表現の自由の枠組み内の思想・良心の自由の判例ですか。
　　はい、その連邦最高裁の判決はその表現の自由の中でその拒否行為を思想の自由と位置付けた上で、それは修正第1条の保障の対象だと。保護されるというふうに言っております。
ところで、先ほどのラッソー事件の判決は控訴審の判決ですが、連邦最高裁はこれに関係していたのでしょうか。
　　関係しておりまして、その控訴審で敗訴した教育委員会側からの連邦最高裁に対する事件移送命令の申立を連邦最高裁はその受理を拒否しております。したがいましてその実質的と言いますか、結果としましてその控訴審判決を是認したと、それで確定しております。
先ほどおっしゃった、日本国憲法と連邦憲法のこの2つの憲法の違いを踏まえて、アメリカの判例を読むときに、どういう点に注意すべきかをお話しいただけませんでしょうか。
　　アメリカでは判例上、表現の自由の枠組み内で思想の自由等が消極的表現の自由として保障されてきております。積極的表現の自由という比較の上ではその消極的表現の自由は、飽くまでも判例上ですけれども、ほとんど絶対的に保障されてきております。その際、日本にそういったアメリカの判例を紹介あるいは解説などする場合、注意しなければならないのは、その消極的表現の自由というのはアメリカ的な表現なんですけれども、それが日本に持ち込まれる場合、19条ではなく21条、表現の自由の関係で論議される傾向があります。ところが、アメリカでは消極的表現の自由は積極的表現の自由よりも保障強度が強いんですけれども、日本においてはそれが21条との関係で持ち込まれることによって19条は21条よりも日本の憲法下では保障の強度が強いんですけれども、そうで

はなく21条の関係で論議されることによってそのアメリカの判例の位置付けが極めて日本においては混乱をもたらしていると。混乱をもたらす側が悪いんですけれども、そういうことにも注意しなければいけないだろうと思われます。

最近のアメリカの判例について若干お伺いします。今御覧の甲第86号証、意見書の4ページ以下で、「国旗忠誠の誓い」の儀式の違憲性に関する、いわゆるニューダウ事件について、2002年6月の連邦控訴審の違憲判決、2004年6月の連邦最高裁の憲法判断回避の判決などについて詳しく紹介なさっています。その後、国旗忠誠の誓いの儀式の関係で判例は出ているのでしょうか。

幾つか下級審判決が出ております。具体的には2004年8月の連邦控訴審の違憲判決、それに2005年8月の連邦控訴審の合憲判決、それに2005年9月の連邦地裁の違憲判決等があります。

今お示ししている甲第86号証、意見書の5ページを御覧ください。真ん中より少し下の辺りですが、読み上げますと、「国旗忠誠の誓いの儀式の間、憲法上の権利として、沈黙や着席で拒否の意思表示をすることができるのは既に確立された判例法理である。」と証人は述べておられますね。これと2005年8月の合憲判決は矛盾しないのですか。

その合憲判決はバージニア州法に関する判決でありますけれども、そのバージニア州法の内容を見ますと、国旗忠誠の誓いの儀式の間、強制されない権利というのを明記しております。具体的には沈黙の権利、更には着席したままでいる権利を明記しております。したがいまして、その強制されない権利というのは全くアメリカでは動いておりません。したがいまして全く矛盾してないということになります。それにそのバージニア州法の合憲判決というのは、争点はその国旗忠誠の誓いそのものを行っていいのかどうか、行うことが憲法違反なのかどうかが争われた事件であります。したがいまして次元が違うんです。次元が違うものを混同してはいけないと思われます。

そうしますと、そういう合憲判決を紹介して、アメリカの判例法理が何か変更された、判例法規に何か変更が加えられたかのような解説が日本にも見られますが、これは誤りですか。

誤りです。そのことに関しましては、やはりその誤った解説、紹介等が日本でも少なからずありますので、その辺はやはり十分注意しなければ

ならないと思います。で、強制されない権利というのは全くアメリカ判例上は動いておりません。

その強制されない権利を行使することは、儀式の厳粛さを生み出すというような議論はアメリカにはあるのでしょうか。

　そのことにつきましては、寡聞にして知らないということであります。アメリカで最も有名な判決の1つでありますエホバの証人の1943年の判決ですけれども、その判決はそういった反対者を根絶した後での墓場での意思統一、国旗忠誠の誓いに反対者を認めないで行うということは、そういった墓場での意思統一になるということを言っております。それで1943年から、少なくとも判例上はその点は動いておりません。

今先生の直接のお答えがちょっと聞き取りにくかったんですが、寡聞にして知らないとおっしゃったのは、要するにそんな儀式の厳粛さを生み出すような議論はアメリカでは聞いたことがないと、そういうことですよね。

　はい、そういうことであります。

それから1943年のエホバの証人の事件というのは、いわゆるバーネット事件の連邦最高裁判決のことでございますか。

　はい。

最後に本件訴訟との関連で、特に何か付け加えておっしゃりたいことがあればお願いします。

　若干付け加えますと、本件訴訟は飽くまでも法解釈が最大のポイントですけれども、この訴訟との関係ではやはり歴史は繰り返すという観点、この観点は極めて重要であろうと思われます。つまりどういうことかと言いますと、歴史は繰り返すということは、つまりその大きな理由の一つは、教育は元に戻ると、何十年かした後に教育が元に戻るということが大きな理由の1つではないかと思われます。その大きな戦争とかあるいは悲惨な戦争をした後は、全員とは言いませんけれども、ほとんどが痛烈に反省して2度とこういう戦争はしないという歴史の教訓をたたき込んで骨身にしみておりますので簡単には教育は元に戻らないと。戻そうとする動きに対しては強い反発があるということであります。ところが世代交代が進みますとそういう原体験を持っていた人たちが世代交代で少なくなりますと、その歴史の教訓というのが実感としてではなくて知識としてのレベルのものになります。本来ならばその歴史の教訓を語り継ぐという役割は教育でないといけないんですけれども、その教育が

そういった実感のない世代になってきておりまして、そういうことでその教育を元に戻すという動きに対する反発と言いますか、そういうことに対して抵抗力が弱まってきているということであります。そういうことでどうなるかと言いますと、教育が戻りますと、やはり歴史は繰り返すであろうということであります。したがいまして本件訴訟では飽くまでも法解釈、憲法解釈が一番重要なんですけれども、本件訴訟に限ってはやはりその歴史的な観点からも考える必要があるのではないかと思われます。

先ほどの相代理人の質問の確認をさせていただきます。アメリカの憲法判例の法理について、強制されない権利は動いていないと先生はお答えになったんですが、この動いていないの意味ですけれども、強制されない権利、つまり沈黙をしている権利、あるいは忠誠の誓いを拒否する権利、あるいは着席をしている権利、起立を拒否する権利、そういうものが憲法上の権利として保障されているという、そういうアメリカの憲法判例の法理、これには何らの変更も加えられていない。動いていないというのはそういう意味でよろしいでしょうか。

　連邦最高裁の判決上は動いていません。判例変更していません。

被告代理人（松下）

先生は憲法19条の保障の範囲として、思想の一定の外部的表出、外部行動にも及ぶと、拒否的に受動的なものについては拒否する旨、及ぶということで、それで内心だけだと、言葉が違うかもしれませんけれども絵に描いた餅になるとか、内心というのは、そもそも外部からは変えたくとも変えられないと、そのようなことをおっしゃっていましたね。

　はい。

それだと今回、入学式、卒業式ということで、年に2回、3回、周年行事も合わせて年に2回か3回、国歌斉唱をしたということで、特に急に生徒に愛国心が芽生えたり、それによって戦争をするというような心が生まれると、そういうふうな思想が変わるという意味で、特に憲法19条に問題があるとは考えないということでよろしいですか。

　憲法19条は問題はないんですけれども。

政策的なことは先ほどいろいろ従わせるといろいろおっしゃっていましたのでそういう政策面は別として、そういう国歌斉唱を年に2回か3回、式で行うということで、特に生徒に愛国心を強固にして戦争に向かうような心に変

えさせると、そういった意味での19条の問題というのは特に生じないと伺ってよろしいですか。

　本件は生徒の権利で争われているものではありませんので、その点については答える意味がどの程度あるのかということですけれども、あくまでも教職員の権利と人権との関係で私、お話ししていますので。

外部からの働き掛けで思想・良心の自由が侵害される代表例としては、いわゆる沈黙の自由、すなわち公権力から自分の内心を外部に表すことを強制されない自由というものがありますね。

　はい。

先ほど江戸時代の踏み絵の話をおっしゃってまして、政策的にはいろいろ、実際は隠れキリシタンの人は踏んでいたとかそういう話があったので、歴史の実際はちょっと置いておきまして、憲法の教室での説明では、沈黙の自由のところで江戸時代の踏み絵が出されて、そういうのは踏むと自分の信仰が明らかになると、キリスト教を信仰しているとか、そういう信仰ですとか思想信条が明らかになると、そういうところで沈黙の自由というのは書かれていますね。

　はい。

同じ沈黙の自由で考えた場合、先ほど主尋問にもありましたけれども、国旗に向かって国歌を斉唱するということで、先ほどの踏み絵と同じような意味で内心が明らかになる、特定の価値観が明らかになるという面は希薄だと思うんですが、その点はいかがですか。

　これはその教職員が内心でどういうことかを外に必ずしも明らかにしてないんじゃないかという趣旨かと思われますけれども、私が重点を置いているのは、そういった命令があればそういった命令に対しては自己の思想・良心に基づいて拒否できますよということに重点を置いておりますので。

思想・良心の幾つかのカテゴリーの中の沈黙の自由を本件の国旗・国歌は侵害していると思いますか。

　してます。

その起立しなかったことは、例えば先ほど国旗・国歌に対して特定の価値観を抱いているから起立しなかった人もいれば、教育委員会のやり方がけしからんから国旗・国歌が特に問題がなくても起立しなかった人もいるというようにいろいろなバリエーションがありますので、起立しなかったことからど

ういう思想信条を持っているかということは外部からは明確というわけではないのではないでしょうか。
　私は内心と一体的に一定の拒否行為は19条で保障されるべきだということを述べておりまして、飽くまでもポイントは拒否行為なんです。その拒否行為が自己の思想・良心との関係で立証されればそれは19条の保障対象であろうと思われます。ですから基準もちゃんと理由と方法手段を審査すべきだというふうにお話ししているわけであります。
おっしゃっているのは分かるんですけれども、まず順番的に思想・良心をこの国旗・国歌で国歌斉唱することが変えられるかどうかということについて一番初めに聞いたときに、内心の自由というのはそう変えられるわけじゃないというのが主尋問でありましたので、その次、沈黙の自由という意味で、国歌斉唱することは一定の思想や自分の価値観を外部に告白する行為かどうかという点だけで今19条違反かどうかということをお聞きしているんですけれども、その点はどうなんでしょうか。
　だから告白になるからその告白を拒否するという、それが保障されるということなんです。
でも起立したからと言ったって、踏み絵の場合はそれで特定の宗教の信仰が外部に明らかになりますけれども、今回の国歌斉唱に起立しなかったからと言って、そのことで自分がどうして起立しなかったかというのは外部に明確ではないんじゃないですか。
　したがいまして内心はよく分からんという。だから私が何を考えているか、あなたがどこで分かるか分かりませんけれども、だから内心のそのものと、やはり本人の思想・良心に基づく一定の拒否行為、その点が法的には最も重要なポイントなんですよ。だから内心そのものは私が最初に述べましたように、生物学上の、事実上の自由であろうと。それを権利として保障するには、その内心と一体的に、その内心を保護防衛するために一定の外的な拒否行為も一体的に19条で保障されなければ19条の存在価値は大きく減殺されるであろうというふうに述べたわけであります。
その起立しなかった理由を、本件の原告が実際そうというわけではないんですけれども、幾つか例を挙げて思想・良心の自由のかかわりでちょっと考えてみたいと思うんですけれども、一番初めの設問は極端なんですけれども、単に校長が国歌斉唱しろと職務命令を下したと。違法とかそういうのは一応

置いておいて、その校長自体がその教員は個人的に大嫌いだということで、校長の言うことなんて絶対従えるかということで不起立したという場合があったとしますね。そうした場合に、校長を嫌いだと、そういうふうな内心というのは19条の範囲に入るんでしょうか。

　その辺は、やはり私が最初に述べましたように、やっぱり審査が必要なんですよ。それで理由の審査と方法手段の審査、これ、やっぱり客観的に審査しなければなりませんので。

本人が、私は校長が嫌いだから校長の言うことに従わなかったんだと、そういう理由を述べた場合の話なんです。

　具体的な事例がよく分かりませんけれども、例えばその嫌いな理由が校長の思想に反発しているんだったら、可能性としては保護される可能性はありますけれども、ただ今おっしゃられた具体的な事例というのが、事例としては余り適切ではないんじゃないかと思われますけれども。

２番目に、みんな不起立するから私も不起立しようとか、本件と関係ないという仮定と言われるかもしれませんけれども、組合のほうでみんな不起立にしましょうと言うので、みんな不起立するようだから私も不起立すると、そういった考えで不起立した場合に、そういうのは内心自体は憲法19条で保障されるんでしょうか。

　どうもいまいちよく分からないんですけれども、その組合の決定とかとの関係で出てくるとすれば、最高裁の判例からすれば、例えば立候補の自由とかとの関連では、やはり組合の統制権が憲法違反であるという判例も出ておりますから、単にそれで従うという義務はありません。従うんだったらそれ相当の理由があるのであって、その理由の審査が必要です。

今の説明は、単に不起立だった人は特にそんな深いこと考えてなくて、周りが不起立だから自分も不起立しようと、それだけ考えている場合を聞いているんですけれども。

　そいう事例を考える必要があるのかどうか分かりませんけれども、余りにも軽い事例しか出てきていませんけれども。

原告ら代理人（白井）

異議です。ちょっと問題をはぐらかそうとする質問じゃないかと思うんですけれども。あなたがやっていることが何なのかをまじめに考えてもらいたいんだけれども、あなた方は処分の脅かしで強制しているんですよ。強制され

ている人が単に周りが座っているからといって座ったりしますか。ばかなことを言わないでください。撤回してください。

被告代理人（松下）
　先ほどの質問で、国旗・国歌については特に好ましいとか好ましくないとも思ってない中立的な人が、むしろ好ましいと思っている人が式で行うのは、教育委員会がこういう教育内容に介入してきてこういうふうに式でやれと、そういうふうな通達を出したから立たないという人が思想・良心の自由だということでよろしいわけですか。

　　その強制そのものにその本人の信条とか信念で反対だということでありますので、その限りにおいては19条の保障対象に入ると思われます。

例えばその先生がこういう会議はけしからんということで事前に自分の生徒にも自分は不起立するということを宣言してたりして、要するにその場で生徒に自分の姿を見てもらおうと、そういうことをアピールしようと、そういう場合で不起立した場合は19条で保障されるんですか。それとも21条なんでしょうか。

　　本件と関係ないと思いますけれども、そういう事例があるのかどうか知りませんけれども、飽くまで分けて考える必要があると思うんですね。生徒側に対する説明のレベルのものとその不起立が自分自身の思想・良心に基づくものか、あるいは専門職上の自由に基づくものかどうかというのは一応分けて考える必要があると思うんですね。

21条に不起立してても、いろいろなことを考える不起立が19条になったり21条になる可能性もあると。

　　いや、21条にはなりません。表現の自由ですので。

教育委員会の介入が国歌斉唱じゃなくて、自分の都立高校では必ず校歌を斉唱しようというふうに介入して通達を出した場合に、こういうことも教育委員会が介入するのはけしからんということで不起立すると、そういった場合も19条で保障されるということでよろしいんでしょうか。

　　校歌をどうするんですか。

今回、国歌斉唱を義務付けたということで問題になっているんですけれども、例えば学校の歌を教育委員会が歌うよう義務付けたと、介入してきたと、そういった場合、先ほどの国旗・国歌についてむしろ好ましいと思っている人が、教育委員会が介入すること自体がけしからんから自分は不起立だという人は19条で保障されるんであれば、校歌を教育委員会が義務付けてきた場合

も同じかなと思うんですけれども、そこら辺はどうなんですか。

　それ、裁量の余地なく出してきたらやっぱり不当な支配に当たると思います。

不当な支配というのはまた19条とは別の視点ですので、19条の思想・良心として不起立が外部的行為まで保障されるのかどうかだけ聞きたかったんですけれども。

　校歌との関係で言えば、だれの思想・良心の自由が侵害されるという想定なんですか。それは教育委員会で命令された場合、いきなり教職員には教育委員会から命令が行くんですか。

原告ら代理人（水口）

あまりにも範囲がずれているので異議を出します。校歌の話なんか全然問題になっていないですよね。

被告代理人（細田）

先ほど主尋問で、国歌斉唱に関して一定の外部的な行為が思想・良心の自由の範囲内かどうかという御質問があったかと思うんですがそれとの関連で、例えば国歌斉唱に座席が指定されているということがあっても、そもそも会場に入らないというような行動は先生が言う19条の保障の範囲になるかどうか、この点、いかがですか。

　その点は、方法手段において入らないと思われます。

式典の進行から、起立している状態から国歌斉唱が行われる場合、あえてその場面で座るという行為を取った外部的行為はいかがでしょうか。

　どの時点ですか。もう一度、おっしゃってください。

国歌斉唱の前に開会の辞がある。それで国歌斉唱になったときに、その段階であえて座るという行為を取った場合ですね。

　国歌斉唱の直前ですか。

はい。

　それは19条の対象に入ると思います。

先生が47ページで、ちょっと読みますと、「各教師の独立した教育権行使である教育活動の内容に対して、校長が指導助言の域を越えて、職務命令を発することは教育基本法10条1項の『不当な支配』に該当して禁止される」と、こういう記載がありますが、先ほどの一連の証言からすると、校長の職務命令の内容が裁量の余地のないような、そういう場合はこの不当な支配になるという意味なんでしょうか。

それも根拠の１つなんです。
そうすると、職務命令が出せるかどうか。職務命令を出すこと自体が不当な支配になるかどうか、この点についてはいかがですか。
　　　その職務命令の内容です。内容で判断するしかありません。
もう一度確認で聞きますが、職務命令を校長が教職員に教育活動に関連して出せるということはよろしいわけですね。
　　　教育活動にもいろいろありますので、やはりそれも内容で判断するしかないと思います。
先生の先ほどの、各教師の独立した教育権行使である教育活動の内容に対してというのが書いてあると思うんです。
　　　そうです。
そうすると、そういう教育内容に対して職務命令を出せる場面と出せない場面があると、こういうことなんですか。
　　　飽くまでも判例上です。私はあくまで私の学説と私の説と判例、特に最高裁の判例の趣旨からすればどうなるかというのを、私は分けて書いているつもりなんですよ。だから仮の話というのは、その判例等を尊重するとどういう解釈になるのかということであります。それで教育活動に関して、私個人の解釈としては出せないだろうと思っております。
出せないというのは、内容については、先生のお考えは一切、職務命令は出せないと。
　　　教育活動に関して。
同じく44ページの真ん中辺に書いてあると思いますが、「文部省と教育委員会が教職員に直接に職務命令を出すことができないのはもちろん」と、こういうふうに書いてあると思うんですが、この点についてお聞きしますが、これは先生は、教育委員会とか文部省は校長を跳び越えるというか、直接通達という方法で命令は出せないと。いかなる意味においても出せないんだという趣旨でしょうか。
　　　いかなる意味かどうか、私も厳密にはちょっとその分野は調べてないので何とも言えませんけれども、少なくとも教育活動に関しては出せないと言えるかと思います。
それから65ページに、嫌悪感、不快感のことでこういうふうに書いてあります。「通常、『嫌悪感、不快感』の基盤にはその人の思想、良心、人間観、世界観、解釈、考えが横たわっているのであり、『嫌悪感、不快感』はその基

盤と不可分の外的な現象である。」と。いわゆる嫌いだ、好きだということの背後には先生がこういうふうにお書きになっておられますが、それでは例えば君が代が単に嫌いだから自分は歌いたくないというような考えがあったとした場合は、そういう考え方というのは尊重されるべきだという結論になるんでしょうか。

　単に嫌いだからという理由が本当にあり得るのかどうかですね。嫌いの理由がまたあるはずなんですよ。それが基盤なんですよ。だからその基盤を考えなければいかんと、審査しなきゃいかんということであります。

そうすると、今、私の質問が前提で間違いかどうかあれですが、単に嫌いだという感情は、常に先生が言うこういう。

　常にとは言ってません。通常はと言ってます。

通常はということは、そうすると場合によっては単なる好き嫌いという場面もあろうかと思うんですが、それはどうですか。

　どういったことに対して、例えば食事とかそういった、やっぱり事柄ごとに考えていかないと、一般論的に言われると。

食事もそうですが、こういうふうに日本の国歌が君が代というふうに制定されたという経緯があって、いろいろな考えの中の1つで、単に君が代が嫌いだという好き嫌いのこういう考えについてお聞きしております。

　だから日の丸・君が代については非常に重いテーマですので、単に嫌いだというのは、その嫌いな理由があるだろうというのが通常だろうと。私は反対しますけれども。

そうすると、好き嫌いの、先生の言葉で言えばその基盤になることとの関連で考えるということなんですね。

　そうです。

それから内心における思想・良心の自由とその表出である外部的な行為、これは通常、切り離して考えるべきかどうか。そもそも切り離しては考えられないというものなのか。その点のお考えはいかがでしょうか。

　切り離すかどうかというよりは、むしろ19条で一体的に保障されているというのが私の解釈です。一体的なんです。

そうすると、内心の問題と表出としての外部的行為は一応そこを切り離して考えるべきだということはいかがでしょうか。

　切り離す必要はないんじゃないですかね。一体的ですので。

必要はないとすると、切り離せないかどうかという議論はどうですか。

切り離せないかどうかも、それを考えること自体が不必要じゃないです
　　かね。
先生が21ページ、上から十五、六行目で、学校行事などで日の丸敬礼、君が
代斉唱をするのが生徒の義務であるなどと教えることは、これは憲法の許容
を越えた行為になるんだということが書かれていますね。
　　はい。
義務であるかどうかということではなくて、飽くまで国旗・国歌の指導とい
うのは教育上の課題として行うということからすれば、先生のお考えからす
ればどうですか。
　　飽くまでも現行の学習指導要領の位置付けをどうするかと。私個人の解
　　釈ではやはり助言、一般的指針であろうと。判例はまた違いますよ。と
　　いうふうな立場ですので、したがいましてその学習指導要領に指導する
　　ものとするということに関しましても、飽くまでも現場の教師が裁量で
　　もって判断して、その教え方も客観的に教育すればいいと、教育できる
　　というのが私の解釈です。

被告代理人（松下）
先ほどから理由の審査をするということなんですけれども、先ほど一番初め
に沈黙の自由と聞きましたけれども、本人からどうして立たなかったのかと
いうことをいろいろ聞いていくことは、19条の思想・良心の自由の沈黙の自
由には反することにはならないんでしょうか。
　　立たなかった理由ですか。
はい。
　　だから私の立場では、やはりそれは理由と保護手段、2つの段階で審査
　　をする必要があると思われます。したがいましてその拒否の理由につき
　　まして、この日の丸・君が代に関しては、それを仮に命令するとすれば、
　　その命令そのもの、日の丸・君が代そのものが濃厚な思想性があるとい
　　うことですので、それに対する拒否、本人は自分の思想・良心に基づく
　　ものであるという陳述で十分であろうと、更にその日の丸・君が代が仮
　　に思想性との関係が明確でない場合、そうした場合はより詳しい陳述が
　　必要であろうという、飽くまでも客観的な調査ですけれども。
例えば自分は国旗・国歌というのは軍国主義とか平和を害するものだとか国
家権力を崇拝するものだと、そういう価値観を持っているから立たなかった
人がいるとしますよね。でも逆に起立した人がそういう国家権力を崇拝して

いるとか平和主義者じゃないということもないので、その合理的関連性を審査するときに、本人がこう考えているという主観だけで合理的関連性が認められるのか、それとも客観的に、これだったら関連性があるというのは、もう裁判所が事実認定で決めるような問題にはなるわけでしょうか。

　それも具体的な状況の審査によりますので、飽くまでも理由と手段、方法論、2つの段階で審査すると。それで理由も第1次審査と第2次審査があるということですので飽くまでも客観的な審査であると。それで主観的な陳述ということですけれども、陳述はすべて本人の陳述です。これを主観として切り捨てるということはできないと思います。

自分は世俗な国家は認められないからそれを表象している国旗・国歌は立たないんだという理由と、その立たなかったのが合理的関連性があるかどうかを客観的に。

　飽くまでも裁判所が認定することです。

ないとなれば思想・良心の範囲じゃないし、あるとなればその範囲に入ると、そういうことですか。

　そのとおりです。

憲法19条は、先生は絶対的保障ないしそれに準ずるものだというふうに述べていますよね。その絶対的保障というのは、憲法12条とか13条の公共の福祉で制約されないと、そういう意味と理解してよろしいでしょうか。

　いや、だから、今まで私が言いましたとおり、一般的制約の根拠と具体的な制約根拠、2つが必要だと。それが学界の通説でもあるし判例でもあるという立場ですので、全く無制約だというのは私は一度も言っていません。19条に関しても。（筆者注：速記録では「学会」と誤記）

そんな絶対的保障の意味が。

　ないしそれに準ずる保障です。

そうすると、思想・良心の自由だけれども、こういう自由から公共の福祉で制約されると、そういうふうな結論になることもあり得るわけですか。

　公共の福祉だけでは無理です。公共の福祉プラス具体的な制約根拠が必要です。それが何なのかを行政側に示してもらわないと制約できないということになります。

絶対的保障と言いながらも思想・良心の自由であってもそういう公共の福祉プラス必要性とかいろいろなことで制約される場合もあり得ると、そういうことですか。

はい。

　　　　　　　　　　　　　（以上　酒井真由美）
　　　　　　　　東京地方裁判所民事第11部
　　　　　　　　裁判所速記官　廣　瀬　照　美
　　　　　　　　裁判所速記官　横山美裕記
　　　　　　　　裁判所速記官　酒井真由美

資料

(1) 国旗・国歌法
　（「国旗及び国歌に関する法律」1999年8月9日成立、13日公布・施行）

　　第1条①　国旗は、日章旗とする。
　　　　　②　日章旗の制式は、別記第一のとおりとする。
　　第2条①　国歌は、君が代とする。
　　　　　②　君が代の歌詞及び楽曲は、別記第二のとおりとする。

　　附則
　　　　　①　この法律は、公布の日から施行する。
　　　　　②　商船規則（明治3年太政官布告第57号）は、廃止する。
　　　　　③　（省略）

　別記第一　　（省略）
　別記第二　君が代の歌詞及び楽曲
　　一　歌詞
　　　　　君が代は
　　　　　千代に八千代に
　　　　　さざれ石の
　　　　　いわおとなりて
　　　　　こけのむすまで
　　二　楽曲（省略）

(2) 学習指導要領の国旗・国歌指導条項

高等学校学習指導要領の国旗・国歌指導条項（1989年、1999年改訂）
　　第4章　特別活動
　　　第3　指導計画の作成と内容の取扱い

3 入学式や卒業式などにおいては、その意義を踏まえ、国旗を掲揚するとともに、国歌を斉唱するよう指導するものとする。
〔注：小学校学習指導要領、中学校学習指導要領にも特別活動として同一文言の条項が規定されている〕

(3) 東京都「10・23通達」

15教指企第569号
平成15年10月23日

都立高等学校長　殿
都立盲・ろう・養護学校長　殿

東京都教育委員会教育長
横山洋吉

入学式、卒業式等における国旗掲揚及び国歌斉唱の実施について（通達）

　東京都教育委員会は、児童・生徒に国旗及び国歌に対して一層正しい認識をもたせ、それらを尊重する態度を育てるために、学習指導要領に基づき入学式及び卒業式を適正に実施するよう各学校を指導してきた。
　これにより、平成12年度卒業式から、すべての都立高等学校及び都立盲・ろう・養護学校で国旗掲揚及び国歌斉唱が実施されているが、その実施態様には様々な課題がある。このため、各学校は、国旗掲揚及び国歌斉唱の実施について、より一層の改善・充実を図る必要がある。
　ついては、下記により、各学校が入学式、卒業式等における国旗掲揚及び国歌斉唱を適正に実施するよう通達する。
　なお、「入学式及び卒業式における国旗掲揚及び国歌斉唱の指導について」（平成11年10月19日付11教指高第203号、平成11年10月19日付11教指心第63号）並びに「入学式及び卒業式などにおける国旗掲揚及び国歌斉唱の指導の徹底について」（平成10年11月20日付10教指高第161号）は、平成15年10月22日限り廃止する。

記

1　学習指導要領に基づき、入学式、卒業式等を適正に実施すること。
　2　入学式、卒業式等の実施に当たっては、別紙「入学式、卒業式等における国旗掲揚及び国歌斉唱に関する実施指針」のとおり行うものとすること。
　3　国旗掲揚及び国歌斉唱の実施に当たり、教職員が本通達に基づく校長の職務命令に従わない場合は、服務上の責任を問われることを、教職員に周知すること。

〔別紙〕
入学式、卒業式等における国旗掲揚及び国歌斉唱に関する実施指針

1　国旗の掲揚について
　　入学式、卒業式等における国旗の取扱いは、次のとおりとする。
　(1)　国旗は、式典会場の舞台壇上正面に掲揚する。
　(2)　国旗とともに都旗を併せて掲揚する。この場合、国旗にあっては舞台壇上正面に向かって左、都旗にあっては右に掲揚する。
　(3)　屋外における国旗の掲揚については、掲揚塔、校門、玄関等、国旗の掲揚状況が児童・生徒、保護者その他来校者が十分認知できる場所に掲揚する。
　(4)　国旗を掲揚する時間は、式典当日の児童・生徒の始業時刻から終業時刻とする。

2　国歌の斉唱について
　　入学式、卒業式等における国歌の取扱いは、次のとおりとする。
　(1)　式次第には、「国歌斉唱」と記載する。
　(2)　国歌斉唱に当たっては、式典の司会者が、「国歌斉唱」と発声し、起立を促す。
　(3)　式典会場において、教職員は、会場の指定された席で国旗に向かって起立し、国歌を斉唱する。
　(4)　国歌斉唱は、ピアノ伴奏等により行う。

3　会場設営等について
　　入学式、卒業式等における会場設営等は、次のとおりとする。
　(1)　卒業式を体育館で実施する場合には、舞台壇上に演台を置き、卒業証書を授与する。

(2) 卒業式をその他の会場で行う場合には、会場の正面に演台を置き、卒業証書を授与する。
(3) 入学式、卒業式等における式典会場は、児童・生徒が正面を向いて着席するように設営する。
(4) 入学式、卒業式等における教職員の服装は、厳粛かつ清新な雰囲気の中で行われる式典にふさわしいものとする。

(4) **職務命令書（例）**

15○○高第○○号
平成○年○月○日

教諭
○○○○殿

東京都立○○高等学校長
○○○○

職務命令書

　平成○年○月○日に実施する東京都立○○高等学校○回卒業証書授与式について、平成15年10月23日付15教指企第569号「入学式、卒業式等における国旗掲揚及び国家斉唱の実施について（通達）」及び地方公務員法第32条（法令等及び上司の職務上の命令に従う義務）に基づき、下記のとおり命令します。

記

1　別紙「平成○年度第○回卒業証書授与式実施要綱」及び「平成○年度第○回卒業式役割分担一覧表」による役割分担に従い、職務を適正に遂行すること。その他、突発的な対応を要する場合には、教頭の指示に従うこと。
2　卒業式の実施に際して妨害行為・発言をしないこと。
3　式場の指定された席で式次第に則り、国旗に向かって起立して国歌を斉唱すること。

4 式中は、式場内に留まり、生徒を指導すること。
5 服装は、厳粛かつ清新な雰囲気の中で行われる式にふさわしいものとすること。
6 学級担任として、学級生徒が式に参加するよう事前に指導すること。不参加を容認又は不参加を促すような言動は厳に慎むこと。
7 卒業式の開式に際して、開式時刻5分前には指定された席に着席すること。

◎著者紹介
土屋英雄（つちや・ひでお）
福岡県出身
神戸大学大学院教授を経て、現在、筑波大学大学院教授（憲法学専攻）

最近の主な論著
（日本・米国関係）
・「『日の丸・君が代』装置の本質的意味と強制の違憲性」教育2006年3月号
・「『国旗忠誠の誓い』事件のその後、そして『十戒』事件──アメリカ連邦最高裁と連邦憲法修正第1条」自由と正義（日本弁護士連合会発行）2005年10月号
・「憲法と人権──人権を考える複合的視点」月報・司法書士（日本司法書士連合会発行）2005年5月号
・「思想および良心の自由」「信教の自由」小林＝芹沢編『基本法コンメンタール憲法』〔第5版・増補版〕日本評論社、2005年
・「『星条旗』とアメリカナイゼーション」津田＝浜名編『アメリカナイゼーション』研究社、2004年
・『思想の自由と信教の自由──憲法解釈および判例法理』尚学社、2003年
・「憲法の重点講義①～⑥」月報・司法書士2003年8月号～2004年1月号（連載）
・「『憲法』の論理と『靖国』の政治性」軍縮問題資料2003年8月号
・『自由と忠誠──「靖国」「日の丸・君が代」そして「星条旗」』尚学社、2002年
・「アメリカ国旗をめぐる憲法問題」自由と正義2002年12月号
（中国関係）
・「現代中国の憲法保障──構築と隘路」筑波法政第42号（2007年）
・『現代中国の憲法集──解説と全訳、関係法令一覧、年表』尚学社、2005年
・「中国憲法の現在」法律時報臨時増刊『憲法改正問題』2005年4月
・「中国の憲法改正」レファレンス（国立国会図書館発行）2004年9月号
・「中国の憲法事情」国立国会図書館調査及び立法考査局編『諸外国の憲法事情』2003年
・「中国人権論の原理と矛盾的展開」ジュリスト2003年5月1日・15日合併号
・「梁啓超の『西洋』摂取と権利・自由論」狭間直樹編『梁啓超──西洋近代思想受容と明治日本』みすず書房、1999年
・『中国の人権と法──歴史、現在そして展望』明石書店、1998年

「日の丸・君が代裁判」と思想・良心の自由
意見書・証言録

2007年 9月20日 第 1 版第 1 刷

編 者　土屋英雄
発行人　成澤壽信
発行所　株式会社 現代人文社
　　　　〒160-0004 東京都新宿区四谷10-2 ハッ橋ビル7階
　　　　振替　00130-3-52366
　　　　電話　03-5379-0307（代表）
　　　　FAX　03-5379-5388
　　　　E-Mail　hensyu@genjin.jp（代表）／hanbai@genjin.jp（販売）
　　　　Web　http://www.genjin.jp
発売所　株式会社 大学図書
印刷所　株式会社 ミツワ
装　丁　黒瀬章夫（Malpu-Design）

検印省略　PRINTED IN JAPAN　ISBN978-4-87798-350-5　C2032
©2007　Hideo Tsuchiya
本書の一部あるいは全部を無断で複写・転載・転訳載などをすること、または磁気媒体等に入力することは、法律で認められた場合を除き、著作者および出版者の権利の侵害となりますので、これらの行為をする場合には、あらかじめ小社また編集者宛に承諾を求めてください。